WiWi klipp & klar

Reihe herausgegeben von

Peter Schuster, Fakultät Wirtschaftswissenschaften, Hochschule Schmalkalden, Schmalkalden, Deutschland

WiWi klipp & klar steht für verständliche Einführungen und prägnante Darstellungen aller wirtschaftswissenschaftlichen Bereiche. Jeder Band ist didaktisch aufbereitet und behandelt ein Teilgebiet der Betriebs- oder Volkswirtschaftslehre, indem alle wichtigen Kenntnisse aufgezeigt werden, die in Studium und Berufspraxis benötigt werden.

Vertiefungsfragen und Verweise auf weiterführende Literatur helfen insbesondere bei der Prüfungsvorbereitung im Studium und zum Anregen und Auffinden weiterer Informationen. Alle Autoren der Reihe sind fundierte und akademisch geschulte Kenner ihres Gebietes und liefern innovative Darstellungen – WiWi klipp & klar.

Antje Tramm

Buchhaltung klipp & klar

Antje Tramm
Fakultät Wirtschaft, Hochschule Stralsund
Sralsund, Deutschland

ISSN 2569-2194　　　　　　ISSN 2569-2216　(electronic)
WiWi klipp & klar
ISBN 978-3-658-45125-7　　　ISBN 978-3-658-45126-4　(eBook)
https://doi.org/10.1007/978-3-658-45126-4

Die Deutsche Nationalbibliothek verzeichnet diese Publikation in der Deutschen Nationalbibliografie; detaillierte bibliografische Daten sind im Internet über https://portal.dnb.de abrufbar.
© Der/die Herausgeber bzw. der/die Autor(en), exklusiv lizenziert an Springer Fachmedien Wiesbaden GmbH, ein Teil von Springer Nature 2025

Das Werk einschließlich aller seiner Teile ist urheberrechtlich geschützt. Jede Verwertung, die nicht ausdrücklich vom Urheberrechtsgesetz zugelassen ist, bedarf der vorherigen Zustimmung des Verlags. Das gilt insbesondere für Vervielfältigungen, Bearbeitungen, Übersetzungen, Mikroverfilmungen und die Einspeicherung und Verarbeitung in elektronischen Systemen.
Die Wiedergabe von allgemein beschreibenden Bezeichnungen, Marken, Unternehmensnamen etc. in diesem Werk bedeutet nicht, dass diese frei durch jede Person benutzt werden dürfen. Die Berechtigung zur Benutzung unterliegt, auch ohne gesonderten Hinweis hierzu, den Regeln des Markenrechts. Die Rechte des/der jeweiligen Zeicheninhaber*in sind zu beachten.
Der Verlag, die Autor*innen und die Herausgeber*innen gehen davon aus, dass die Angaben und Informationen in diesem Werk zum Zeitpunkt der Veröffentlichung vollständig und korrekt sind. Weder der Verlag noch die Autor*innen oder die Herausgeber*innen übernehmen, ausdrücklich oder implizit, Gewähr für den Inhalt des Werkes, etwaige Fehler oder Äußerungen. Der Verlag bleibt im Hinblick auf geografische Zuordnungen und Gebietsbezeichnungen in veröffentlichten Karten und Institutionsadressen neutral.

Wenn Sie dieses Produkt entsorgen, geben Sie das Papier bitte zum Recycling.

Springer Gabler ist ein Imprint der eingetragenen Gesellschaft Springer Fachmedien Wiesbaden GmbH und ist ein Teil von Springer Nature.
Die Anschrift der Gesellschaft ist: Abraham-Lincoln-Str. 46, 65189 Wiesbaden, Germany

Für Boris.

Vorwort

Bücher zu führen ist elementar für das Wirtschaften. Ohne sie kann man kaum ein Kleingewerbe betreiben, geschweige denn eine große Unternehmung erfolgreich führen. Dennoch ist der Kurs „Buchhaltung", der meist in den ersten Semestern eines wirtschaftswissenschaftlichen Studiums zu absolvieren ist, bei den meisten Studierenden nicht besonders attraktiv. Dies führte in einem extremen Fall sogar so weit, dass ein Studierender im Rahmen einer Buchhaltungsklausur, statt die Fragen zu beantworten, nur schrieb: „Ich werde ohnehin Chef – da brauche ich keine Buchhaltung." Ein absoluter Trugschluss, denn nur wer seine Bücher kennt und zumindest Grundkenntnisse in der Buchführung hat, kann erfolgreich wirtschaften. Dies zu vermitteln und das Thema fundiert, praxisnah und „sexy" für Studierende oder Praxiseinsteiger aufzubereiten, ist unsere Aufgabe als Lehrende, der ich mich sehr gerne stelle.

Lehr- und Fachbücher zum Thema Buchführung gibt es unzählige am Markt. Vermutlich würden sie ausreichen, um damit ein ganzes Haus zu bauen. Dementsprechend war ich zunächst etwas skeptisch, als ich gefragt wurde, ob ich nicht Lust hätte, ein weiteres Buch zu diesem Thema im Rahmen der „WiWi klipp & klar"-Buchreihe zu verfassen. Nach Sichtung der vorhandenen Literatur wurde mir aber zunehmend klar, dass es eben diese „WiWi klipp & klar"-Reihe ist, die den besonderen Reiz ausmacht. Mein Anspruch wurde es, ein Buch zum Einstieg in das Thema Buchführung zu verfassen, welches die wichtigsten theoretischen Hintergründe ebenso wie die typischen praktischen Belange berücksichtigt. Ich habe mich dabei auf eine möglichst knappe und klare Darstellung beschränkt und versucht, Sie, liebe Leserinnen und Leser, dabei dennoch an jeder Stelle mitzunehmen. Das Buch soll gleichzeitig fundiertes Wissen und praxisnahe Buchungstechnik vermitteln, ohne dass es eher als Einschlafhilfe denn als Lernhilfe dient. Ich hoffe, dies ist mir mit dem vorliegenden Werk auf etwas mehr als 200 Seiten geglückt.

Auch wenn die Hauptarbeit im Rahmen des Schreibprozesses bei mir lag, bin ich äußerst dankbar für jede Hilfe, die ich dabei erfahren durfte. Ganz besonders möchte ich an dieser Stelle Frau Diplom-Betriebswirtin (BA) Theresa Stäblein für ihre wertvolle Unterstützung während der Entstehung dieses Buches danken. Ohne sie wäre dieses Buch nie verfasst worden. Ein großes Dankeschön geht auch an alle Familienmitglieder und Freunde, die mich in der ein oder anderen Weise im Schaffensprozess unterstützt haben.

Auch den Mitarbeiterinnen des Springer Gabler Verlages, insbesondere meiner Lektorin Frau Vera Treitschke sowie Frau Merle Schäfer, danke ich für die äußerst angenehme Betreuung und die freundschaftliche Zusammenarbeit.

Ich wünsche Ihnen, liebe Leserinnen und Leser, viel Freude beim Lesen und Lernen sowie allzeit erfolgreiches Wirtschaften.

Fuhlendorf
Sommer 2024

Prof. Dr. Antje Tramm

Inhaltsverzeichnis

1	**Einleitung**	1
1.1	Spieglein, Spieglein an der Wand	1
1.2	Geschichte der Buchhaltung	8
1.3	Zusammenfassung und Aufgaben	11
	1.3.1 Lernkontrollfragen zu Kap. 1	12
	1.3.2 Aufgaben	12
	Literatur	13
2	**Grundlagen der Buchführung**	15
2.1	Aufgaben der Buchführung	15
2.2	Adressaten der Buchführung	17
2.3	Buchführungspflicht	19
2.4	Grundsätze ordnungsgemäßer Buchführung	21
	2.4.1 Materielle Grundsätze	21
	2.4.2 Formelle Grundsätze	22
	2.4.3 Häufige Fehler in der Führung von Büchern	24
2.5	Zusammenfassung und Aufgaben	25
	2.5.1 Lernkontrollfragen zu Kap. 2	25
	2.5.2 Aufgaben	26
	2.5.3 Lösungen	27
	Literatur	27
3	**Buchführung und Bilanz**	29
3.1	Die Bilanz	29
	3.1.1 Grundsätzlicher Aufbau einer Bilanz	30
	3.1.2 Die Aktiv-Seite einer Bilanz	31
	3.1.3 Die Passiv-Seite einer Bilanz	34
3.2	T-Konten	38
3.3	Das System der doppelten Buchführung – Doppik	38
3.4	Formen der Bilanzänderung	40
3.5	Zusammenfassung und Aufgaben	40

		3.5.1	Lernkontrollfragen zu Kap. 3	40
		3.5.2	Aufgaben	43
		3.5.3	Lösungen	43
	Literatur			44
4	**Einstieg in die Buchungstechnik**			**45**
	4.1	Buchungssätze		45
	4.2	Kontenbewegungen		51
		4.2.1	Laufende Kontenbewegungen	51
		4.2.2	Kontenabschluss	52
	4.3	Darstellung von Buchungssätzen		54
	4.4	Zusammengesetzte Buchungssätze		55
	4.5	Zusammenfassung und Fragen		56
		4.5.1	Lernkontrollfragen zu Kap. 4	57
		4.5.2	Aufgaben	57
		4.5.3	Lösungen	58
	Literatur			59
5	**Kontenarten**			**61**
	5.1	Überblick über die Kontenarten		61
	5.2	Sachkonten		62
		5.2.1	Bestandskonten	62
			5.2.1.1 Aktivkonten	62
			5.2.1.2 Passivkonten	63
			5.2.1.3 Konten mit wechselnden Salden	63
		5.2.2	Erfolgskonten	64
			5.2.2.1 Aufwandskonten	64
			5.2.2.2 Ertragskonten	65
		5.2.3	Gemischte Konten	66
		5.2.4	Privatkonten	67
		5.2.5	Hilfskonten	68
			5.2.5.1 Eröffnungs- und Abschlusskonten	68
			5.2.5.2 Verrechnungskonten	70
	5.3	Personenkonten		70
		5.3.1	Lieferantenkonten	71
		5.3.2	Kundenkonten	72
	5.4	Übersicht zur Bebuchung der verschiedenen Kontenarten		72
	5.5	Zusammenfassung und Aufgaben		74
		5.5.1	Lernkontrollfragen zu Kap. 5	74
		5.5.2	Aufgaben	74
		5.5.3	Lösungen	76
	Literatur			80

Inhaltsverzeichnis

6 Kontenrahmen und Kontenplan 81
   6.1 Strukturierung von Konten in Kontenrahmen und Kontenplänen 81
      6.1.1 Gliederungsgrundformen von Kontenrahmen............. 83
      6.1.2 Numerische Gestaltung von Konten 84
   6.2 Die DATEV-Kontenrahmen SKR03 und SKR04................. 85
      6.2.1 Kontenklassen des SKR03 85
      6.2.2 Kontenklassen des SKR04 86
      6.2.3 Anwendung des SKR04 87
   6.3 Gemeinschaftskontenrahmen der Industrie und der
Industriekontenrahmen..................................... 88
      6.3.1 Der Gemeinschaftskontenrahmen der Industrie 88
      6.3.2 Der Industriekontenrahmen 88
   6.4 Arbeiten mit Kontenrahmen................................ 89
      6.4.1 Verbuchung auf Konten........................... 89
      6.4.2 Vom Kontenrahmen zum Kontenplan.................. 90
   6.5 Zusammenfassung und Aufgaben 91
      6.5.1 Lernkontrollfragen zu Kap. 6 91
      6.5.2 Aufgaben...................................... 91
      6.5.3 Lösungen..................................... 93
   Literatur 93

7 Buchungen im Anlagevermögen 95
   7.1 Investitionsprozesse 95
   7.2 Positionen des Anlagevermögens............................ 96
   7.3 Erwerb von Anlagegütern................................. 97
   7.4 Aktivierung selbst erstellter Anlagegüter...................... 98
   7.5 Abschreibungen des Anlagevermögens 100
      7.5.1 Betrieblicher Aufwand durch Werteverzehr 100
      7.5.2 Abschreibungsmethoden.......................... 101
      7.5.3 Außerplanmäßige Abschreibungen................... 105
   7.6 Abgang von Anlagegütern 105
   7.7 Zusammenfassung und Aufgaben 107
      7.7.1 Lernkontrollfragen zu Kap. 7 107
      7.7.2 Aufgaben..................................... 108
      7.7.3 Lösungen..................................... 109
   Literatur 110

8 Buchungen von Beschaffungs- und Absatzprozessen 111
   8.1 Buchung von Beschaffungsprozessen 111
      8.1.1 Grundsätzliche Verbuchung der Beschaffung von
Werkstoffen und Waren.......................... 111
      8.1.2 Aufwands- versus bestandsorientierte Verbuchung 113

		8.1.2.1	Aufwandsorientierte Verbuchung des Kaufs von Werkstoffen und Waren	113

                8.1.2.2   Bestandsorientierte Verbuchung des Kaufs von Werkstoffen und Waren 116
        8.1.3   Buchungstechnische Behandlung von Preisnachlässen 117
                8.1.3.1   Rabatte................................. 117
                8.1.3.2   Boni.................................... 118
                8.1.3.3   Skonti bei Zielkauf 119
        8.1.4   Anschaffungsnebenkosten 120
        8.1.5   Buchungstechnische Behandlung der Vorsteuer........... 121
                8.1.5.1   Grundlegendes zur Umsatzsteuer in Deutschland . 121
                8.1.5.2   Von der Umsatzsteuer zur Vorsteuer 123
    8.2   Buchungen in Produktionsprozessen.......................... 124
        8.2.1   Verbuchung von Produktionsprozessen bei Anwendung des Gesamtkostenverfahrens........................... 124
                8.2.1.1   Verbräuche............................. 124
                8.2.1.2   Resultate 125
        8.2.2   Verbuchung von Produktionsprozessen bei Anwendung des Umsatzkostenverfahrens........................... 125
    8.3   Buchungen in Umsatzprozessen 126
        8.3.1   Verbuchung der Bestandsabnahme..................... 126
        8.3.2   Verbuchung von Umsätzen 128
        8.3.3   Buchungstechnische Behandlung von gewährten Preisnachlässen................................... 129
        8.3.4   Buchungstechnische Behandlung der Umsatzsteuer 130
    8.4   Behandlung der Umsatzsteuervorauszahlungen................... 131
        8.4.1   Umsatzsteuervoranmeldung 131
        8.4.2   Abschluss der Umsatzsteuerkonten 132
    8.5   Zusammenfassung und Aufgaben 134
        8.5.1   Lernkontrollfragen zu Kap. 8 134
        8.5.2   Aufgaben.. 135
        8.5.3   Lösungen....................................... 136
    Literatur 139

9   Verbuchung von betrieblichen Aufwendungen 141
    9.1   Verbuchung von Personalaufwendungen....................... 141
        9.1.1   Löhne und Gehälter................................ 142
                9.1.1.1   Verbuchung von laufenden Geldbezügen 142
                9.1.1.2   Verbuchung von Sachbezügen................ 144
        9.1.2   Sozialversicherungsbeiträge 145
        9.1.3   Steuerliche Abzüge 147

	9.2	Verbuchung von Aufwendungen für bezogene Leistungen		148
	9.3	Verbuchung weiterer betrieblicher Aufwendungen		149
	9.4	Verbuchung weiterer Aufwendungen		150
	9.5	Zusammenfassung und Aufgaben		151
		9.5.1 Lernkontrollfragen zu Kap. 9		151
		9.5.2 Aufgaben		151
		9.5.3 Lösungen		152
	Literatur			154
10	**Buchungen in Finanzierungsprozessen**			**155**
	10.1	Eigenkapital		156
		10.1.1 Gliederung des Eigenkapitals		156
		10.1.2 Buchungen im Eigenkapital von Kapitalgesellschaften		158
			10.1.2.1 Verbuchung von Beteiligungsfinanzierungen bei Kapitalgesellschaften	158
			10.1.2.2 Verbuchung der Ergebnisverwendung bei Kapitalgesellschaften	159
			10.1.2.3 Verbuchung von Ausschüttungen an Gesellschafter	162
		10.1.3 Buchungen im Eigenkapital von Einzelkaufleuten oder Personenhandelsgesellschaften		163
			10.1.3.1 Verbuchung von Eigenfinanzierungen bei Einzelkaufleuten und Personenhandelsgesellschaften	163
			10.1.3.2 Verbuchung der Ergebnisverwendung	164
			10.1.3.3 Verbuchung von Privatentnahmen	164
	10.2	Fremdkapital		165
		10.2.1 Gliederung des Fremdkapitals		165
		10.2.2 Buchungen im Zusammenhang mit Verbindlichkeiten		166
			10.2.2.1 Buchungen im Zusammenhang mit ausgegebenen Anleihen	166
			10.2.2.2 Buchungen im Zusammenhang mit Darlehen	168
		10.2.3 Finanzierung durch Rückstellungen		170
	10.3	Zusammenfassung und Aufgaben		170
		10.3.1 Lernkontrollfragen zu Kap. 10		171
		10.3.2 Aufgaben		171
		10.3.3 Lösungen		172
	Literatur			173
11	**Erfolgsermittlung**			**175**
	11.1	Abgrenzung der Erfolgsbegriffe		176
	11.2	Gliederung der Gewinn- und Verlustrechnung		180
		11.2.1 Ermittlung des Betriebsergebnisses		180

		11.2.1.1	Gesamtkostenverfahren	181
		11.2.1.2	Umsatzkostenverfahren	183
	11.2.2	Ermittlung des Finanzergebnisses......................		184
	11.2.3	Ermittlung von Jahresüberschuss oder Jahresfehlbetrag....		185
11.3	Buchungstechnischer Ablauf der Erfolgsermittlung			186
	11.3.1	Abschluss von Erfolgskonten.........................		186
	11.3.2	Abschluss des Gewinn- und Verlustkontos...............		188
	11.3.3	Überführung des Jahresergebnisses in die Bilanz..........		188
11.4	Zusammenfassung und Aufgaben			189
	11.4.1	Lernkontrollfragen zu Kap. 11		189
	11.4.2	Aufgaben..		189
	11.4.3	Lösungen..		191
Literatur				194

12 Inventur und Inventar 195
12.1	Inventur			195
	12.1.1	Inventurarten.....................................		196
		12.1.1.1	Erhebungstechniken einer Inventur............	196
		12.1.1.2	Umfang einer Inventur.....................	197
		12.1.1.3	Inventurarten nach dem Zeitpunkt der Durchführung...........................	197
12.2	Inventar...			198
	12.2.1	Aufbau des Inventars...............................		198
	12.2.2	Bewertung.......................................		198
12.3	Einbindung der Inventur in den Jahresabschlussprozess			200
	12.3.1	Auswirkungen der Inventur auf den Jahresabschluss.......		200
	12.3.2	Verbuchung von Inventurdifferenzen		201
		12.3.2.1	Inventurdifferenzen im Umlaufvermögen	201
		12.3.2.2	Verbuchung von Inventurdifferenzen im Anlagevermögen	203
12.4	Zusammenfassung und Aufgaben			204
	12.4.1	Lernkontrollfragen zu Kap. 12		204
	12.4.2	Aufgaben..		204
	12.4.3	Lösungen..		205
Literatur				207

13 Aufstellung des Jahresabschlusses................................. 209
13.1	Vorbereitende Jahresabschlussarbeiten			210
	13.1.1	Folgebewertungen von Positionen des Umlaufvermögens...		211
		13.1.1.1	Folgebewertung von Vorräten................	211
		13.1.1.2	Anwendung des Niederstwertprinzips..........	215
		13.1.1.3	Verbuchung von außerplanmäßigen Abschreibungen auf Vorräte.................	215

	13.1.2	Abschreibungen auf Forderungen	216
		13.1.2.1 Einzelwertberichtigungen	216
		13.1.2.2 Pauschalwertberichtigungen	219
	13.1.3	Rechnungsabgrenzungsposten	220
	13.1.4	Rückstellungen	222
	13.1.5	Ermittlung und Einbuchung latenter Steuern	224
13.2		Buchungen des Jahresabschlusses	225
13.3		Aufstellung und Veröffentlichung von Jahresabschlüssen	226
	13.3.1	Aufstellung einer Kapitalflussrechnung	227
	13.3.2	Anhang	228
	13.3.3	Segmentbericht	228
	13.3.4	Eigenkapitalspiegel	228
	13.3.5	Lageberichterstattung	230
	13.3.6	Prüfung und Offenlegung der Jahresabschluss-Unterlagen	231
13.4		Zusammenfassung und Aufgaben	231
	13.4.1	Lernkontrollfragen zu Kapitel 13	232
	13.4.2	Aufgaben	232
	13.4.3	Lösungen	234
Literatur			236

Anhang 237

Stichwortverzeichnis 243

Einleitung 1

Lernziele
- Verstehen erster Begrifflichkeiten der Buchhaltung.
- Was ist eine Bilanz?
- Was sind Konten?
- Anwendung der Begriffe anhand einer beispielhaften Aufstellung einer privaten Bilanz.
- Mehr erfahren zur Geschichte und zu dem Hintergrund der Buchhaltung.

1.1 Spieglein, Spieglein an der Wand …

… wer ist der/die Reichste im ganzen Land? Um sich einen Überblick über die eigenen Finanzen zu verschaffen, hilft es wenig einen Spiegel zu befragen. Stattdessen sollte man sich zur Beantwortung dieser Frage traditioneller Methoden der Buchhaltung bedienen.

Buchhaltung – schon das Wort allein sorgt bei Studierenden häufig für Grusel-Attacken oder Gähn-Anfälle. Aber warum eigentlich? Das angestaubte Bild des überkorrekten Buchhalters ist vielen in den Köpfen verankert, dazu Papierberge und das Gefühl, verlassen in Unmengen von Zahlenkolonnen zu sein. Das muss nicht sein! Versuchen Sie Buchhaltung als das zu verstehen, was sie sein sollte: ein äußerst cleveres Hilfsmittel, um Ihre (persönliche oder die Ihres Unternehmens) Finanzlage in der Übersicht zu behalten. Wer es beherrscht, ist anderen weit im Vorteil.

Beispiel gefällig?
Neujahr – Sie sind mit einer rauschenden Party ins neue Jahr gestartet. Während Sie Ihren Kater auf der Couch bezwingen, lassen Sie das vergangene Jahr einmal Revue

passieren. Neben den ganzen unbeschreiblichen Erlebnissen und neuen Bekanntschaften stellt sich Ihnen die Frage, was das Jahr Ihnen wirtschaftlich gebracht hat. Und ganz allgemein, wie Ihre persönliche Vermögenssituation aussieht. Sie fragen sich, wie reich Sie eigentlich sind. Gut, dass heute keine weiteren Dinge anstehen und Sie Zeit haben, Ihre finanzielle Situation einmal gründlich zu durchleuchten. Da ich Sie persönlich leider nicht kenne, nehmen wir einfach mich als Beispiel (so lernen Sie mich auch gleich ein bisschen besser kennen). Nutzen Sie die vorbereitete Tabelle (Tab. 1.1) einfach für Ihre eigenen Angaben und verschaffen sich so einen Überblick über Ihre persönliche Vermögenslage (und betreiben nebenbei gleich ein bisschen Buchhaltung).

Nehmen wir an, ich wohne in einem Haus in einem netten kleinen Ferienort, welches ich vor fünf Jahren erworben habe. Die aktuelle Marktsituation zeigt vergleichbare Immobilien zu einem Preis von ca. 350.000 €. Weiterhin besitze ich einen PKW, der 5 Jahre alt ist, der geschätzte Restwert liegt bei ca. 9000 €. Außerdem bin ich stolze Besitzerin eines Bullis, also eines VW-Busses, der als Camper ausgebaut ist. Der Bulli ist in einem guten Zustand, den Liebhaberwert schätze ich auf 6000 €. Weiterhin besitze ich zwei Fahrräder, geschätzter Wert ca. 300 €. Und da wir ja direkt am Wasser wohnen, ist ein Boot natürlich Pflicht. Der geschätzte Wert meines kleinen alten Kahns liegt bei ca. 2000 €.

Schauen wir mal, welche Vermögenswerte sich bei mir noch finden lassen: Selbstverständlich besitze ich Möbel, Elektrogeräte und diverse Haushaltsgegenstände, Kleidung und Kinderspielsachen. Es sieht nach ganz schön viel Arbeit aus, das alles aufzulisten. Spätestens nachdem ich die Riesen-Lego-Kiste meiner Kinder geöffnet habe, wird mir bewusst, dass es fast unmöglich ist, alles einzeln zu bewerten. Deshalb setze ich den Wert meines Hausrates mit einem Pauschalwert von 25.000 € an. Nach kurzem Überlegen fällt mir doch noch eine Besonderheit auf: meine nagelneue Kitesurf-Ausrüstung, für die ich gerade 3000 € bezahlt habe. Nun sind die Vorräte dran: zwei Sack Hundefutter, ein Kasten Bier, vier Flaschen Wasser, drei Packungen Nudeln, zwei Tüten Kaffeebohnen, eine Tüte Mehl, eine Tüte Zucker, …. Da kommt ganz schön etwas

Tab. 1.1 Vermögensaufstellung

Position	Betrag
Grundstück mit Wohnhaus	350.000 €
Fahrzeuge	17.300 €
Hausrat	25.000 €
Kitesurf-Ausrüstung	3000 €
Vorräte	950 €
Finanzielle Vermögenswerte	70.000 €
Kasse	2445 €
Summe	**468.695 €**

1.1 Spieglein, Spieglein an der Wand ...

zusammen. Ich entscheide mich, besser alles, was den täglichen Bedarf betrifft, pauschal mit einem Wert von 200 € anzusetzen. Lediglich die 30 Flaschen 2009er Barolo, die ich zur Wertsteigerung gelagert habe, setze ich einzeln mit einem Preis von 25 € pro Flasche an.

Wie Sie bereits an diesen einfachen Beispielen merken, ist es nicht immer einfach, den „richtigen" Wert pro Position zu finden. Um zu verallgemeinern und die Bewertung zu erleichtern, hält die (Steuer-) Gesetzgebung einige Regeln bereit, die wir uns ebenfalls im weiteren Verlauf des Buches in Grundzügen anschauen wollen.

Nachdem ich die Sichtung der Vorräte abgeschlossen habe, gehe ich in mein Büro, um die nicht-greifbaren Vermögenswerte durchzusehen: einen Bausparvertrag mit einem Guthaben von 35.000 €, ein Aktiendepot mit einem aktuellen Wert von 23.000 € und ein Guthaben auf meinem Sparkonto von 12.000 €. Hinzu kommt ein kurzer Kassensturz bei den sofort verfügbaren Mitteln: Das Guthaben auf meinem Bankkonto beläuft sich aktuell auf 2300 €, in meinem Geldbeutel (und Hosentaschen sowie dem Münzfach im Auto) finden sich weitere 145 €.

Nun liste ich alles einmal auf, um zu sehen, wie hoch die Summe aller Vermögenswerte ist (vgl. Tab. 1.1).

Wow! Ich bin begeistert. Ich scheine ziemlich reich zu sein. Stimmt das oder habe ich vielleicht noch etwas vergessen?

Richtig! Bedauerlicherweise müssen wir jetzt noch einige Schulden dagegen rechnen (Tab. 1.2).

Das Haus ist mit einer Hypothek belastet, der Kredit beläuft sich aktuell auf 302.000 €. Für das Auto steht eine Restfinanzierung in Höhe von 5000 € aus. Eine Rechnung über 100 € für die letzte Weinlieferung ist auch noch nicht bezahlt. Und vergangene Woche war ich spontan mit Arbeitskollegen essen und hatte mal wieder meinen Geldbeutel vergessen. Hierdurch habe ich noch 20 € Schulden bei meinem Kollegen.

Diese Bestandsaufnahme (Erfassung von Vermögenswerten und Schulden) nennt man **Inventur** (auch im Unternehmen). Das Ergebnis, also die Aufstellung aller Vermögenswerte und Schulden, ist das sogenannte **Inventar.**

Jetzt kommen wir zu der spannenden Frage: Wie reich bin ich wirklich? Dazu stellen wir die ermittelten Vermögenswerte und die Schulden (auch als **Verbindlichkeiten** bezeichnet) einander gegenüber. Beides sind reale Phänomene – Sie konnten die Dinge

Tab. 1.2 Übersicht über die Schulden

Position	Betrag
Hypothekendarlehen	302.000 €
Leasingverbindlichkeiten	5000 €
Offene Rechnungen	100 €
Sonstige Verbindlichkeiten	20 €
Summe	**307.120 €**

anfassen, bewerten, zählen (oder zumindest aus dem Kontoauszug ablesen), während wir die Bestandsaufnahme durchgeführt haben. Um nun herauszufinden, wie vermögend jemand (oder eine Unternehmung) tatsächlich ist, wird folgende einfache Berechnung durchgeführt:

$$Reinvermögen = Vermögen\ minus\ Verbindlichkeiten$$

Der so ermittelte Nettoreichtum wird im Fachjargon **Reinvermögen** genannt. Dieses ist eine Residualgröße, das heißt, sie ist nicht real zähl- oder greifbar, sondern ergibt sich ausschließlich aus anderen Werten (hier aus Vermögen und Verbindlichkeiten).

Übrigens finden Sie oben genannte Formel häufig auch in dieser Form:

$$Reinvermögen = Vermögen./.Verbindlichkeiten$$

Das Zeichen „./." ist das buchhalterische Zeichen für minus. Damit lässt sich deutlich abgrenzen, dass es sich um ein Minuszeichen handelt, und die Verwechselungsgefahr mit einem Binde- oder Gedankenstrich vermindern. Dieses Zeichen wird Ihnen in der Literatur zum Thema Buchführung häufiger begegnen.

Das Reinvermögen ist demnach eine rein fiktive Größe. Es beschreibt lediglich, wie viel Geld im Moment übrigbliebe, wenn Sie alle Vermögensgegenstände verkaufen und gleichzeitig alle Verbindlichkeiten bezahlen würden. Oder anders ausgedrückt, wie hoch die Summe der Vermögenswerte noch wäre, wenn so viel von dem Vermögen veräußert werden würde, um damit sämtliche Verbindlichkeiten zu begleichen.

Diese Formel gilt immer, selbst wenn die Summe der Verbindlichkeiten größer ist als die des Vermögens. Es ergibt sich in diesem Fall ein negatives Reinvermögen: Nach Veräußerung aller Vermögenswerte blieben noch immer Schulden bestehen. Diese Situation wird als **Überschuldung** bezeichnet (mit diesem Spezialfall und welche Folgen dies für ein Unternehmen hat, werden wir uns später beschäftigen (Abschn. 11.3.3).

In einem weiteren Schritt wollen wir die nun ermittelten Größen übersichtlich zusammenstellen. In der Buchhaltung gibt es dafür formale Regeln, die dafür sorgen, dass man unabhängig davon, wessen „Bücher" man vor sich hat, genau weiß, was sich hinter den jeweiligen Positionen verbirgt. Die entsprechenden Aufstellungsregeln werden wir im weiteren Verlauf des Buches kennen lernen (Abschn. 3.1.1). Die formale Gegenüberstellung von Vermögen und Verbindlichkeiten nennt man **Bilanz**. Sie ist unterteilt in den Bereich **Aktiva**, später nur noch mit „A" gekennzeichnet, auf der linken Seite. Hier werden die vorhandenen Vermögenspositionen abgebildet. Die rechte Seite der Bilanz wird als **Passiva** bezeichnet, später nur noch mit einem „P" gekennzeichnet, und bildet die bestehenden Finanzierungsquellen ab. Schauen wir uns eine solche Gegenüberstellung einmal für das Beispiel meiner wirtschaftlichen Situation an (Abb. 1.1).

Damit diese Aufstellung nun tatsächlich als eine Bilanz gelten kann, müssen sich die Summen der beiden Seiten entsprechen (denn das Wort Bilanz kommt aus dem Italienischen und ist abgeleitet von *bilancare* = „ins Gleichgewicht bringen"). Hier kommt nun wieder unser Reinvermögen ins Spiel, welches sich auf der Seite befindet, die in Summe niedriger ist und so für einen Ausgleich der beiden Seiten sorgt, in unserem Beispiel also

1.1 Spieglein, Spieglein an der Wand …

Aktiva (Vermögen)		(Verbindlichkeiten) Passiva	
Bebaute Grundstücke	350.000 €	Hypothekendarlehen	302.000 €
Fahrzeuge	17.300 €	Leasingverbindlichkeiten	5.000 €
Hausrat	25.000 €	Offene Rechnungen	100 €
Kitesurf-Ausrüstung	3.000 €	Sonstige Verbindlichkeiten	20 €
Vorräte	950 €		
Finanzielle Vermögenswerte	70.000 €		
Kasse	2.445 €		
Summe	**468.695 €**	**Summe**	**307.120 €**

Abb. 1.1 Gegenüberstellung von Vermögen und Verbindlichkeiten

auf der rechten Seite (wo es als Reinvermögen bzw. **Eigenkapital** bezeichnet wird). Die fertige Bilanz zeigt Abb. 1.2.

Mit dieser Übersicht gewinnt man zwar ein Verständnis für die aktuelle Vermögenssituation, aber es bleibt unklar, ob im vergangenen Jahr Vermögen hinzugewonnen oder verbraucht wurde (ob jemand „reicher" oder „ärmer" geworden ist). Eine Bilanz an sich ist also eine rein stichtagsbezogene Betrachtung der wirtschaftlichen Situation. Um das zu ändern, schaut man sich die Bilanz des Vorjahres an (Abb. 1.3).

Um nun festzustellen, wie erfolgreich im vergangenen Jahr gewirtschaftet wurde, wird nun die Differenz des Reinvermögens ermittelt:

- Reinvermögen 31.12. aktuelles Jahr: 161.575 €,
- Reinvermögen 31.12. Vorjahr: 129.975 €,
- Differenz: 31.600 €.

A	Bilanz		P
Bebaute Grundstücke	350.000 €	Reinvermögen	161.575 €
Fahrzeuge	17.300 €		
Hausrat	25.000 €	Hypothekendarlehen	302.000 €
Kitesurf-Ausrüstung	3.000 €	Leasingverbindlichkeiten	5.000 €
Vorräte	950 €	Offene Rechnungen	100 €
Finanzielle Vermögenswerte	70.000 €	Sonstige Verbindlichkeiten	20 €
Kasse	2.445 €		
Summe	**468.695 €**	**Summe**	**468.695 €**

Abb. 1.2 Bilanz

A	Bilanz im Vorjahr		P
Bebaute Grundstücke	355.000 €	Reinvermögen	129.975 €
Fahrzeuge	21.100 €		
Hausrat	25.000 €	Hypothekendarlehen	334.000 €
Kitesurf-Ausrüstung	0 €	Leasingverbindlichkeiten	8.900 €
Vorräte	1.000 €	Offene Rechnungen	800 €
Finanzielle Vermögenswerte	68.000 €	Sonstige Verbindlichkeiten	70 €
Kasse	3.645 €		
Summe	**473.745 €**	**Summe**	**473.745 €**

Abb. 1.3 Bilanz im Vorjahr

Die Differenz stellt – sofern positiv – den Betrag dar, um den im vergangenen Jahr Vermögen hinzugewonnen wurde, man also „reicher" geworden ist. Bei einer negativen Differenz wurde Vermögen verbraucht (man ist also „ärmer" geworden).

Sehr schön! Ich bin also im vergangenen Jahr reicher geworden. Aber was besagt das konkret? Könnte ich damit meine Shopping-Ausgaben kontrollieren? Oder mein Jahreseinkommen bestimmen? Um das ermittelte Ergebnis eines Reinvermögenszuwachses in Höhe von 31.600 € zu erreichen, hätte man entweder bei einem guten Einkommen sehr eiserne Sparsamkeit an den Tag legen oder einen erzielten Lottogewinn mit großer Verschwendungssucht fast gänzlich aufbrauchen können.

Um konkretere Aussagen über den tatsächlichen wirtschaftlichen Verlauf des vergangenen Jahres zu erlangen, ist also nicht nur eine Bestandsaufnahme zum Stichtag wichtig, sondern auch eine unterjährige Rechnung, die konkrete Einnahmen und Ausgaben aufzeigt.

Diese Rechnung wird in der Buchhaltung **Gewinn- und Verlustrechnung** genannt. Sie stellt eine **Bewegungsrechnung** dar, die allen Einnahmen die kumulierten Ausgaben eines Zeitraumes gegenüberstellt. So wird ermittelt, ob ein Gewinn oder ein Verlust erzielt wurde. Dieser Gewinn (oder in manchen Fällen auch Verlust) entspricht genau der Veränderung des Reinvermögens. Die Gewinn- und Verlustrechnung zeigt also die genauen Ursachen der Reinvermögensänderung auf.

Kommen wir zurück auf unser Beispiel. Auf der Einnahmenseite kann ich Bezüge aus meiner Tätigkeit als Professorin in Höhe von 4307 € monatlich verzeichnen. Unregelmäßig kommen hierzu Tantieme-Zahlungen aus Veröffentlichungen, die sich im betrachteten Zeitraum auf insgesamt 1562 € beliefen. Auf der Ausgabenseite sind vor allem die Lebenshaltungskosten zu beachten. Dies sind monatlich 1100 €. Dazu kommen monatliche Zins- und Leasingaufwendungen in Höhe von 320 €. Für Telekommunikation und Fernsehen werden ebenfalls monatlich 50 € von meinem Konto abgebucht. Die Versicherungsbeiträge lagen im betrachteten Zeitraum bei 590 € im Jahr. Meine Ausgaben für Freizeit, Kultur und Reisen beliefen sich auf 3416 €. Tab. 1.3 zeigt die entsprechende Gewinn- und Verlustrechnung.

1.1 Spieglein, Spieglein an der Wand …

Tab. 1.3 Private Gewinn- und Verlustrechnung

Bezüge	51.684 €
Tantieme	1562 €
Aufwendungen für Lebenshaltung	./. 13.200 €
Zins- und Leasingaufwendungen	./. 3840 €
Aufwendungen für Kommunikation und Unterhaltung	./. 600 €
Aufwendungen für Versicherungen	./. 590 €
Aufwendungen für Freizeit, Kultur und Reisen	./. 3416 €
Gewinn	**31.600 €**

In der Gewinn- und Verlustrechnung eines Unternehmens werden selbstverständlich andere Positionen als die einer Privatperson auftauchen. Um die Übersichtlichkeit und Vergleichbarkeit zwischen den Unternehmen zu gewährleisten, gibt es konkrete Vorgaben, wie eine unternehmerische Gewinn- und Verlustrechnung (auch Erfolgsrechnung genannt) aufzustellen ist (Abschn. 11.2).

So wie die Gewinn- und Verlustrechnung die einzelnen Positionen, die zur Veränderung des Reinvermögens führten, aufzeigt, werden unterjährig für alle anderen Bilanzpositionen ebenfalls Bewegungsrechnungen durchgeführt und Veränderungen innerhalb des betrachteten Zeitraumes abgebildet.

Nehmen wir als Beispiel die Position Vorräte. Hierunter verbirgt sich bei mir der Vorrat an Rotweinflaschen. Eingekauft hatte ich die Flaschen zu einem Preis von 25 € pro Flasche Barolo. Bei einer Geburtstagsfeier im Februar wurden neun Flaschen getrunken. Zum Glück konnte ich noch ein paar Flaschen des gleichen Jahrgangs erwerben, nun jedoch zu 30 € das Stück. Da sich anscheinend der Marktpreis für eine Flasche Barolo dieses Jahrgangs auf 30 € pro Flasche erhöht hat, muss ich auch die Flaschen, die ich im Bestand habe, neu bewerten. Für die 21 Flaschen im Bestand bedeutet dies eine Wertsteigerung um 105 € (21 mal 5 €).

Anfangsbestand	750 €
Abgang	./. 225 €
Nachkauf	+270 €
Werterhöhung	+105 €
= Endbestand	**900 €**

Auf diese Weise wird jede einzelne Position in der Bilanz betrachtet und ihre Entwicklung der vergangenen Periode aufgezeigt. Mit dem Begriff **Periode** wird in der Buchhaltung der betrachtete Zeitraum bezeichnet. Im Normalfall ist dies ein Jahr, in unserem Fall ein Kalenderjahr. Dies ist in den meisten Fällen auch bei der Betrachtung

Abb. 1.4 T-Konto

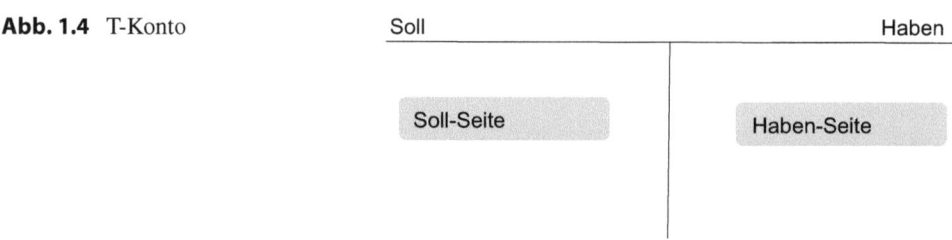

von Firmenbilanzen der Fall, muss aber nicht immer so sein. Das laut Handelsgesetzbuch vorgeschriebene Geschäftsjahr (§ 240 Abs. 2 HGB) bzw. das Wirtschaftsjahr nach dem Einkommensteuergesetz (§ 4a EStG) kann auch vom Kalenderjahr abweichen. Zum Beispiel beginnen manche Firmen ihr Geschäftsjahr mit dem Start einer neuen Saison, beispielsweise am 01.04. eines Jahres (das **Geschäftsjahr** läuft dann bis zum 31.03. des Folgejahres). Darüber hinaus gibt es in einigen besonderen Fällen, zum Beispiel bei einer Geschäftsaufgabe, auch verkürzte Geschäftsjahre, die weniger als ein ganzes Kalenderjahr umfassen. Hier spricht man von **Rumpfgeschäftsjahren.** In allen Fällen wird das Ende eines Geschäftsjahres als **Abschlussstichtag bzw. Bilanzstichtag** bezeichnet (zum Beispiel der 31.12.2024).

Um die Bewegungen der einzelnen Positionen übersichtlich verfolgen zu können, werden für jede Position unterjährig individuelle Konten geführt, so genannte **T-Konten** (ein Blick auf ein solches Konto verrät die Namensherkunft (Abb. 1.4).

Die Konten weisen jeweils eine Soll- und eine Haben-Seite auf. Zunächst werden zu Periodenbeginn die Anfangsbestände auf dieses Konto übertragen und dann im weiteren Verlauf der Periode alle Veränderungen eingetragen. Am Ende der Periode wird der Schlussbestand ermittelt. Wie das genau erfolgt und welche Unterschiede dabei für Konten von Aktiv- oder Passivpositionen zu beachten sind, schauen wir uns im Abschn. 3.2 genauer an. Am Ende werden alle Schlussbestände wieder zu einer neuen Bilanz zusammengeführt. Wichtig für uns ist es an dieser Stelle zu wissen, dass jede Veränderung einer Position die Veränderung (mindestens) einer anderen Position zur Folge hat. Zum Beispiel kaufe ich mir ein neues Kite-Board für 700 €. Damit erhöht sich mein Bestand an Sportausrüstung um 700 €. Gleichzeitig muss ich dieses auch bezahlen. Mein Kassenbestand verringert sich im gleichen Zug um 700 €. So hat jeder Vorfall seinen Gegenspieler. Diese Tatsache wird im **System der doppelten Buchhaltung,** der sogenannten **Doppik,** genutzt.

1.2 Geschichte der Buchhaltung

Bevor wir uns in den nachfolgenden Kapiteln mit den Details der unternehmerischen Buchhaltung vertraut machen wollen, möchte ich Sie zuvor kurz in deren Geschichte entführen. Dies dient vor allem dazu, Ihnen die Genialität der Grundidee näherzubringen.

1.2 Geschichte der Buchhaltung

Mit diesem Grundverständnis, warum und zu welchen Zwecken die Buchhaltung entwickelt worden ist, lässt sich zudem der ein oder andere Kniff in der späteren Anwendung leichter verständlich machen.

Wer Geschäfte betreibt, muss auch Aufzeichnungen darüber führen, sei es um zu verhindern, dass man übervorteilt wird, oder um sich zu merken, wo man die besten Einkaufskonditionen erhält. Ganz zu schweigen von der Frage, ob man erfolgreich Geschäfte führt oder nicht (also ob am Ende „etwas übrig bleibt" oder man nur „drauflegt"). Falls man nur begrenzte Mittel zur Verfügung hat, erhält man mittels Buchführung eine Übersicht darüber, inwieweit noch Mittel zur Verfügung stehen oder ob das Budget bereits vollständig ausgeschöpft ist. Für uns ist dieses „Bücher führen" (oder seien es auch nur Notizen) heute selbstverständlich. Das grundsätzliche Vorgehen war sogar schon in der Antike bekannt und wurde im Mittelalter verfeinert.

Frühe Ansätze der Buchführung
Bereits in Höhlenmalereien, die um ca. 10.000 v. Chr. entstanden sind, lassen sich sehr frühe Ansätze von Buchführung finden. Konkrete Hinweise auf eine Buchführung finden sich bei den Sumerern. Mit der Erfindung der Schrift um 3500 v. Chr. begannen sie, auf Tontafeln die Vorgänge ihrer Handelsgeschäfte in Keilschrift aufzuschreiben. Weitere archäologische Funde zeigen, dass bereits um die Zeit von 2900/3000 v. Chr. Buchhaltung mit Inventar und regelmäßiger Gewinn- und Verlustrechnung durchgeführt worden ist.

Mit der Weiterverarbeitung von Papyrus zu Papyrusrollen wurde die Buchhaltung in der Antike erleichtert. Im alten Ägypten wurden damals bereits Wirtschaftsbücher geführt, die mit Formen der heutigen Buchhaltung Ähnlichkeiten aufweisen. Die Buchhalter der Antike, die sogenannten Logisthai, führten Buch über die Einnahmen und Ausgaben der öffentlichen Verwaltung. Geschäftsleute im Römischen Reich nutzten die Buchhaltung, um Erfolgsrechnungen und Inventuren durchzuführen sowie Abgaben (Steuern) zu berechnen.

Mit der Eroberung Ägyptens durch die Araber und der damit einhergehenden Verknappung von Papyrus als Datenträger sowie der unbeständigen Zeit der Völkerwanderung gingen viele Buchführungskenntnisse des Altertums verloren. Nur vereinzelt, wie beispielsweise in der Verwaltung der römischen Kirche, ist eine durchgehende Buchhaltung dokumentiert.

Zeitraum 1200–1700
Mit dem wieder einsetzenden verstärkten Handel nach den Kreuzzügen stieg auch der Bedarf nach Buchhaltung wieder an. Im Mittelalter waren es vor allem italienische Kaufleute, die das System der Geschäftsaufzeichnungen weiterentwickelten. Dabei wurde die Verwendung von bisher römischen Ziffern durch die übersichtlicheren arabischen Ziffern abgelöst, die bislang vor allem mengenmäßigen Aufzeichnungen durch wertmäßige ersetzt und kaufmännische Rechentechniken eingeführt. Außerdem setzte sich ein einfacher, aber ziemlich genialer Trick durch: Die Geschäftsbücher werden nun in Kontenform geführt. Jeder Geschäftsvorfall wird zweimal (und nicht wie bisher nur einmal)

erfasst – und zwar jeweils einmal auf der Soll- und einmal auf der Haben-Seite. So konnten Mittelverwendung und Mittelherkunft, die sachlogisch zusammengehören, mit einer einzigen Buchung erfasst werden. Dies verringerte die Fehleranfälligkeit deutlich und ermöglichte eine bessere Ableitung von Ergebnisrechnungen. Damit war das System der doppelten Buchführung (die **Doppik**) geboren. Diese Idee, der wir bereits im Einführungsbeispiel näher gekommen sind, werden wir in den folgenden Kapiteln vertiefen (Abschn. 3.3.).

Der Franziskanermönch Luca Pacioli beschrieb die Methode der doppelten Buchführung 1494 erstmalig in einer systematischen Abhandlung, der „Summa de arithmetica, geometria, proportioni et proportionalita." (Pacioli (1494)) und schuf so einen neuen Standard in der Buchhaltung, der sich schnell von Italien aus in ganz Europa verbreitete. In Deutschland herrschte bis zu jener Zeit eine einfache Buchführung vor. Die früheste Verwendung einer „richtigen" Bilanz in Deutschland ist aus dem Jahr 1511 überliefert – eingesetzt vom Buchhalter der Handelsfamilie Fugger, Matthäus Schwarz.

Zeitraum 1700–1900
Im 17. und 18. Jahrhundert wurde das System weiterentwickelt, unter anderem mit der Einführung einer Periodenrechnung und regelmäßigen Geschäftsabschlüssen. Die Durchführung einer jährlichen Inventur setzte sich durch und Fragen der Bewertungen wurden thematisiert.

Mit zunehmendem Handel des beginnenden Industriezeitalters stieg der Umfang an Buchhaltung deutlich an. Die Arbeitsweisen in der Führung von Anlagekonten und Betriebsbuchführung wurden systematisch verbessert. Es entstand eine Geschäftsbücher-Industrie, wobei auch die patentierte Durchschreibetechnik mittels Pauspapier Einsatz fand. Mit der Einführung des Allgemeinen Deutschen Handelsgesetzbuches (**HGB**) 1861

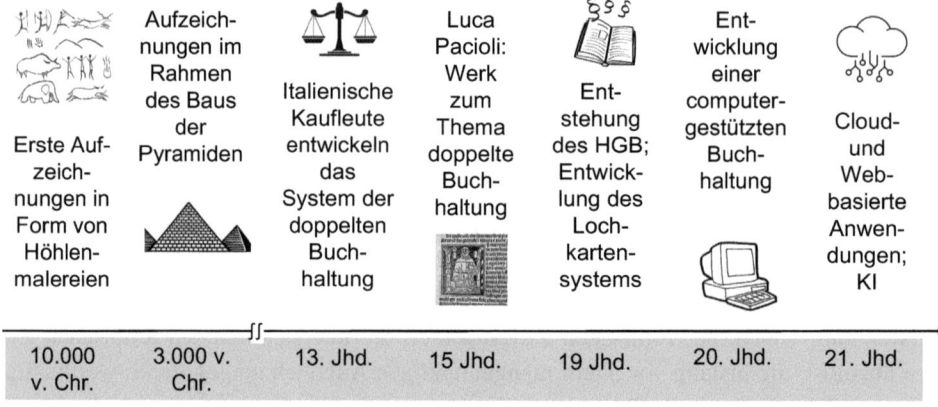

Abb. 1.5 Historische Entwicklung der Buchhaltung

wurden in Deutschland erstmalig die Regeln für eine Buchführung einheitlich festgelegt. Zudem wurden die noch heute relevanten **Grundsätze ordnungsgemäßer Buchführung** entwickelt, die präzise Vorgaben für das Führen von Büchern geben.

Auch die technische Entwicklung setzte neue Meilensteine in der Buchhaltung: 1890 entwickelte der Deutsch-Amerikaner Hermann Hollerith das Lochkarten-System und legte so den Grundstein für die Automatisierung des bis dahin sehr aufwendigen händischen Rechnungswesens.

20. und 21. Jahrhundert
Im 20. Jahrhundert wurde ein weiterer bedeutender Entwicklungsschritt für eine einheitliche und vergleichbare Buchhaltung gelegt: die Einführung eines einheitlichen Kontenrahmens, den Eugen Schmalenbach, 1927 veröffentlicht (vgl. Schmalenbach (1927)). Mit dieser Vereinheitlichung gewann die Buchhaltung für externe Interessenten als Informationsquelle an Bedeutung, insbesondere Kapitalgeber nutzten die aufgestellten Jahresabschlüsse, um sich über das getätigte Investment zu informieren. Entsprechend wurden national wie auch international Rechnungslegungsvorschriften entwickelt, die den Ansprüchen verschiedener Interessenten gerecht werden sollten.

Eine rasante Entwicklung war in der Automatisierung der Verbuchung zu beobachten: 1966 kam der erste PC, der Buchhaltungsprozesse unterstützte, von IBM auf den Markt. Heute ist eine Buchhaltung ohne PC/Laptop, Internet und Cloud kaum noch vorstellbar. Entwicklungen im Bereich der künstlichen Intelligenz (KI) werden zukünftig unsere Buchhaltungsprozesse immer mehr unterstützen.

So hilfreich und arbeitserleichternd diese Unterstützung auch sein mag, ohne die Hintergründe zu kennen, mit denen unsere IT arbeitet, sind wir nicht in der Lage, Fehler zu erkennen oder die entsprechenden Ergebnisse richtig zu deuten. Deswegen ist es von grundlegender Bedeutung für jeden, der im Bereich der Wirtschaft tätig ist, und auch jeden, der sich irgendwann einmal selbstständig machen möchte und eigene Bücher zu führen hat, Grundkenntnisse in der Buchhaltung zu haben.

Abb. 1.5 fasst die zeitliche Entwicklung der Buchführung zusammen.

1.3 Zusammenfassung und Aufgaben

Die Buchführung stellt ein hilfreiches Instrument dar, um die persönliche und/ oder unternehmerische wirtschaftliche Situation übersichtlich abzubilden. Eine Bilanz ist eine stichtagsbezogene Übersicht, die dem Vermögen die Schulden und das Reinvermögen gegenüberstellt. Zeitraumbezogen hilft eine Gewinn- und Verlustrechnung Aufschluss über die Ursachen der Entwicklung des Reinvermögens zu geben, indem den Aufwendungen einer Periode die Erträge gegenübergestellt werden.

Die Buchführung hat sich bereits vor langer Zeit entwickelt und ist mit zunehmender Komplexität der Handelsgeschäfte immer weiter optimiert worden. Obwohl wir heute auf technische Errungenschaften wie computerbasierte Buchführung und KI-Unterstützung bauen können, ist es essentiell, die grundlegenden Regeln der Buchführung zu kennen und zu verstehen.

1.3.1 Lernkontrollfragen zu Kap. 1

- Was ist eine Vermögensaufstellung? Abschn. 1.1
- Was verstehen Sie unter dem Reinvermögen? Wie wird es ermittelt? Abschn. 1.1
- Auf welcher Seite der Bilanz finden sich Aktiva, auf welcher Passiva? Abschn. 1.1
- Was sind Rechnungswesen-Zyklen und welche gibt es üblicherweise? Abschn. 1.1
- Skizzieren Sie die wichtigsten Meilensteine in der historischen Entwicklung der Buchführung. Abschn. 1.2

1.3.2 Aufgaben

Aufgabe 1
Nutzen Sie die gegebenen Vordrucke und erstellen Sie eine Bilanz über Ihre persönliche Vermögenssituation zum 31.12. des vergangenen Jahres (Abb. 1.6).

Wiederholen Sie die Aufstellung für den 31.12. des Vorjahres (Abb. 1.7). Wie hat sich ihr Reinvermögen verändert? Sind Sie in der betrachteten Periode ärmer oder reicher geworden?

A	Bilanz		P
Grundstücke und Gebäude	… €	Reinvermögen	… €
Fahrzeuge	… €		
Hausrat	… €	Darlehen	… €
Sonstige Vermögensgegenstände	… €	Leasingverbindlichkeiten	… €
Vorräte	… €	Offene Rechnungen	… €
Finanzielle Vermögenswerte	… €	Sonstige Verbindlichkeiten	… €
Bankguthaben	… €		
Kasse	… €		
Summe	… €	**Summe**	… €

Abb. 1.6 Vordruck private Bilanz

A	Bilanz Vorjahr		P
Grundstücke und Gebäude	... €	Reinvermögen	... €
Fahrzeuge	... €		
Hausrat	... €	Darlehen	... €
Sonstige Vermögensgegenstände	... €	Leasingverbindlichkeiten	... €
Vorräte	... €	Offene Rechnungen	... €
Finanzielle Vermögenswerte	... €	Sonstige Verbindlichkeiten	... €
Bankguthaben	... €		
Kasse	... €		
Summe	**... €**	**Summe**	**... €**

Abb. 1.7 Vordruck private Bilanz Vorjahr

Literatur

Littkemann, J., Holtrup, M., & Schulte, K. (2016). *Buchführung*. BoD.
Nickenig, K. (2018). *Buchführung: Schneller Einstieg in die Grundlagen*. Springer Gabler.
Pacioli, L. (1494). *Su[m]ma de arithmetica geometria proportioni [et] proportionalita: Continentia de tutta lopera*. Paganino Paganini.
Schweitzer, M., & Wagener, K. (1998). Geschichte des Rechnungswesens. *Wirtschaftswissenschaftliches Studium, 9*(1998), 438–446.
Schmalenbach, E. (1927). Der Kontenrahmen. *Zeitschrift für handelswissenschaftliche Forschung*.

Grundlagen der Buchführung

Lernziele
- Verschiedene Aufgaben der Buchführung kennenlernen.
- Mögliche Adressaten der Buchführung und deren verschiedene Interessen erkennen.
- Für wen besteht eine Pflicht zur Buchführung?
- Grundsätze ordnungsgemäßer Buchführung verstehen und anwenden.

2.1 Aufgaben der Buchführung

Wie Sie sicher bereits festgestellt haben, kann Buchführung ein relativ umfangreiches Unterfangen darstellen. Doch welchen Zwecken dient Buchführung überhaupt? Im Einführungsbeispiel haben wir uns aus Gründen der **Selbstinformation** mit der Buchführung unseren eigenen Finanzen auseinandergesetzt. Wir haben uns also selbst darüber informieren wollen, wie es um unsere Finanzlage bestellt ist, wie hoch unsere Einkünfte sind und wie hoch unser Vermögen ist. Neben dem Interesse, welches Sie als Privatperson an einer solchen Information haben, ist dieses Wissen für einen Gewerbetreibenden überlebenswichtig. Nur mit diesen Informationen lässt sich bestimmen, ob das Gewerbe Gewinne abwirft oder die selbstständige Person „drauflegt" und gegebenenfalls eine Überschuldung des Unternehmens droht. Dabei dienen Buchführungsunterlagen auch als Basis für zukünftige Entscheidungen, wie zum Beispiel der Frage, ob ein Unternehmen es sich leisten kann, weiteres Personal einzustellen, oder inwieweit eine Investition möglich und sinnvoll ist. Buchhaltung liefert also immer auch eine Grundlage für Unternehmensentscheidungen.

Neben dem Zweck der Selbstinformation gibt es eine Reihe weiterer Aufgaben, die die Buchführung innehaben kann (Abb. 2.1).

Buchführungsunterlagen dienen weiterhin als Informationsmaterial für Gläubiger (also allen, die dem Unternehmen Geld zur Verfügung stellen). Diese können sich vor oder im Laufe einer Gläubigerbeziehung über die aktuelle Lage des Unternehmens informieren, darauf basierend ihre Entscheidungen treffen, das Engagement einzugehen bzw. fortzusetzen, und so ihre Interessen schützen. Daher nennt man diese Aufgabe der Buchführung **Gläubigerschutzfunktion.** Vor allem Banken können Gläubiger von Unternehmen sein und diesen finanzielle Mittel zur Verfügung stellen. In dieser besonderen Beziehung dienen die Buchführungsunterlagen eines Unternehmens als Entscheidungsgrundlage für Kreditgewährungen und die Höhe der Zinsen.

Die Buchführungsunterlagen eines Unternehmens werden darüber hinaus als Basis für die Ermittlung der Steuerschuld durch das Finanzamt herangezogen und sind damit **Besteuerungsgrundlage.**

Weiterhin dient die Buchführung eines Unternehmens dafür, Parteien, die ein nachzuweisendes Interesse an der Unternehmung haben, Rechenschaft über die Aktivitäten des Unternehmens abzulegen. Beispielsweise ist ein Unternehmen gegenüber seinen Investoren (Geschäftspartnern, Geldgebern, Eigentümern und Aktionären) verpflichtet, über getätigte Geschäfte und das erzielte Ergebnis Auskunft zu geben. Diese Aufgabe der Buchführung wird als **Rechenschaftslegung** bezeichnet. Auf die unterschiedlichen Adressaten der Buchführung und deren teilweise konträren Interessen werden wir im folgenden Abschnitt näher eingehen (Abschn. 2.2).

Abb. 2.1 Aufgaben der Buchführung

Nicht zuletzt werden die Buchführungsunterlagen eines Unternehmens auch häufig als **Beweismittel** herangezogen, zum Beispiel wenn ein gerichtlicher Prozess gegen das Unternehmen geführt wird.

2.2 Adressaten der Buchführung

Die **Adressaten der Buchführung** können innerhalb oder außerhalb der Unternehmung angesiedelt sein (Abb. 2.2).

Externe Adressaten sind, neben anderen, diverse Behörden, wie beispielsweise das Finanzamt, welches Buchführungsunterlagen zur Festlegung der Steuerschuld eines Unternehmens heranzieht. Aber auch Behörden, die über Fördermittel entscheiden, nehmen im Rahmen der Beantragung bzw. des Nachweises eines sachgemäßen Einsatzes von Fördermitteln Einblick in die buchhalterischen Unterlagen eines Unternehmens.

Gläubiger eines Unternehmens, also Parteien, die einem Unternehmen Geld mit dem Anspruch auf Rückzahlung zur Verfügung gestellt haben, sind ein weiterer wichtiger Adressatenkreis. Die Buchhaltungsunterlagen eines Unternehmens dienen diesem Kreis dafür, abzuschätzen, wie wahrscheinlich eine fristgerechte Rückzahlung der Kreditmittel erscheint und inwieweit der Kapitaldienst (also die regelmäßige fristgerechte Zahlung von Zinsen und Tilgungen) erbracht werden kann. Allen voran Kreditinstitute (Banken) als in der Regel Hauptkreditgeber eines Unternehmens sind hier regelmäßig zu informieren. Kreditinstitute sind zu dieser Überwachung gesetzlich verpflichtet und haben ausgeklügelte Frühwarnsysteme zur Prognose unternehmerischer Schieflagen entwickelt, die auf einer Auswertung der Buchhaltungsunterlagen eines Unternehmens basieren. Aber auch andere Gläubiger, wie private Kreditgeber, Kapitalanleger oder auch Lieferanten, werfen regelmäßig einen Blick in die Unterlagen eines Unternehmens, um sich entweder

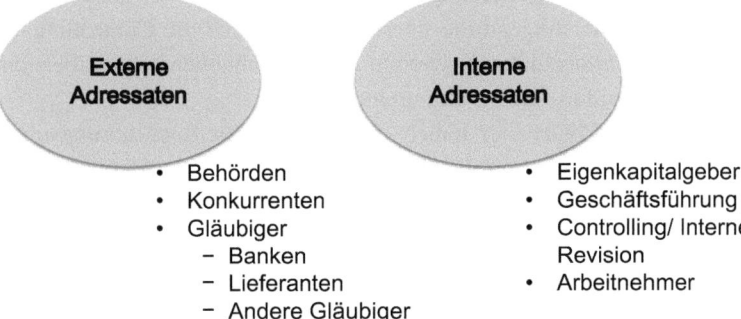

Abb. 2.2 Adressaten der Buchführung

vor Vertragsabschluss ein Bild über die wirtschaftliche Lage des Unternehmens zu machen oder auch um während der Geschäftsbeziehung abschätzen zu können, inwieweit eine Bedienung der Schulden bzw. die Bezahlung von Lieferschulden wahrscheinlich ist.

Nicht zuletzt sind Buchhaltungsunterlagen eine wichtige Informationsquelle für Konkurrenten, die dadurch ihren eigenen Geschäftserfolg relativ beurteilen können und andere wichtige Informationen zu Margen, Kostenstrukturen, Gewinnspannen, Investitionsquoten etc. erhalten und diese in die eigenen Unternehmensentscheidungen einbeziehen können.

Spannend sind diese unterschiedlichen Blickwinkel vor allem vor dem jeweiligen Interessenhintergrund zu sehen. So ist es vor dem Hintergrund der Steuerfestsetzung für ein Unternehmen von Interesse, möglichst geringe Gewinne auszuweisen, um die Steuerlast zu minimieren. Gläubigern bzw. potentiellen Gläubigern gegenüber ist es wichtig, möglichst solide, nachhaltige Gewinne auszuweisen. Und der Konkurrenz möchte man am liebsten gar keine Informationen preisgeben. Diesem Dilemma wird zum einen durch einen relativ starren, gesetzlich vorgegebenen Rahmen zur Buchführung begegnet. Weiterhin wird durch in geringem Umfang andere Ansatzmöglichkeiten in der sogenannten Steuerbilanz diesem besonderen Interesse Rechnung getragen. Darüber hinaus bestehen in Einzelfällen Wahlmöglichkeiten im Rahmen der Buchführung, den einen oder anderen Sachverhalt zu behandeln. Hier ist es eine Frage der Bilanzpolitik im Unternehmen, welchem Adressatenkreis die höchste Priorität eingeräumt wird und welchen Zielen (bspw. Steuerminimierung oder Anwerbung neuer Kapitalgeber) Vorrang gegeben wird. Die Informationen, welche pflichtgemäß zu veröffentlichen und damit auch für Konkurrenten frei verfügbar sind, sind naturgemäß deutlich eingeschränkter als beispielsweise das Informationspaket, welches kreditgebenden Banken regelmäßig zur Verfügung gestellt wird.

Interne Adressaten der Buchführung sind allen voran die Eigentümer und die Geschäftsführung eines Unternehmens. Sie möchten zeitnah über den möglichst realitätsnahen, wirtschaftlichen Stand eines Unternehmens Auskunft erhalten, um darauf basierend zukunftsgerichtete Entscheidungen zu treffen und das Unternehmen zu steuern. Dabei stehen ihnen unterstützend die interne Revision und die Controllingabteilung zur Seite, die die Buchführungsdaten auswerten und zur schnellen sowie übersichtlichen Information der Entscheidungsträger aufbereiten.

Aber auch andere Mitarbeiter haben ein Interesse an Buchführungsunterlagen. So können leitende Angestellte ein Feedback zu ihrer eigenen Arbeitsleistung aus diesen Unterlagen ziehen und Informationen über die Höhe einer eventuellen leistungsabhängigen Vergütung gewinnen. Aber auch zum Thema Arbeitsplatzsicherung und Identifikation mit dem eigenen Unternehmen (und damit Leistungsmotivation) können Buchhaltungsunterlagen einen Beitrag leisten.

Ebenfalls zu den internen Adressaten zählen Kapitaleigentümer bzw. Eigenkapitalgeber. Sie stellen Kapital nicht mit einer festen Frist zur Rückzahlung, sondern unbefristet zur Verfügung. Das Unternehmen kann dieses Kapital als eigenes Kapital ausweisen und damit ebenso handeln. Für diese besonderen Kapitalgeber gelten erweiterte Informations- und Einblickspflichten sowie zum Teil Mitspracheregelungen. Sie haben ein Interesse daran, zu erfahren, wie sicher ihr Investment ist und wie wahrscheinlich eine mögliche Rückzahlung des investierten Kapitals zu einem späteren Zeitpunkt erscheint. Weiterhin hat diese Investorengruppe ein Interesse an der kurzfristigen Optimierung von Ergebnissen und an möglichen beteiligungsabhängigen Ausschüttungen (zum Beispiel Dividenden).

2.3 Buchführungspflicht

Jedem Unternehmen steht es frei, Bücher zu führen. Aber für einen gewissen Kreis an Unternehmen besteht aufgrund handels- oder steuerrechtlicher Vorgaben eine Pflicht, dies zu tun und sich bei der Erstellung an die gesetzlichen Vorgaben zu halten.

▶ **§ 238 Abs. 1 HGB**
„Jeder Kaufmann ist verpflichtet, Bücher zu führen und in diesen seine Handelsgeschäfte und die Lage seines Vermögens nach den Grundsätzen ordnungsmäßiger Buchführung ersichtlich zu machen."

Daraus ergibt sich die Frage: Was ist ein **Kaufmann**? Das Handelsgesetzbuch (HGB) beantwortet diese Frage wie folgt:

▶ **§ 1 Abs. 1 HGB**
„Kaufmann ... ist, wer ein Handelsgewerbe betreibt."

Jeder, der ein **Handelsgewerbe** betreibt und demnach ein Kaufmann ist, unterliegt der handelsrechtlichen Buchführungspflicht. Im nächsten Absatz des HGB wird weiter präzisiert, was unter einem Handelsgewerbe zu verstehen ist:

▶ **§ 1 Abs. 2 HGB**
„Handelsgewerbe ist jeder Gewerbebetrieb, es sei denn, dass das Unternehmen nach Art oder Umfang einen in kaufmännischer Weise eingerichteten Geschäftsbetrieb nicht erfordert."

Aus dieser Definition ergeben sich zwei Voraussetzungen für das Vorliegen des Tatbestandes eines Handelsbetriebes: zum einen das Vorhandensein eines Gewerbebetriebes und zum anderen die Notwendigkeit eines in kaufmännischer Weise eingerichteten Geschäftsbetriebes.

Von einem **Gewerbebetrieb** ist grundsätzlich auszugehen, wenn eine selbstständige, nachhaltige Betätigung mit Gewinnerzielungsabsicht erfolgt (EStG § 15 Abs. 2). Damit sind zunächst alle gewerblichen Unternehmen oder Gewerbetreibenden gemeint, mit einigen Ausnahmen: Kleinere land- und forstwirtschaftliche Betriebe sowie freiberufliche Tätigkeiten sind grundsätzlich nicht als Gewerbebetrieb anzusehen. Für sie gelten andere (vereinfachte) Regelungen zur Buchführung. Eine Auflistung der Berufe, die als Freiberufler von der Buchführungspflicht ausgenommen sind, findet sich in § 18 Abs. 1 Einkommensteuergesetz (EstG). Zum Beispiel sind dies Ärzte, Tierärzte, Notare, Anwälte oder beratende Betriebswirte.

Die Notwendigkeit eines **in kaufmännischer Weise eingerichteten Geschäftsbetriebes** ist aus der Art oder dem Umfang der unternehmerischen Tätigkeit abzuleiten. Anhaltspunkte auf einen kaufmännischen Geschäftsbetrieb geben beispielsweise: Rechtsform, Umsatzerlöse, Anzahl der Arbeitnehmer, Warenangebot, Anzahl der Geschäftskontakte sowie Umfang der Organisation.

Bei der Rechtsformwahl gilt: Grundsätzlich alle Kapitalgesellschaften (egal mit welchem Zweck oder in welchem Geschäftsumfang) sind buchführungspflichtig. Ebenso im Handelsregister eingetragene Kaufleute. Für alle Personengesellschaften ist zu prüfen, in welchem Umfang der Geschäftsbetrieb erfolgt (§ 241a HGB). Wenn in zwei aufeinanderfolgen Geschäftsjahren mehr als 800.000 € Umsatz und/ oder mehr als 80.000 € Jahresüberschuss erzielt wurden, ist von der Notwendigkeit eines kaufmännischen Geschäftsbetriebes auszugehen und es besteht eine Verpflichtung zur Buchführung.

Neben diesen sogenannten Ist-Kaufleuten haben auch kleinere Unternehmen die Möglichkeit, sich freiwillig ins Handelsregister eintragen zu lassen, um die Kaufmannseigenschaft zu erwerben. Diese sogenannten Kann-Kaufleute unterliegen ebenso der Buchhaltungspflicht.

▶ **Damit sind von der Buchführungspflicht befreit**
- Freiberufler (Ärzte, Notare, Wirtschaftsprüfer, Steuerberater etc.),
- nicht im Handelsregister eingetragene kleingewerbetreibende Einzelunternehmen,
- kleinere Land- und Forstwirte,
- Personengesellschaften wie zum Beispiel die stille Gesellschaft oder GbR (ausnehmend Personenhandelsgesellschaften) sowie
- kleine und mittlere Unternehmen (sofern diese unterhalb der Umsatz- und Gewinngrenzen liegen).
Alle anderen Unternehmen sind verpflichtet, Bücher zu führen.

Jedoch ist es für viele Unternehmen aus eigenem Interesse vorteilhaft Bücher zu führen, selbst wenn sie nicht unter die allgemeine Buchführungspflicht fallen. Als Gründe hierfür lassen sich allen voran die Selbstinformation anführen oder aber auch die Möglichkeit, potentiellen Geldgebern aussagekräftiges Informationsmaterial zur Verfügung stellen zu können.

2.4 Grundsätze ordnungsgemäßer Buchführung

Wann immer man sich mit dem Thema Buchführung auseinandersetzt, wird man sehr schnell auf das Thema **Grundsätze ordnungsgemäßer Buchführung** stoßen. Diese Regeln verdeutlichen, nach welchen qualitativen Mindestkriterien die Buchführung zu erfolgen hat, wenn Bücher geführt werden (unabhängig davon, ob dies auf freiwilliger oder gesetzlicher Basis erfolgt).

Die Grundsätze ordnungsgemäßer Buchführung (GoB) sind für Kaufleute verpflichtend. Auch wenn diese Spielregeln für das Führen von Büchern einen unbestimmten Rechtsbegriff darstellen, sind sie doch allgemein anerkannt. Seit einigen Jahren werden die GoB durch die **GoBD** (Grundsätze zur ordnungsmäßigen Führung und Aufbewahrung von Büchern, Aufzeichnungen und Unterlagen in elektronischer Form sowie zum Datenzugriff) (ersetzt bzw. ergänzt.

Im Grunde geht es bei diesen Richtlinien darum, einen Rahmen zu schaffen, der …

„… einem sachverständigen Dritten innerhalb angemessener Zeit einen Überblick über die Geschäftsvorfälle und über die Lage des Unternehmens vermitteln kann." (§ 238 Abs. 1 HGB).

Als sachverständige Dritte gelten dabei beispielsweise Wirtschaftsprüfer oder die Betriebsprüfer der Finanzämter. Der Überblick über die Geschäftsvorfälle muss in der Entstehung nachvollziehbar und in der Abwicklung nachverfolgbar sein.

Die Grundsätze lassen sich allgemein in **materielle** und **formelle Anforderungen** unterscheiden. Die Buchführung muss also inhaltlich und auch der Form nach ordnungsgemäß erfolgen.

2.4.1 Materielle Grundsätze

Die inhaltliche Richtigkeit der Buchführung wird im HGB festgelegt:

§ 239 Abs. 2 HGB
„Die Eintragungen in den Büchern müssen vollständig, richtig, zeitgerecht und geordnet vorgenommen werden."

Die Erfassung der Geschäftsvorfälle muss unter materiellen Gesichtspunkten also vollständig und richtig sein. Dies liest sich zunächst banal und selbstverständlich, kann aber in Einzelfällen schon zu kniffeligen Fragestellungen führen. Die Anforderungen an das Kriterium **Vollständigkeit** kann wie folgt weiter präzisiert werden:

- Jeder Buchungssatz muss der Realität entsprechen,
- darf nicht frei erfunden sein und
- darf nicht über die tatsächlichen Verhältnisse hinwegtäuschen.

Um das Kriterium der **Richtigkeit** zu erfüllen, muss die Buchführung folgende Punkte beachten:

- Es müssen alle betrieblichen Geschäftsvorfälle erfasst werden, die das Vermögen und/oder das Kapital des Unternehmens verändern.
- Es darf nichts weggelassen oder hinzugedichtet werden.
- Die Buchführung muss der Realität entsprechen.

2.4.2 Formelle Grundsätze

Formelle Grundsätze der Buchführung beschreiben, wie Bücher zu führen sind, damit diese verständlich, klar und übersichtlich sind. Ein Teil der formellen Grundsätze findet seine Grundlage ebenfalls im HGB:

§ 239 Abs. 1 HGB
„Bei der Führung der Handelsbücher und bei den sonst erforderlichen Aufzeichnungen hat sich der Kaufmann einer lebenden Sprache zu bedienen. Werden Abkürzungen, Ziffern, Buchstaben oder Symbole verwendet, muss im Einzelfall deren Bedeutung eindeutig festliegen."

Im Grunde versteht es sich schon aus praktischen Erwägungen heraus von selbst, Handelsbücher von in Deutschland ansässigen Unternehmen bzw. dem deutschen Gesetz unterliegenden Unternehmen in deutscher **Sprache** zu führen. Die Vorschrift des HGB lässt darüber hinaus aber auch zu, dass ein Unternehmen seine Handelsbücher in einer Fremdsprache führt. Sinn und Zweck dieser Vorschrift ist es, dem Kaufmann die Benutzung seiner Muttersprache zu erlauben, um ihm die Führung der Handelsbücher und die Selbstinformation über die Lage seines Unternehmens zu erleichtern. Zum Beispiel kann ein in Berlin ansässiger, türkischstämmiger Inhaber eines Reisebüros, welches sich auf Reiseangebote für die dort ansässigen Türken spezialisiert hat, seine Handelsbücher auch in türkischer Sprache führen. Allerdings kann die Finanzverwaltung nach § 146 Abs. 3 Abgabenordnung (AO) auf Kosten des Unternehmers die Vorlage von Übersetzungen verlangen.

Damit die Buchführung als formell ordnungsgemäß gilt, sind die Geschäftsvorfälle weiterhin **zeitgerech**t zu erfassen und entsprechende Buchungen geordnet durchzuführen. Grundsätzlich ist gesetzlich nicht geregelt, was unter zeitgerechter Erfassung konkret zu verstehen ist. Die GoBD weisen jedoch darauf hin, dass unbare Geschäftsvorfälle innerhalb von 10 Tagen zu erfassen sind. Bare Transaktionen sind sogar täglich zu erfassen. (GoBD (2019, Ziffer 47 und 48). Damit ist eine grundsätzliche Orientierungshilfe gegeben. Hintergrund der Forderung nach einer zeitgerechten Buchführung ist, dass sich zum einen der Kaufmann selbst zeitnah einen möglichst realen Überblick über seine wirtschaftlichen Verhältnisse machen kann, zum anderen aber auch, dass keine Belege

2.4 Grundsätze ordnungsgemäßer Buchführung

verloren gehen, vergessen werden und überdies sichergestellt ist, dass sie in der richtigen Periode erfasst werden. Zudem soll verhindert werden, dass eine nachträgliche Verfälschung der Bücher erfolgt.

Dem gleichen Zweck dient die Forderung nach einer **geordneten Durchführung** der Buchhaltung. Damit ist gemeint, dass die Erfassung von Geschäftsvorfällen möglichst in der korrekten zeitlichen Reihenfolge geordnet unter der Verwendung von laufenden Belegnummern erfolgt. Außerdem ist auf eine geordnete Kontierung zu achten, beispielsweise sind gleiche Sachverhalte stets auf den gleichen Konten zu verbuchen. Um diese Forderung der journal- und kontenmäßigen Ordnung zu erfüllen, ist ein einheitlicher Kontenrahmen oder Kontenplan anzuwenden.

Ein einheitlicher Kontenrahmen bzw. Kontenplan (Kap. 6) meint ein System zur übersichtlichen Ordnung und Gliederung von Konten, die im Rahmen der Buchführung benötigt werden. Es besteht keine direkte gesetzliche Pflicht zur Nutzung eines einheitlichen Kontenplans. Aus dem Aufstellungsgrundsatz nach § 243 Abs. 2 HGB ergibt sich jedoch eine gewisse rechtliche Verpflichtung.

§ 243 HGB

Abs. (1): „Der Jahresabschluss ist nach den Grundsätzen ordnungsmäßiger Buchführung aufzustellen."

Abs. (2): „Er muss klar und übersichtlich sein."

Neben dieser Quasi-Verpflichtung ist die Verwendung eines Kontenplans in den meisten Unternehmen ohnehin unabdingbar, da der Einsatz einer EDV-gestützten Buchhaltung die Verwendung eines Kontenplans per se erforderlich macht. Zudem vereinfacht und beschleunigt ein einheitlicher Kontenplan den Ablauf von Buchungen. Auf Basis einer einheitlichen und geordneten Buchhaltung lassen sich Zeit- und auch Betriebsvergleiche besser vornehmen, die den Führungskräften bzw. der Geschäftsführung eine fundiertere Entscheidungsgrundlage für Unternehmensentscheidungen bieten. Die Einarbeitung neuer Mitarbeiter wird ebenfalls vereinfacht.

Eine der wichtigsten Grundsätze einer ordnungsgemäßen Buchführung ist die Verpflichtung, für jeden Buchungsvorfall entsprechende Belege vorweisen zu können. Dies wird als **Buchungsbelegpflicht** bezeichnet.

▶ **Keine Buchung ohne Beleg!**

Mit diesem Grundsatz wird eine Verbuchung von Geschäftsvorfällen ausschließlich auf Zuruf unterbunden, Verfälschungen oder gar Betrugsversuche sollen so verhindert werden.

Ein weiteres Kriterium ordnungsgemäßer Buchführung ist die Forderung, dass **Veränderungen nachvollziehbar** verbucht werden müssen. Die Grundlage hierfür findet sich erneut im HGB:

§ 239 Abs. 3 HGB
„Eine Eintragung oder eine Aufzeichnung darf nicht in einer Weise verändert werden, dass der ursprüngliche Inhalt nicht mehr feststellbar ist. Auch solche Veränderungen dürfen nicht vorgenommen werden, deren Beschaffenheit es ungewiss lässt, ob sie ursprünglich oder erst später gemacht worden sind."

Ebenso findet sich die Grundlage für den letzten formellen Grundsatz zur **Geordneten Ablage und Aufbewahrungspflicht** von Belegen im HGB:

§ 239 Abs. 4 HGB
„Die Handelsbücher und die sonst erforderlichen Aufzeichnungen können auch in der geordneten Ablage von Belegen bestehen oder auf Datenträgern geführt werden, soweit diese Formen der Buchführung einschließlich des dabei angewandten Verfahrens den Grundsätzen ordnungsmäßiger Buchführung entsprechen. Bei der Führung der Handelsbücher und der sonst erforderlichen Aufzeichnungen auf Datenträgern muss insbesondere sichergestellt sein, dass die Daten während der Dauer der Aufbewahrungsfrist verfügbar sind und jederzeit innerhalb angemessener Frist lesbar gemacht werden können."

Für Buchführungsunterlagen gilt eine allgemeine Aufbewahrungsfrist von 10 Jahren. Eine Ausnahme stellen dabei sogenannte Handelsbriefe dar, die lediglich sechs Jahre aufzubewahren sind (§ 257 HGB). Grundsätzlich können die Unterlagen in digitaler Form aufbewahrt und archiviert werden. Eine Ausnahme hierzu stellen Eröffnungsbilanzen, Jahresabschlüsse und bestimmte Zolldokumente dar, die in Papierform aufzubewahren sind (§ 147 Absatz 2 AO).

Abb. 2.3 zeigt die Grundsätze ordnungsgemäßer Buchführung zusammenfassend.

2.4.3 Häufige Fehler in der Führung von Büchern

Obwohl die meisten der Regelungen zur ordnungsgemäßen Buchführung recht banal und selbstverständlich erscheinen, treten in der Praxis regelmäßig Verstöße auf. Nachfolgend sind beispielhaft häufige Fehlerquellen aufgelistet:

- Buchungen auf Zuruf, ohne Beleg,
- Buchung von veränderten, nicht realitätsgetreuen Sachverhalten,
- Nicht-Buchen von relevanten Sachverhalten,
- Hinzufügen von Sachverhalten, denen kein reales Ereignis zugrunde liegt,
- Buchen auf falschen Konten,
- Konten auf erdichteten Namen (Lieferanten oder Kunden),
- Lieferanten- oder Kundenkonten werden mehrfach mit veränderter Bezeichnung geführt, obwohl es sich jeweils um den gleichen Kunden bzw. Lieferanten handelt,

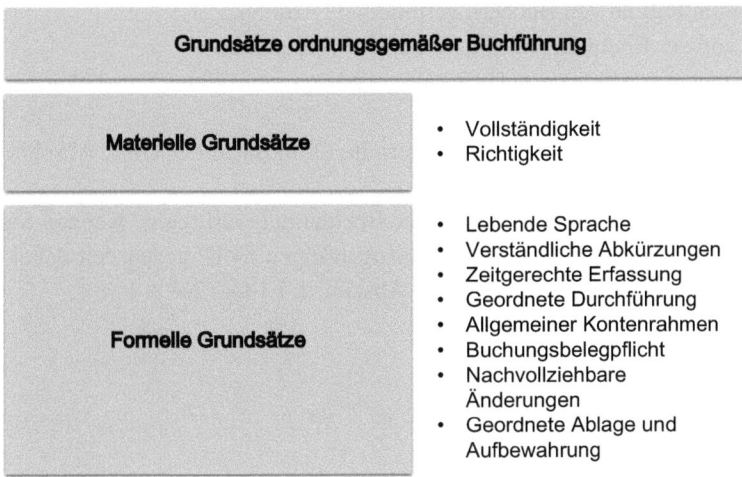

Abb. 2.3 Grundsätze ordnungsgemäßer Buchführung

- Zusammenfassen von zahlreichen Aufwandskonten zu einem einzigen,
- Änderungen von buchungsrelevanten Sachverhalten mit Tipp-Ex.

2.5 Zusammenfassung und Aufgaben

Die Buchhaltung erfüllt verschiedene Aufgaben. Vor allem zur Selbstinformation der Eigentümer/ Geschäftsführer sowie der leitenden Angestellten sind geordnete Aufzeichnungen unerlässlich. Die Unterlagen der Buchführung dienen weiterhin als Besteuerungsgrundlage. Sie sind zum Schutz von Gläubigern wichtig und können als Beweismittel dienen.

Aufgrund dieser vielfältigen Aufgaben ergeben sich diverse Adressaten der Buchführung. Der Einsatz von Wahlmöglichkeiten in der Bilanzierung ist Thema der Bilanzpolitik, dabei ist zu entscheiden, welchen Interessen der Anspruchsgruppen höchste Priorität eingeräumt wird.

Viele Unternehmen sind zur Buchführung per Gesetz verpflichtet. Aber auch Kann-Kaufleute müssen sich bei der Erstellung der Aufzeichnungen an den Grundsätzen ordnungsgemäßer Buchführung orientieren.

2.5.1 Lernkontrollfragen zu Kap. 2

- Nennen und beschreiben Sie drei Aufgaben der Buchführung. Abschn. 2.1
- Nennen Sie je zwei interne und externe Adressaten der Buchführung. Abschn. 2.2

- Wer ist zum Führen von Büchern verpflichtet? Abschn. 2.3
- Wer ist von der Buchführungspflicht befreit? Abschn. 2.3
- Wofür steht die Abkürzung GoB? Was verbirgt sich hinter der Abkürzung GoBD? Abschn. 2.4
- Nennen Sie je zwei formelle und materielle Grundsätze der GoB. Abschn. 2.4.1 und 2.4.2
- Welche typischen Fehler können in der Buchhaltung auftreten? Nennen Sie beispielhaft 5 verschiedene Fehler und den dazugehörigen GoB, gegen den dabei verstoßen wird. Abschn. 2.4.3 in Verbindung mit Abschn. 2.4.1 und 2.4.2

2.5.2 Aufgaben

Aufgabe 1: Buchführungspflicht
Prüfen Sie folgende Sachverhalte und entscheiden Sie jeweils, inwieweit hier eine Pflicht zu Buchführung vorliegt:

1. Ein eingetragener Kaufmann betreibt einen Großhandel für Haustechnik.
2. Die größte Steuerberatungsgesellschaft der Stadt weist in den vergangenen beiden Jahren einen Jahresumsatz von 3.400.000 € bzw. 3.700.000 € aus. Trotz ihrer Größe firmiert sie nicht als Kapitalgesellschaft.
3. Einige niedergelassene Ärzte haben sich zu einem MVZ (Medizinischem Versorgungszentrum) zusammengeschlossen. Die Gesellschaft firmiert als GbR. Die Abrechnungen der ärztlichen Leistungen liegen seit Jahren in Millionenhöhe.
4. Ein Dachdecker betreibt sein Gewerbe als OHG. Die Umsätze waren in den vergangenen Jahren nicht höher als 400.000 €, der Jahresüberschuss lag nie über 15.000 €.

Aufgabe 2: Grundsätze ordnungsgemäßer Buchführung
Bitte prüfen sie, inwieweit die folgenden Geschäftsvorfälle den Grundsätzen ordnungsgemäßer Buchführung entsprechen. Falls ein Verstoß vorliegt, geben Sie bitte an, ob dieser materieller oder formeller Art ist.

1. Der Geschäftsführer ruft seiner Sekretärin zu, dass er Kunden bewirtet und dafür 52 € ausgegeben hat, die sie bitte als betrieblichen Aufwand verbuchen und ihm die 52 € in bar aus der Firmenkasse geben soll.
2. Die Rechnung eines Lieferanten enthält auch die Kosten des Geburtstagsgeschenkes der Gattin des Geschäftsführers. Sie wird in voller Höhe eingebucht.
3. Die Buchhalterin eines Fliesenlegerbetriebes war drei Tage krank. Nach ihrer Rückkehr erfasst sie sofort alle liegengebliebenen Belege. Es handelte sich dabei ausschließlich um unbare Transaktionen.

4. Für den Kunden Neubauer werden zwei Kundenkonten geführt.
5. Das Kassenbuch wird nicht täglich, sondern nur einmal im Monat aktualisiert, obwohl sich die Bestände täglich ändern.

2.5.3 Lösungen

Aufgabe 1: Buchführungspflicht
1. Ja (aufgrund der Kaufmannseigenschaft)
2. Ja (aufgrund der Unternehmensgröße)
3. Nein (da GbR von Freiberuflern)
4. Nein (da Personengesellschaft, die unterhalb der Größengrenzen liegt)

Aufgabe 2: Grundsätze ordnungsgemäßer Buchführung
1. Nicht konform – formeller Verstoß (keine Buchung ohne Beleg)
2. Nicht konform – materieller Verstoß (Richtigkeit)
3. Kein Verstoß
4. Nicht konform – formeller Verstoß (geordnete Durchführung)
5. Nicht konform – formeller Verstoß (zeitgerechte Erfassung)

Literatur

Bieg, H., & Waschbusch, G. (2021). *Buchführung*. NWB .
Grundsätze zur ordnungsmäßigen Führung und Aufbewahrung von Büchern, Aufzeichnungen und Unterlagen in elektronischer Form sowie zum Datenzugriff (GoBD) (2019). Bundesministerium für Finanzen.
Schäfer-Kunz, J. (2019). *Buchführung und Jahresabschluss*. Schäffer-Poeschel.
Wöhe, G., & Kussmaul, H. (2022). *Grundzüge der Buchführung und Bilanztechnik*. Vahlen.

Buchführung und Bilanz 3

Lernziele
- Was ist eine Bilanz?
- Kennenlernen des grundlegenden Aufbaus einer Bilanz.
- Vertiefung der einzelnen Bilanzpositionen und ihrer Besonderheiten.
- Einführung des Systems der doppelten Buchführung.
- Was sind T-Konten?
- Welche Möglichkeiten der Bilanzveränderung können auftreten?

3.1 Die Bilanz

In unserem Einführungsbeispiel haben wir bereits zur Ermittlung des Reinvermögens Vermögen und Schulden einander gegenübergestellt. Die Aufstellung einer Bilanz ist eine formalisierte Gegenüberstellung von Aktiva (das ist der Fachbegriff für alle Vermögenspositionen) und Passiva (darunter werden alle Kapitalpositionen also Fremdkapital und Eigenkapital zusammengefasst).

Der Begriff **Bilanz** leitet sich von dem italienischen Wort „bilancia" ab, welches „Zweischalige Waage" bedeutet (Abb. 3.1). Eine Bilanz muss also immer ausgeglichen sein, Aktiva und Passiva müssen immer gleich hoch sein.

▶ Bilanzgleichung: **Aktiva = Passiva.**

Kommen wir zunächst zum Wesen der Bilanzierung. Bilanzierung meint die Tätigkeit der Aufstellung einer Bilanz. Dabei ist zunächst einmal **dem Grunde nach zu bilanzieren**, also grundsätzlich zu entscheiden, ob ein Vermögensgegenstand, eine Schuld

Abb. 3.1 Bilancia. (Quelle: Freepick)

oder ein anderer Posten überhaupt bilanzierungsfähig ist. Es muss entschieden werden, ob bilanziert werden muss, bilanziert werden kann oder nicht bilanziert werden darf. Grundsätzlich sind gemäß dem Vollständigkeitsgrundsatz des § 246 Abs. 1 HGB sämtliche Vermögensgegenstände, Schulden oder Rechnungsabgrenzungsposten in die Bilanz aufzunehmen.

Bei der **Bilanzierung der Höhe nach** geht es um die Frage, mit welchem Betrag der Vermögensgegenstand oder die Schuld in der Bilanz zu erfassen sind. Es geht also um die Bewertung von Vermögensgegenständen und Schulden, die in der Bilanz anzusetzen sind.

Eine Bilanz ist für jedes buchhaltungspflichtige Unternehmen nach § 242 Abs. 1 HGB jährlich zum Ende eines Geschäftsjahres aufzustellen (Schlussbilanz). Es handelt sich bei einer Bilanz also um eine **zeitpunktbezogene Jahresabschlussrechnung.** Neben der jährlichen Bilanzerstellung ist ein Handelsgewerbetreibender dazu verpflichtet, zu Beginn des Geschäftsbetriebes eine Eröffnungsbilanz zu erstellen.

Die **Beständedifferenzenbilanz** oder auch Bewegungsbilanz gibt die Unterschiede der einzelnen Bilanzpositionen in zwei aufeinanderfolgenden Geschäftsjahren (oder zwischen der Eröffnungsbilanz und dem ersten Jahresabschluss) wieder. Da sie Bewegungen auf den einzelnen Positionen während einer Periode abbildet, ist sie zeitraumbezogen. Sie wird als Grundlage von Liquiditätsrechnungen herangezogen und kann Informationen über das Finanzierungs- und Investitionsverhalten eines Unternehmens liefern.

3.1.1 Grundsätzlicher Aufbau einer Bilanz

Eine Bilanz weist grundsätzlich zwei Seiten auf. Diese können wie die beiden Schalen einer Waage gesehen werden. Auf der linken Seite der Bilanz werden die Aktivpositionen, also das Vermögen eines Unternehmens, dargestellt. Die Aktiv-Seite einer Bilanz zeigt demnach, wofür das verfügbare Kapital eingesetzt wurde, also zum Beispiel für den Kauf einer Maschine oder der Aufstockung von Vorräten. Daher wird diese Seite einer Bilanz auch als Seite der **Mittelverwendung** bezeichnet.

Auf der rechten Seite der Bilanz werden die Passivpositionen dargestellt. Darunter sind alle Kapitalpositionen, also Fremd- und Eigenkapital, zu verstehen. Dazu kommen einige

3.1 Die Bilanz

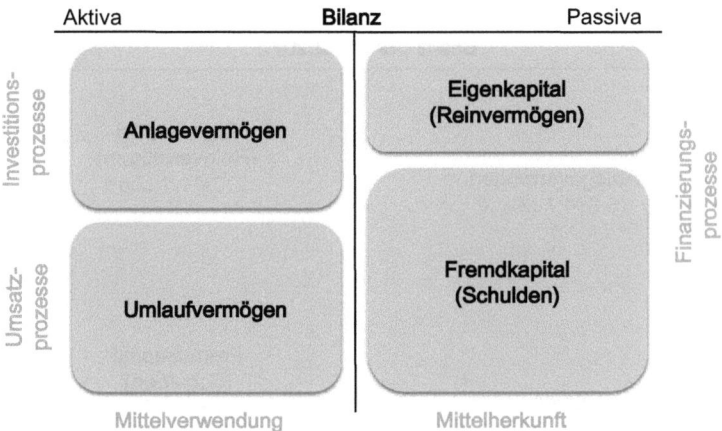

Abb. 3.2 Grundsätzlicher Aufbau einer Bilanz

gesonderte Posten, die der Bilanztechnik dienen, wie zum Beispiel Rechnungsabgrenzungsposten (vgl. Abschn. 13.1.3). Es wird auf dieser Seite der Bilanz dargestellt, woher die Mittel zur Finanzierung der Aktivpositionen stammen (**Mittelherkunft**). Beispielsweise werden hier Bankdarlehen oder Leasingkredite als Fremdkapital ausgewiesen, aber auch Kapitaleinlagen der Eigentümer oder Gewinne früherer Jahre als Bestandteile des Eigenkapitals ausgewiesen. Abb. 3.2 verdeutlicht den grundsätzlichen Aufbau einer Bilanz.

Sehen wir uns dazu ein Beispiel aus der Praxis an. Die Hapag Lloyd AG ist eines der weltweit führenden Transport- und Logistikunternehmen im Einsatz von Containerschiffen. Unter Flagge der Hapag Lloyds fahren aktuell 264 Containerschiffe.[1] Der Unternehmenssitz ist in Hamburg.

Die Hapag Lloyd AG als börsennotierte AG ist eine Kapitalgesellschaft, die zur jährlichen Veröffentlichung ihrer Jahresabschlussunterlagen verpflichtet ist. Diese können auf der Unternehmenshomepage abgerufen werden. Im Anhang 1 findet sich ein Auszug des Geschäftsberichtes der Hapag Lloyd AG mit der Bilanz per 31.12.2022. Abb. 3.3 zeigt die Werte zusammengefasst.

3.1.2 Die Aktiv-Seite einer Bilanz

Werfen wir nun einmal einen detaillierteren Blick auf die Aktiv-Seite einer Bilanz. Hier werden die Vermögenspositionen eines Unternehmens dargestellt. Das bedeutet, dass

---

[1] Stand 30.09.2023 (Quelle: Unternehmenshomepage der Hapag Lloyd AG).

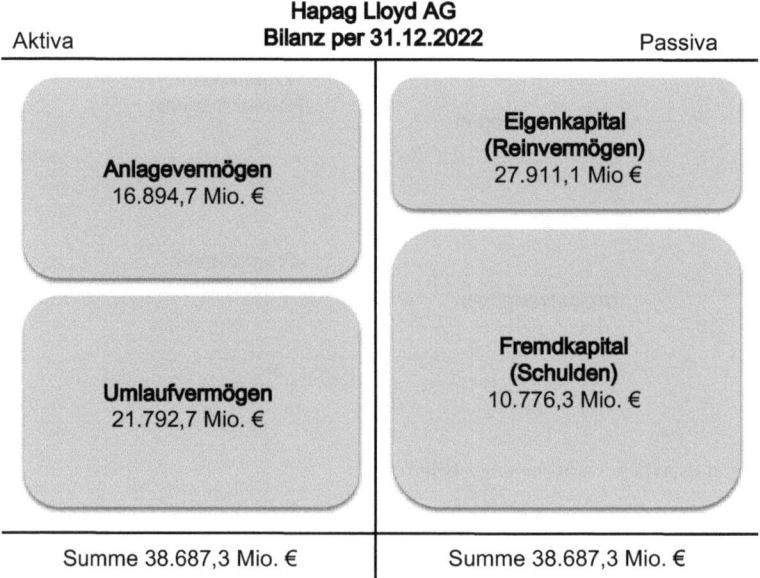

Abb. 3.3 Zusammengefasste Bilanz der Hapag Lloyd AG. (Quelle: Eigene Erstellung, Werte entnommen aus Hapag Lloyd (2022))

alle Gegenstände und Werte, die zum Betreiben des Geschäftes notwendig sind, hier abgebildet werden. Bleiben wir bei unserem Beispiel der Hapag Lloyd AG: Die Verschiffung von Waren ist das Hauptgeschäft der Hapag. Also sind auf der Aktiv-Seite zum Beispiel eigene Schiffe und Container zu finden, aber auch Vorräte wie gelagerte Treibstoffe. Grundsätzlich werden die einzelnen Positionen des Anlagevermögens nach Liquidierbarkeit (also der Möglichkeit, die entsprechenden Positionen in Geld umzuwandeln) absteigend sortiert. So stehen beispielsweise Sachanlagen weit oben auf der Aktiv-Seite der Bilanz, da es dem Unternehmen in der Regel einiges an Zeit und Mühe kosten würde, Maschinen oder Ähnliches zu veräußern. Liquide Mittel wie Bargeld oder Guthaben auf Bankkonten stehen ganz unten auf der Aktiv-Seite, da sie ja bereits Zahlungsmittel sind.

Unterteilt werden die Positionen zunächst danach, wofür sie im Geschäftsbetrieb verwendet werden. Dabei wird zwischen Investitions- und Umsatzprozessen unterschieden. Die Schiffe und Container aus unserem Beispiel sind langfristige Investitionen und daher den Investitionsprozessen zuzuordnen. Vorräte, aber auch offene Forderungen aus Umsatzprozessen oder Finanzmittel sind direkt mit Umsatzprozessen verknüpft. Alle Positionen, die den Investitionsprozessen zuzurechnen sind, werden im oberen Teil der Aktiv-Seite unter dem Begriff **Anlagevermögen** zusammengefasst. Anlagevermögen meint also Vermögensgegenstände, die dazu bestimmt sind, dauernd dem Geschäftsbetrieb von Unternehmen zu dienen.

3.1 Die Bilanz

Posten des Anlagevermögens: (nach § 266 HGB)
- A. I. Immaterielle Vermögensgegenstände
- A. II. Sachanlagen
- A. III. Finanzanlagen

Abb. 3.4 zeigt beispielhaft das Anlagevermögen der Hapag Lloyd AG. Hier werden zuoberst die Immateriellen Vermögenswerte, wie der Geschäfts- oder Firmenwert, und andere immaterielle Vermögenswerte (zum Beispiel Markenrechte oder durch Unternehmenszukäufe erworbene vorteilhafte Verträge) angeführt. Unter der nächsten Position Sachanlagen finden sich neben den Containerschiffen und Containern auch das Gebäude des Firmensitzes am Ballindamm in Hamburg. Das Finanzanlagevermögen ist nach abnehmender Liquidierbarkeit gegliedert: Zunächst werden Firmenanteile an (konzernzugehörigen) Unternehmen angeführt, gefolgt von sonstigen finanziellen Vermögensgegenständen (vor allem langfristige befristete Geldanlagen, Wertpapiere und Beteiligungen) und sonstigen nicht-finanziellen Vermögensgegenständen (vor allem Steuererstattungsansprüche sowie Rechnungsabgrenzungsposten). In der nächsten Position werden Forderungen aus derivativen Finanzinstrumenten angeführt, die vor allem zur Sicherung von Währungs- und Zinsrisiken eingesetzt werden. Zuletzt werden langfristige Steuerforderungen angeführt.

Positionen, die vorrangig mit den Umsatzprozessen verknüpft sind, gehören zum sogenannten **Umlaufvermögen** und werden im unteren Teil abgebildet. Im Umlaufvermögen werden also Vermögensgegenstände dargestellt, die **nicht dazu bestimmt sind, dauerhaft** dem Geschäftsbetrieb von Unternehmen zu dienen. Bei der Untergliederung des Umlaufvermögens wird auf das sogenannte Prozessgliederungsprinzip abgestellt. Die Unterteilung bildet also den Umsatzprozess des Unternehmens ab (zum Beispiel Produktion – Lager – Vertrieb – Umsatz -> Vorräte – Warenbestand – Forderungen – Kassenbestand).

	AKTIVA		
	Mio. EUR	Anhang	31.12.2022
Immaterielle Vermögenswerte	Geschäfts- oder Firmenwerte	(10)	1.712,1
	Sonstige immaterielle Vermögenswerte	(10)	1.540,4
Sachanlagen	Sachanlagen	(11)	13.140,2
Finanzanlagen	Nach der Equity-Methode einbezogene Unternehmen	(12)	353,4
	Sonstige finanzielle Vermögenswerte[1]	(13)	49,9
	Sonstige nicht-finanzielle Vermögenswerte[1]	(14)	22,7
	Derivative Finanzinstrumente	(15)	37,3
	Ertragsteuerforderungen	(8)	5,7
		(8)	33,0
	Langfristige Vermögenswerte		**16.894,7**

Abb. 3.4 Anlagevermögen der Hapag Lloyd AG

Posten des Umlaufvermögens: (nach § 266 HGB)
- **B. I. Vorräte**
  - Roh-, Hilfs- und Betriebsstoffe
  - Unfertige und fertige Erzeugnisse sowie Waren
- **B. II. Forderungen**
- **B. III. Wertpapiere**
- **B. IV. Kassenbestand, Bundesbankguthaben, Guthaben bei Kreditinstituten und Schecks**
  - Flüssige/liquide Mittel/Zahlungsmittel/Finanzmittel/Bargeld und Sichtguthaben

Unter den kurzfristigen Vermögenswerten (Umlaufvermögen, Abb. 3.5) weist die Hapag Lloyd AG zunächst den Bestand an Vorräten aus. Im Wesentlichen handelt es sich dabei um Treibstoffvorräte. Unter der nächsten Position werden Forderungen aus Lieferungen und Leistungen aufgeführt, also offene Forderungen, die aus Transportverträgen resultieren. Hinter den sonstigen finanziellen und sonstigen nicht-finanziellen Vermögenswerten verbergen sich ähnliche Sachverhalte wie im Anlagevermögen, nur hier mit einer kurzen Restlaufzeit bis zur Rückzahlung. Gleiches gilt für die derivativen Finanzinstrumente und Ertragssteuerforderungen. Die Position Zahlungsmittel und Zahlungsmitteläquivalente kumuliert die Bank- und Giroguthaben sowie Kassenbestände, Schecks und sonstige kurzfristige, hochliquide Geldanlagen.

3.1.3 Die Passiv-Seite einer Bilanz

Auf der Passiv-Seite einer Bilanz wird die Herkunft der Mittel dargestellt, mittels derer die Positionen auf der Aktiv-Seite finanziert wurden. Die Positionen auf der Passiv-Seite einer Bilanz werden zunächst nach dem Rechtsverhältnis der Kapitalgeber in Eigenkapital und Fremdkapital unterschieden. Diese beiden Sammelpositionen werden

	AKTIVA		
	Mio. EUR	Anhang	31.12.2022
Vorräte	Vorräte	(16)	440,0
	Forderungen aus Lieferungen und Leistungen	(13)	2.895,0
	Sonstige finanzielle Vermögenswerte[1]	(13)	3.067,1
Forderungen	Sonstige nicht-finanzielle Vermögenswerte[1]	(14)	132,5
	Derivative Finanzinstrumente	(15)	5,5
	Ertragsteuerforderungen	(8)	16,4
Kassenbestand	Zahlungsmittel und Zahlungsmitteläquivalente	(17)	15.236,1
	Kurzfristige Vermögenswerte		**21.792,7**

Abb. 3.5 Umlaufvermögen der Hapag Lloyd AG. (Quelle: Hapag Lloyd (2022))

weiterhin nach ihrer Fristigkeit, also dem voraussichtlichen Zeitpunkt, zu dem diese Mittel zurückzuzahlen sind, untergliedert.

Unter **Eigenkapital** werden finanzielle Mittel verstanden, die dem Unternehmen von ihren **Eignern zeitlich unbefristet in haftender Weise** zur Verfügung gestellt wurden (detailliert zum Thema Eigenkapital: Abschn. 10.1).

Eine andere Möglichkeit zur Ermittlung des Eigenkapitals haben wir bereits im Einführungsbeispiel kennengelernt: Hier wurde das Eigenkapital als Reinvermögen bezeichnet und als Differenz zwischen Vermögen und Schulden errechnet. Das Reinvermögen zeigt auf, was den Unternehmenseignern bei Verkauf aller Vermögenspositionen und nach Rückzahlung aller Schulden an Kapital zustünde:

▶ *Formel: Eigenkapital (**Reinvermögen**) = Vermögen ./. Verbindlichkeiten.*

Das Eigenkapital ist in folgende Positionen zu untergliedern:

Posten des Eigenkapitals (§ 266 HGB)
- **A.I. Gezeichnetes Kapital**
  - Gesellschaft mit beschränkter Haftung: Stammkapital
  - Aktiengesellschaft: Grundkapital
- **A.II. Kapitalrücklagen**
- **A.III. Gewinnrücklagen**
  - Einbehaltene Jahresüberschüsse
- **A.IV. Gewinnvortrag/Verlustvortrag**
- **A.V. Jahresüberschuss/Jahresfehlbetrag**
  - Ergebnis des Geschäftsjahres vor Verwendung

Das gezeichnete Kapital der Hapag-Lloyd AG (Abb. 3.6) besteht zum 31. Dezember 2022 aus 175,8 Mio. Stückaktien mit einem Nennwert von 1,00 €. Die Kapitalrücklage

PASSIVA		
Mio. EUR	Anhang	31.12.2022
Gezeichnetes Kapital	(18)	175,8
Kapitalrücklagen	(18)	2.637,4
Erwirtschaftetes Konzerneigenkapital	(18)	23.447,3
Kumuliertes übriges Eigenkapital	(20)	1.632,9
Eigenkapital der Aktionäre der Hapag-Lloyd AG		**27.893,4**
Anteile nicht beherrschender Gesellschafter	(21)	17,7
Eigenkapital		**27.911,1**

Abb. 3.6 Eigenkapital der Hapag Lloyd AG. (Quelle: Hapag Lloyd (2022)

enthält das kumulierte Kapital, welches bei Ausgabe der Aktien von den Aktionären über den Nennwert hinaus gezahlt wurde.

Das erwirtschaftete Konzerneigenkapital umfasst im Wesentlichen die Ergebnisse des Geschäftsjahres (Jahresüberschuss) und früherer Jahre (Gewinnvortrag) sowie Umgliederungen aus den Kapitalrücklagen. Das kumulierte übrige Eigenkapital umfasst diverse Rücklagen, beispielsweise für Pensionen und Währungsabsicherungen.

Unter **Fremdkapital** werden im Gegensatz zum Eigenkapital finanzielle Mittel verstanden, die dem Unternehmen zeitlich befristet mit einem festen Rückzahlungsanspruch zur Verfügung gestellt wurden. Fremdkapital haftet nicht und wird im Falle einer Insolvenz vor den Ansprüchen der Eigenkapitalgeber bedient. Darüber hinaus sind für Fremdkapitalanteile in der Regel feste Vergütungsmodalitäten (i. d. R. Zinsen) vereinbart.

Neben den klassischen Fremdkapitalpositionen wie Anleihen, Schuldverschreibungen oder Bankdarlehen finden sich hier auch sogenannte Rückstellungen. Dies sind Vorratsposten für Zahlungsansprüche, die in der Zukunft entstehen, wie zum Beispiel Pensionen.

Das Fremdkapital wird in folgende Posten untergliedert:

Posten des Fremdkapitals (§ 266 HGB)
- **B. Rückstellungen**
  1. Rückstellungen für Pensionen und ähnliche Verpflichtungen
  2. Steuerrückstellungen
  3. sonstige Rückstellungen
- **C. Verbindlichkeiten**
  1. Anleihen
  2. Verbindlichkeiten gegenüber Kreditinstituten
  3. erhaltene Anzahlungen auf Bestellungen
  4. Verbindlichkeiten aus Lieferungen und Leistungen
  5. Verbindlichkeiten aus der Annahme gezogener Wechsel und der Ausstellung eigener Wechsel
  6. Verbindlichkeiten gegenüber verbundenen Unternehmen
  7. Verbindlichkeiten gegenüber Unternehmen, mit denen ein Beteiligungsverhältnis besteht
  8. sonstige Verbindlichkeiten
- Die Passiv-Seite der Bilanz wird durch die Posten **Passive Rechnungsabgrenzungsposten (D)** sowie **Passive latente Steuern (E)** beschlossen (falls vorhanden), die ihrem Charakter nach dem Fremdkapital zugerechnet werden.

Die langfristen Verbindlichkeiten der Hapag Lloyd AG (Abb. 3.7) weisen im Wesentlichen Rückstellungen sowie Finanz- und Leasingverbindlichkeiten auf. Rückstellungen

3.1 Die Bilanz

PASSIVA		
Mio. EUR	Anhang	31.12.2022
Rückstellungen für Pensionen und ähnliche Verpflichtungen	(22)	212,5
Sonstige Rückstellungen	(23)	80,9
Finanzschulden	(24)	2.319,4
Leasingverbindlichkeiten	(24)	1.725,4
Sonstige finanzielle Verbindlichkeiten[1]	(25)	–
Sonstige nicht-finanzielle Verbindlichkeiten[1]	(26)	0,2
Derivative Finanzinstrumente	(27)	–
Passive latente Ertragsteuern	(8)	40,8
Langfristige Schulden		**4.379,3**
Rückstellungen für Pensionen und ähnliche Verpflichtungen	(22)	10,5
Sonstige Rückstellungen	(23)	964,6
Ertragsteuerschulden	(8)	165,9
Finanzschulden	(24)	457,3
Leasingverbindlichkeiten	(24)	934,7
Verbindlichkeiten aus Lieferungen und Leistungen	(25)	2.615,7
Vertragsverbindlichkeiten	(25)	952,9
Sonstige finanzielle Verbindlichkeiten[1]	(25)	177,2
Sonstige nicht-finanzielle Verbindlichkeiten[1]	(26)	81,2
Derivative Finanzinstrumente	(27)	37,0
Kurzfristige Schulden		**6.397,0**

Abb. 3.7 Fremdkapital der Hapag Lloyd AG. (Quelle: Hapag Lloyd (2022))

wurden vor allem für zukünftige Pensionsverpflichtungen gebildet. Die Finanzschulden enthalten Anleihen, Verbindlichkeiten gegenüber Kreditinstituten sowie sonstige Finanzschulden. Als Verbindlichkeiten gegenüber Kreditinstituten und sonstige Finanzschulden werden Darlehen und wie Darlehen bilanzierte Sale-and-Lease-Back-Vereinbarungen zur Finanzierung der Schiffsflotte und von Containern ausgewiesen. Die passiven latenten Ertragssteuern werden ebenfalls unter den langfristigen Schulden verzeichnet.

Unter den kurzfristigen Schulden werden die offenen Verbindlichkeiten aus Lieferungen und Leistungen ausgewiesen. Ebenso geschuldete Steuern aus Erträgen. Darüber hinaus beinhaltet diese Position überwiegend die gleichen Sachverhalte wie bei den langfristigen Schulden, nur wird hier der Anteil der Schulden ausgewiesen, der eine Laufzeit von unter einem Jahr aufweist.

Abb. 3.8 T-Konto

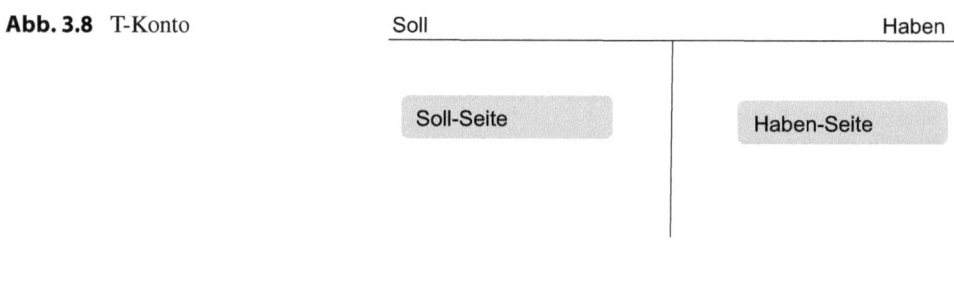

3.2 T-Konten

Die einzelnen Bilanzpositionen werden unterjährig als sogenannte **T-Konten** geführt. Diese sind uns bereits aus dem Einführungsbeispiel bekannt. Der grundlegende Aufbau eines T-Kontos ist zur Wiederholung noch einmal in Abb. 3.8 dargestellt.

Dabei werden T-Konten, die aus Positionen der Aktiv-Seite (= linke Seite) der Bilanz gebildet wurden, als **Aktivkonten** und T-Konten, die aus Positionen der Passiv-Seite (= rechte Seite) der Bilanz gebildet wurden, als **Passivkonten** bezeichnet.

Je nachdem, ob es sich um ein Aktivkonto oder ein Passivkonto handelt, sind spezielle **Aufzeichnungstechniken** zu beachten: Anfangsbestände stehen bei einem Aktivkonto immer auf der Soll-Seite des T-Kontos (links), wohingegen Anfangsbestände von Passivkonten auf der Haben-Seite abgebildet werden (rechts). Erhöhungen der Anfangsbestände (Zugänge) werden bei Aktivkonten ebenfalls auf der Soll-Seite verbucht, Minderungen des Anfangsbestandes dagegen auf der Haben-Seite, also rechts. Bei Passivkonten wird genau umgekehrt verfahren: Minderungen sind auf der Soll-Seite (links) zu vermerken, Erhöhungen auf der Haben-Seite (rechts). Zum Ende eines Geschäftsjahres sind die Endbestände auf den einzelnen T-Konten zu ermitteln. Diese werden bei den Aktivkonten auf der Haben-Seite vermerkt und bei Passivkonten auf der Soll-Seite. Verdeutlicht werden diese Aufzeichnungstechniken in Abb. 3.9.

3.3 Das System der doppelten Buchführung – Doppik

Für die Verbuchung auf den vorgestellten Konten wird eine ganz besondere Technik angewandt: die Doppik. Dieses System, welches auch unter dem Begriff doppelte Buchführung bekannt ist, verbucht Geschäftsvorfälle immer zweifach. Geschäftsvorfälle sind zum Beispiel der Kauf einer Maschine, der Verkauf von Waren oder die Rückzahlung von Fremdkapital. Sie führen zu Veränderungen der Bilanzpositionen im Jahresverlauf.

Die Doppik setzt nun voraus, dass die Veränderung einer Position der Bilanz immer auch mit der Veränderung mindestens einer weiteren Position verknüpft ist, und bildet dies direkt in einem sogenannten Buchungssatz ab (ausführlich zum Thema Buchungssätze (Abschn. 4.1). Dabei wird immer zuerst die Soll-Seite eines Kontos und dann die

3.3 Das System der doppelten Buchführung – Doppik

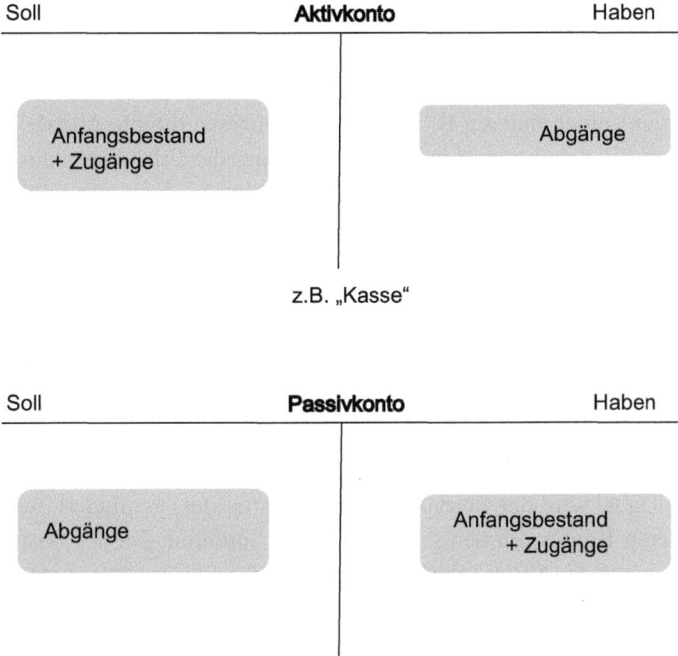

Abb. 3.9 Aufzeichnungstechnik T-Konten

Haben-Seite angesprochen. Werfen wir zur Verdeutlichung einen Blick auf die folgenden beiden Beispiele:

Beispiel 1: Der Kauf eines Grundstückes erhöht einerseits das Anlagevermögen, vermindert aber andererseits die liquiden Mittel.
Beispiel 2: Sie zahlen Ihrem Kollegen geliehene 20 € zurück. Ihr Kassenbestand vermindert sich um 20 €, die sonstigen Verbindlichkeiten reduzieren sich um den gleichen Betrag.

Diese Buchungslogik hat einen simplen Hintergrund: die Forderung, dass die Bilanzgleichung immer erfüllt sein muss.

▶ **Aktiva = Passiva**
   Oder anders ausgedrückt:
   Vermögen = Reinvermögen + Verbindlichkeiten.

Ein Geschäftsvorfall, der lediglich eine Bilanzposition verändern würde, bringt die Bilanzgleichung in ein Ungleichgewicht. Ein Geschäftsvorfall muss daher zwingend mindestens zwei Positionen verändern. Jeder Geschäftsvorfall verändert die Bilanz. Welche Formen der Bilanzveränderung möglich sind, wird im nachfolgenden Abschnitt beleuchtet.

3.4 Formen der Bilanzänderung

Wie wir gesehen haben, bewirkt jede Änderung einer Bilanzposition gleichzeitig die Änderung mindestens einer anderen Bilanzposition. Dies hat direkte Auswirkungen auf die Bilanz. Behalten Sie dabei immer im Hinterkopf, dass die Bilanz stets ausgeglichen sein muss, also die Bilanzgleichung **Aktiva = Passiva** zu jedem Zeitpunkt erfüllt sein muss.

Die **Bilanz** kann durch Geschäftsvorfälle zum einen **verlängert** werden (also auf beiden Seiten eine Erhöhung der Gesamtsumme erfahren), wenn eine Position auf der Aktiv-Seite gemehrt und eine Position auf der Passiv-Seite gemehrt wird. Dies nennt man eine **Aktiv-Passiv-Mehrung**.

Umgekehrt kann die **Bilanz verkürzt** werden, wenn durch einen Geschäftsvorfall sowohl ein Aktivkonto als auch ein Passivkonto abnehmen. Dabei spricht man auch von einer **Aktiv-Passiv-Minderung**.

Weiterhin sind Geschäftsvorfälle denkbar, die lediglich Konten auf einer Seite der Bilanz betreffen. Dabei wird der Betrag des einen Kontos stets gemindert, während der Betrag eines anderen Kontos um den gleichen Betrag zunimmt. Diese Konstellation ist sowohl bei Konten auf der Aktiv-, aber auch der Passiv-Seite der Bilanz möglich und wird als **Aktivtausch** bzw. **Passivtausch** bezeichnet.

In den Abb. 3.10, 3.11, 3.12 und 3.13 werden die möglichen Formen der Bilanzveränderungen anhand von Beispielen veranschaulicht.

3.5 Zusammenfassung und Aufgaben

Eine Bilanz weist links die Aktiv-Seite und rechts die Passiv-Seite auf. Das HGB gibt ein Mindestgliederungsschema vor, wie diese beiden Seiten in Bilanzpositionen zu untergliedern sind. Für jede der Bilanzpositionen werden T-Konten geführt, die unterjährige Veränderungen der Positionen festhalten. Ein Geschäftsvorfall betrifft immer mindestens zwei Bilanzpositionen. Ein Geschäftsvorfall kann zu einer Aktiv-Passiv-Mehrung, einer Aktiv-Passiv-Minderung, einem Aktiv-Tausch oder einem Passiv-Tausch führen.

3.5.1 Lernkontrollfragen zu Kap. 3

- Was versteht man unter dem Begriff Bilanz? Abschn. 3.1
- Was wird auf der Aktiv-Seite der Bilanz abgebildet? Abschn. 3.1.2
- Nach welcher Reihenfolge wird das Anlagevermögen geordnet? Nach welcher das Umlaufvermögen? Abschn. 3.1.2
- Was wird auf der Passiv-Seite der Bilanz abgebildet? Abschn. 3.1.3
- Nach welcher Reihenfolge wird das Fremdkapital geordnet? Abschn. 3.1.3

3.5 Zusammenfassung und Aufgaben

Aktiv-Passiv-Mehrung/ Bilanzverlängerung

Beispiel: Ein Unternehmen kauft Rohstoffe auf Rechnung mit einem Zahlungsziel. (Die Umsatzsteuer wird vorerst nicht berücksichtigt.)

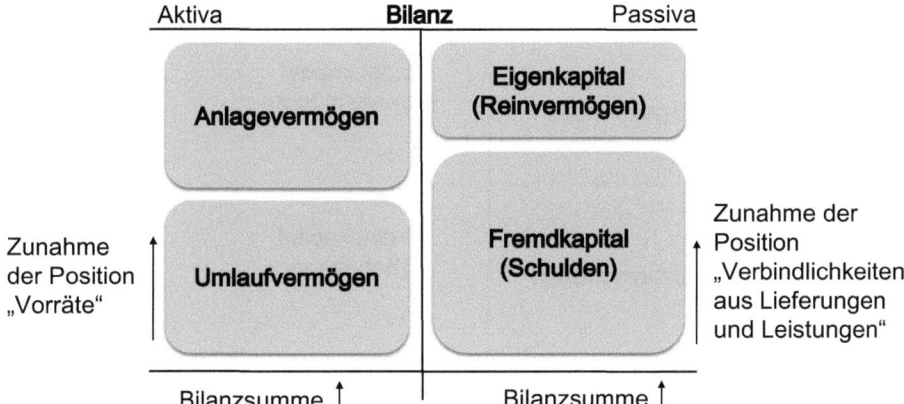

Abb. 3.10 Bilanzverlängerung

Aktiv-Passiv-Minderung/ Bilanzverkürzung

Beispiel: Das Unternehmen bezahlt die im vorangegangenen Beispiel auf Ziel gekauften Rohstoffe per Banküberweisung.

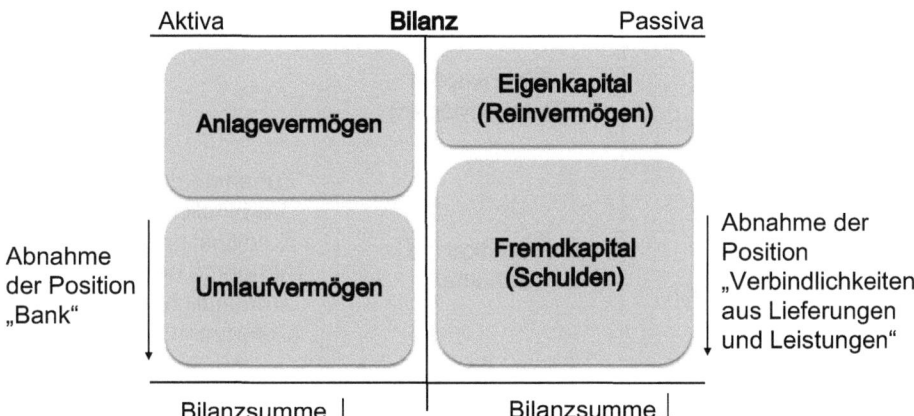

Abb. 3.11 Bilanzverkürzung

Aktiv-Tausch

Beispiel: Eine Maschine wird verkauft. Der Käufer zahlt bei der Abholung mittels Sofortüberweisung. (Umsatzsteuerliche Betrachtungen bleiben zunächst außen vor.)

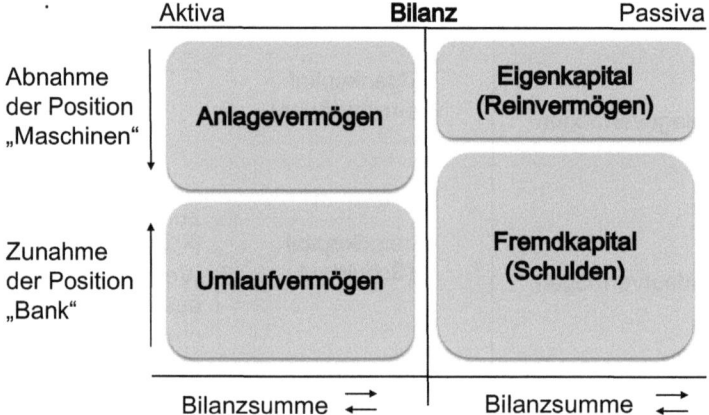

Abb. 3.12 Aktiv-Tausch

Passiv-Tausch

Beispiel: Um eine fällige Rechnung bei einem Lieferanten zu begleichen wird der Kreditrahmen auf einem Bankkonto genutzt.

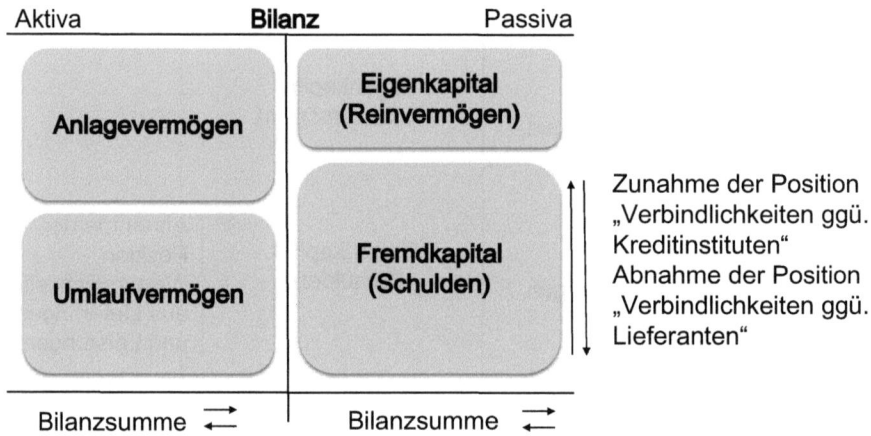

Abb. 3.13 Passiv-Tausch

3.5 Zusammenfassung und Aufgaben

- Was verstehen Sie unter dem Begriff Doppik? Was ist der Hintergrund dieses Vorgehens? Abschn. 3.3
- Nennen Sie die 4 möglichen Bilanzveränderungen. Abschn. 3.4
- Nennen Sie ein Beispiel für eine Aktiv-Passiv-Mehrung. Abschn. 3.4

3.5.2 Aufgaben

Aufgabe 1: System der doppelten Buchführung
Bitte geben Sie zu den folgenden Geschäftsvorfällen an, welche beiden Positionen der Bilanz sich jeweils erhöhen oder vermindern:

1. Sie tätigen eine Barabhebung vom Bankkonto in Höhe von 100 €.
2. Sie bezahlen eine Rechnung in Höhe von 1290 € durch Überweisung.
3. Der Verkauf einer alten Maschine bringt 240 € in bar.
4. Die jährliche Tilgungsrate eines Kredites wird von Ihrem Bankkonto eingezogen (exkl. Zinsen): 4000 €.

Aufgabe 2: Bilanzveränderungen
Bitte geben Sie an, ob es sich in den folgenden Beispielen um eine Bilanzverlängerung, Bilanzverkürzung, einen Aktiv-Tausch oder einen Passiv-Tausch handelt. Welche Positionen werden erhöht bzw. vermindert?

1. Ein Unternehmen verkauft eine Maschine aus dem Anlagebestand. Über den Kaufpreis in Höhe von 4600 € wird eine Rechnung ausgestellt, die in 30 Tagen zu zahlen ist.
2. Ein Einzelkaufmann entnimmt dem Eigenkapitalkonto 500 € als Barauszahlung.
3. Ein genehmigter Bankkredit in Höhe von 100.000 € wird auf das Bankkonto ausgezahlt.
4. Ein Unternehmen kauft Vorräte zum Preis von 450 € ein und zahlt bar.
5. Der Käufer aus (1) begleicht seine Rechnung per Überweisung.

3.5.3 Lösungen

Aufgabe 1: System der doppelten Buchführung
1. „Bank" nimmt um 100 € ab; „Kasse" nimmt um 100 € zu.
2. „Bank" nimmt um 1290 € ab; „Verbindlichkeiten" nehmen um 1290 € ab.
3. „Sachanlagen" nehmen um 240 € ab; „Kasse" nimmt um 240 € zu.
4. „Verbindlichkeiten gegenüber Kreditinstituten" nehmen um 4000 € ab; „Bank" nimmt um 4000 € ab.

Aufgabe 2: Bilanzveränderungen

1. Aktiv-Tausch („Sachanlagen" nehmen ab, „Forderungen aus Lieferungen und Leistungen" nehmen zu.)
2. Bilanzverkürzung („Eigenkapital" nimmt ab, „Kasse" nimmt ab.)
3. Bilanzverlängerung („Bank" nimmt zu, „Verbindlichkeiten gegenüber Kreditinstituten" nimmt zu.)
4. Aktiv-Tausch („Vorräte" nehmen zu, „Kasse" nimmt ab.)
5. Aktiv-Tausch („Forderungen aus Lieferungen und Leistungen" nehmen ab, „Bank" nimmt zu.)

Literatur

Baetge, J., Kirsch, H., & Thiele, S. (2021). *Bilanzen.* IDW Verlag GmbH.

Bieg, H., & Waschbusch, G. (2021). *Buchführung.* NWB.

Hapag Lloyd, AG. (2022). Geschäftsbericht 2022. https://hlag-2022.corporate-report.net/. Zugegriffen: 14. Febr. 2024.

Hufnagel, W., & Burgfeld-Schächer, B. (2022). *Einführung in die Buchführung und Bilanzierung.* NWB.

Schäfer-Kunz, J. (2019). *Buchführung und Jahresabschluss.* Schäffer-Poeschel.

Einstieg in die Buchungstechnik 4

> **Lernziele**
> - Vermittlung grundsätzlicher Buchungslogiken.
> - Bildung einfacher Buchungssätze.
> - Bildung zusammengesetzter Buchungssätze.
> - Vertiefung des Themas T-Konten: Buchung auf Konten, Kontenabschluss.

4.1 Buchungssätze

Jeder bilanzverändernde Geschäftsvorfall ist nach formalen Regeln zu verbuchen. Dazu muss der jeweilige Geschäftsvorfall zunächst in einen eindeutigen Buchungssatz „übersetzt" werden. Dieser Buchungssatz enthält Informationen darüber, welche Konten mit welchen Beträgen in welcher Bewegungsart (Zunahme oder Abnahme) angesprochen werden. Dabei ist zu beachten, dass für jeden Geschäftsvorfall ein Beleg vorhanden sein muss (siehe auch Abschn. 2.4.2 Buchungsbelegpflicht!).

Wir erinnern uns an die Logik der doppelten Buchführung, die im vorangegangenen Kapitel eingeführt wurde. Danach betreffen Geschäftsvorfälle immer mindestens zwei Positionen einer Bilanz. Dies ist auch in dem entsprechenden Buchungssatz zu berücksichtigen: Ein Buchungssatz muss mindestens zwei Konten beinhalten. Die Buchung auf diesen beiden Konten erfolgt einmal auf der Soll-Seite und mit dem gleichen Betrag einmal auf der Haben-Seite eines Kontos. (Denken Sie daran: Die Bilanzgleichung muss ausgeglichen sein.)

▶ Ein **Buchungssatz** ist immer nach dem gleichen Schema aufgebaut:

(per) **SOLL**   Betrag   an

                                             HABEN   Betrag

Gemeint ist damit, dass in Buchungssätzen zunächst immer das Konto genannt wird, bei dem der Geschäftsvorfall auf der **Soll**-Seite (also der linken Seite) verbucht werden soll. Das Wörtchen per (seltener von) wird in der Praxis allerdings häufig weggelassen, eignet sich jedoch als gedankliche Stütze gut, denn es zeigt an, von welchem Konto der Betrag abgeht. Das Wörtchen „an" signalisiert, wohin der Betrag gebucht wird, also welches Konto auf der **Haben**-Seite (rechte Seite) um den entsprechenden Betrag erhöht wird. Die Beträge der Soll- und Haben-Buchungen müssen sich immer entsprechen (Einhaltung der Bilanzgleichung). Die formalisierte Darstellung von Buchungssätzen dient vor allem dazu, Geschäftsvorfälle eindeutig in einer kurzen, knappen Form darzustellen und Fehler zu vermeiden.

Die Komponenten eines Buchungssatzes sind also:

1. (Das Wörtchen „per") -> wird zur Vereinfachung oft weggelassen
2. Nennung des Kontos, auf dem die Soll-Buchung erfolgt
3. Das Wörtchen „an"
4. Die Nennung des Kontos, auf dem die Haben-Buchung erfolgt
5. Der Betrag

▶ Buchungssatz: **SOLL an HABEN.**

Um einen Buchungssatz aufstellen zu können, sind zunächst folgende Angaben zu ermitteln bzw. zu prüfen:

- Sachverhalt
- Kontenart
- Kontonummer und -bezeichnung
- Kontoänderung
- Buchungsseite
- Betrag
- Beleg vorhanden?

Um die Informationen, die zur Bildung eines Buchungssatzes notwendig sind, systematisch zusammenzutragen, kann die in Abb. 4.1 dargestellte Übersicht verwendet werden. Sie erleichtert das Bilden des finalen Buchungssatzes.

4.1 Buchungssätze

Konto 1	an	Konto 2
Sachverhalt		Sachverhalt
Kontenart		Kontenart
Kontenbezeichnung (später auch Nummer)		Kontenbezeichnung (später auch Nummer)
Kontoänderung (Zunahme oder Abnahme)		Kontoänderung (Zunahme oder Abnahme)
Buchungsseite (Soll oder Haben)		Buchungsseite (Soll oder Haben)
Betrag		Betrag

Abb. 4.1 Schema zum Zusammentragen von Buchungsinformationen

Sachverhalt

Unter diesem Punkt soll möglichst knapp beschrieben werden, was bei dem jeweiligen Geschäftsvorfall passiert. Da Geschäftsvorfälle wie beschrieben immer mindestens zwei Konten betreffen, sind auch immer mindestens zwei Sachverhalte zu den entsprechenden einzelnen Kontenbewegungen zu nennen. Der Sachverhalt unterteilt den Geschäftsvorfall also in seine einzelnen Bestandteile. Solche Sachverhalte können beispielsweise sein: Bankguthaben nimmt ab, Anlagevermögen (Maschinen) nimmt zu, Verbindlichkeiten gegenüber Kreditinstituten nehmen ab.

Kontenart

Grundsätzlich sind Buchungen auf folgenden Konten möglich: Aktivkonto der Bilanz, Passivkonto der Bilanz, Aufwandskonto oder Ertragskonto der Gewinn- und Verlustrechnung oder Hilfskonto. Wir beschränken uns an dieser Stelle zunächst auf die Buchung auf Aktiv- und Passivkonten, da die anderen Kontenklassen erst zu einem späteren Zeitpunkt in Kap. 5 eingeführt werden.

Um herauszufinden, welche Kontenart mit dem jeweiligen Sachverhalt angesprochen wird, können folgende Hinweise zu Rate gezogen werden:

- Betrifft der Sachverhalt eine Änderung des Vermögens (Anlagevermögen oder Umlaufvermögen) eines Unternehmens, dann ist ein Aktivkonto betroffen.
- Wird durch den Sachverhalt das Kapital eines Unternehmens beeinflusst (Eigenkapital, Fremdkapital oder Rückstellungen), dann ist ein Passivkonto betroffen.

Der Vollständigkeit halber werden hier bereits die Hinweise aufgezeigt, die zur Identifikation eines Aufwands- oder Ertragskontos als zu bebuchendes Konto dienen:

- Wird durch den Sachverhalt etwas verbraucht, beispielsweise Rohstoffe oder Arbeitskraft, dann ist ein Aufwandskonto anzusprechen.
- Wird durch den Sachverhalt etwas geschaffen oder verkauft, dann ist ein Ertragskonto beteiligt.

Kontobezeichnung und Kontennummer
Die Ermittlung des betreffenden Kontos, also die Feststellung, welche Kontenart, welche Kontenbezeichnung und auch welche Kontonummer bebucht werden müssen, wird **Kontierung** genannt. In der Regel werden zur Kontierung vereinheitlichte Kontenrahmen und Kontenpläne konsultiert, die für eine weitere Vereinfachung und Standardisierung sorgen sowie gleichzeitig gewährleisten, dass gleiche Geschäftsvorfälle kontinuierlich auf die gleiche Weise gebucht werden (vgl. weiterführend zu Kontenrahmen und Kontenplänen Kap. 6). Zum Einstieg wollen wir uns auf einige bekannte Konten beschränken.

Kontoänderung und Ermittlung der zu bebuchenden Kontenseite
Wie wir bereits im vorangegangenen Kapitel erörtert haben (Abschn. 3.2), werden Zunahmen auf Aktivkonten auf der Soll-Seite sowie Abnahmen auf Aktivkonten auf der Haben-Seite verbucht. Umgekehrt werden bei Passivkonten auf der Haben-Seite Zunahmen verbucht, während Abnahmen auf der Soll-Seite verbucht werden.

Vorwegnehmend soll an dieser Stelle bereits das entsprechende Vorgehen für Erfolgskonten aufgezeigt werden: Aufwendungen werden auf den Aufwandskonten im Soll

	Soll	Haben
Aktivkonten	Anfangsbestand und Zugänge	Abgänge und Endbestand
Passivkonten	Abgänge und Endbestand	Anfangsbestand und Zugänge
Aufwandskonten	Aufwendungen	Endbestand
Ertragskonten	Endbestand	Erträge

Abb. 4.2 Ermittlung der zu bebuchenden Kontenseite

4.1 Buchungssätze

gebucht. Erträge dagegen auf der Haben-Seite der Ertragskonten. Abb. 4.2 fasst die Aussagen in der Übersicht zusammen.

Betrag

Nicht zuletzt muss der Betrag ermittelt werden, mit dem die jeweiligen Konten zu bebuchen sind. Dies ist bei einfachen Buchungssätzen mit lediglich einem Soll- und einem Habenkonto meist banal, wird jedoch spannender bei zusammengesetzten Buchungssätzen (Abschn. 4.4).

Diese theoretischen Regeln zur Bildung von Buchungssätzen werden nachfolgend anhand zweier Beispiele verdeutlicht.

Beispiel 1 Ein Unternehmen zahlt eine offene Rechnung an einen Lieferanten in Höhe von 4000 € durch eine Banküberweisung.

Vorüberlegung: Die Begleichung einer offenen Rechnung bedeutet, dass die Bilanzposition „Verbindlichkeiten aus Lieferungen und Leistungen" abnimmt. Das Konto „Verbindlichkeiten aus Lieferungen und Leistungen" ist ein Passivkonto (es steht auf der rechten Seite der Bilanz). Die Abnahme eines Passivkontos geschieht durch eine Buchung auf der Soll-Seite. Durch die gleichzeitig ausgehende Banküberweisung wird das Guthaben auf einem Bankkonto reduziert. Kurzfristige Bankguthaben werden auf dem Konto „Bank" verbucht. Dies ist ein Aktivkonto. Nach unserer Übersicht werden Abnahmen auf Aktivkonten im Haben verbucht.

Konto 1		an	**Konto 2**	
Sachverhalt	Abnahme Verbindlichkeiten aus Lieferungen und Leistungen		Sachverhalt	Abgang vom Bankkonto
Kontenart	Passivkonto		Kontenart	Aktivkonto
Kontenbezeichnung (später auch Nummer)	Verbindlichkeiten aus Lieferungen und Leistungen		Kontenbezeichnung (später auch Nummer)	Bank
Kontoänderung (Zunahme oder Abnahme)	Abnahme		Kontoänderung (Zunahme oder Abnahme)	Abnahme
Buchungsseite (Soll oder Haben)	Soll		Buchungsseite (Soll oder Haben)	Haben
Betrag	4.000 €		Betrag	4.000 €

Abb. 4.3 Buchungsschema Beispiel 1

Mit diesen Vorüberlegungen kann das vorgestellte Buchungsschema gefüllt werden (Abb. 4.3).

Der Buchungssatz lautet also:

| Verbindlichkeiten aus Lieferungen und Leistungen | 4000 € | an | Bank | 4000 € |

Beispiel 2 Ein Unternehmen kauft für 1000 € Vorräte auf Rechnung.

Vorüberlegung: Von dem Vorfall betroffen sind die Konten „Vorräte" sowie „Verbindlichkeiten aus Lieferungen und Leistungen". Bei dem erstgenannten Konto handelt es sich um ein Aktivkonto, bei dem zweitgenannten um ein Passivkonto. Durch den Zukauf mehren sich die Vorräte. Die durch den Kauf auf Rechnung entstehenden Verbindlichkeiten erhöhen die Position „Verbindlichkeiten aus Lieferungen und Leistungen". Es handelt sich also um eine Aktiv-Passiv-Mehrung. Auf dem Aktivkonto „Vorräte" werden Zugänge im Soll verbucht. Auf dem Passivkonto „Verbindlichkeiten aus Lieferungen und Leistungen" werden Zugänge im Haben gebucht.

Das befüllte Buchungsschema findet sich in Abb. 4.4.

Der Buchungssatz lautet also:

| Vorräte | 1000 € | an | Verbindlichkeiten aus Lieferungen und Leistungen | 1000 € |

Konto 1		an	**Konto 2**	
Sachverhalt	Zunahme von Vorräten		Sachverhalt	Zunahme Verbindlichkeiten aus Lieferungen und Leistungen
Kontenart	Aktivkonto		Kontenart	Passivkonto
Kontenbezeichnung (später auch Nummer)	Vorräte		Kontenbezeichnung (später auch Nummer)	Verbindlichkeiten aus Lieferungen und Leistungen
Kontoänderung (Zunahme oder Abnahme)	Zunahme		Kontoänderung (Zunahme oder Abnahme)	Zunahme
Buchungsseite (Soll oder Haben)	Soll		Buchungsseite (Soll oder Haben)	Haben
Betrag	1.000 €		Betrag	1.000 €

Abb. 4.4 Buchungsschema Beispiel 2

4.2 Kontenbewegungen

4.2.1 Laufende Kontenbewegungen

Was passiert nun auf den Konten, die durch einen Buchungssatz angesprochen werden? Wie bereits gezeigt, erfolgt die Verbuchung je nachdem, um welche Kontenart es sich handelt, auf unterschiedlichen Kontenseiten. Anhand des zuletzt besprochenen Beispiels Nr. 2 werden in Abb. 4.5 die Buchungen auf den entsprechenden Konten gezeigt. Es wird ein Zugang auf einem Aktivkonto (also eine Buchung auf der Soll-Seite) sowie eine Buchung auf der Haben-Seite eines Passivkontos vorgenommen.

Häufig bleibt es während eines Geschäftsjahres nicht nur bei einer oder zwei Buchungen auf den Konten. Bei einigen Konten sind sogar täglich Veränderungen zu verbuchen. Allen voran Konten des Umlaufvermögens wie zum Beispiel „Vorräte" oder auch das Konto „Bank" werden regelmäßig mit Zu-, aber auch Abgängen bebucht. Abb. 4.6 zeigt beispielhaft das Konto „Kasse" mit diversen Bewegungen. Dabei handelt es sich um ein Aktivkonto: Anfangsbestand und Zugänge werden im Soll, Abgänge und Endbestand im Haben gebucht. Der Anfangsbestand wird zu Beginn eines Geschäftsjahres festgestellt. Auf die Verbuchung des Endbestandes (auch Saldo genannt) am Ende einer Periode wird im nachfolgenden Abschnitt gesondert eingegangen.

Schauen wir uns zusätzlich an, wie Bewegungen auf einem Passivkonto vermerkt werden. Auf der Passiv-Seite sind es vor allem die Konten der kurzfristigen Schulden, die häufigen Buchungen unterliegen. So auch das Konto „Verbindlichkeiten aus Lieferungen und Leistungen". Dieses Konto wird immer angesprochen, wenn zum Beispiel Waren und Rohstoffe oder auch Maschinen auf Rechnung angekauft werden. Abb. 4.7 zeigt mögliche Bewegungen des Kontos „Verbindlichkeiten aus Lieferungen und Leistungen" auf.

Abb. 4.5 Kontenbewegungen Beispiel 2

Soll	Vorräte		Haben
Anfangsbestand	x		
Erhöhung	1.000 €		

Soll	Verb.LuL		Haben
		Anfangsbestand	y
		Erhöhung	1.000 €

Soll	Kasse		Haben
01.01. Anfangsbestand 420 €		14.02. Zahlung an Lieferanten	750 €
03.02. Verkauf von Waren bar 695 €		08.04. Zahlung von Waren bar	395 €
07.03. Barzahlung von Kunden 305 €		02.06. Zahlung von Frachtgeld	10 €
23.04. Einlösung eines Wechsels 250 €		03.08. Begleichung von Verbindlichkeiten bar	625 €
06.07. Verkauf von Waren bar 735 €		10.10. Kauf eines Regals bar	150 €
08.08. Bareinzahlung 500 €		31.10. Zahlung von Miete bar	80 €
03.11. Verkauf von Waren bar 180 €		02.11. Lohnzahlung bar	415 €
		01.12. Privatentnahme bar	100 €
		31.12. Endbestand (Saldo)	560 €
	3.085 €		3.085 €

Abb. 4.6 Kontenbewegung am Beispiel des Kontos „Kasse"

Soll	Verb. LuL		Haben
15.01. Zahlung an Lieferanten 3.000 €		01.01. Anfangsbestand	7.000 €
15.01. Zahlung an Lieferanten 4.000 €		08.01. Rechnung Lieferant	2.750 €
07.02. Zahlung an Lieferanten 2.750 €		13.06. Rechnung Lieferant	5.365 €
23.06. Zahlung an Lieferanten 1.220 €		03.09. Rechnung Lieferant	1.355 €
30.06. Zahlung an Lieferanten 4.145 €		05.12. Rechnung Lieferant	478 €
01.10. Zahlung an Lieferanten 1.355 €		23.12. Rechnung Lieferant	7.520 €
31.12. Endbestand (Saldo) 7.998 €			
	24.468 €		24.468 €

Abb. 4.7 Kontenbewegungen am Beispiel des Kontos „Verbindlichkeiten aus Lieferungen und Leistungen"

4.2.2 Kontenabschluss

Die laufende Verbuchung von Geschäftsvorfällen während eines Geschäftsjahres führt dazu, dass die einzelnen Konten ins Ungleichgewicht geraten (die Summen der Soll- und Haben-Seite sind zunächst nicht mehr gleich). Zum Periodenabschluss muss jedes Konto aber wieder ausgeglichen sein. Dieser Ausgleichsposten ist der Endbestand. Er wird als **Saldo** zwischen Anfangsbestand zuzüglich Zugängen und abzüglich der Abgänge einer Geschäftsperiode ermittelt.

▶ **Saldo** = Anfangsbestand + Zugänge ./. Abgänge.

Die Buchung des Saldos bewirkt, dass die Summen der Soll- und der Haben-Seite eines Kontos am Ende der Geschäftsperiode wieder übereinstimmen. Dabei sind die folgenden beiden Konstellationen grundsätzlich möglich (zunächst unabhängig davon, um welche Kontenart es sich handelt):

4.2 Kontenbewegungen

1. Es wird ein **Soll-Saldo** ermittelt: wenn Soll-Seite größer und Haben-Seite kleiner ist. ACHTUNG: Dieser Sollsaldo wird **im HABEN** gebucht! (um das Konto wieder auszugleichen)
2. Es wird ein **Haben-Saldo** ermittelt: Die Haben-Buchungen übersteigen Soll-Buchungen. Dieser Habensaldo wird **im SOLL** gebucht.

Um dies zu verdeutlichen, schauen wir uns folgendes Beispiel an: Auf einem Aktivkonto (zum Beispiel dem Kassenkonto) wird zu Periodenbeginn ein Anfangsbestand von 10.000 € ausgewiesen. Das heißt, wir hatten zu Beginn der Periode 10.000 € bar in der Kasse. Im Laufe des Geschäftsjahres werden verschiedene Entnahmen sowie auch Einzahlungen bar in und aus der Kasse getätigt. Die Summe der Einzahlungen beläuft sich auf 4000 €. Es werden also weitere 4000 € auf der Soll-Seite des Kassenkontos als Einzahlungen verbucht. Zudem wird unterjährig Geld aus der Kasse entnommen. Summiert belaufen sich die Auszahlungen auf 8000 €. Abnahmen auf einem Aktivkonto werden im Haben verbucht. Die entsprechenden Buchungen können in Abb. 4.8 nachvollzogen werden. Nach diesen Buchungen würde das Konto „Kasse" auf der Soll-Seite eine Summe in Höhe von 14.000 € aufweisen, auf der Haben-Seite eine Summe von 8000 €. Um das Konto abzuschließen und auszugleichen, muss nun der Saldo nach obiger Formel ermittelt werden:

Anfangsbestand	10.000 €
Plus Zugänge	+4.0000 €
Minus Abgänge	./. 8000 €
= Saldo	= 6000 €

Dieser Saldo entspricht dem Endbestand. Da die Soll-Seite größer ist als die Haben-Seite, handelt es sich hierbei um einen Soll-Saldo. Dieser wird im Haben gebucht. Nach der Buchung des Saldos von 6000 € als Endbestand ist das Konto ausgeglichen (beidseitige Summe 14.000 €).

Wie in Abb. 4.2 dargestellt, ist die Seite zur Verbuchung der Salden am Periodenende grundsätzlich durch die Kontenart vorgegeben. So wird bei einem Aktivkonto ein Soll-Saldo ermittelt, der auf der Haben-Seite zu verbuchen ist. Bei einem Aktivkonto ist es

Abb. 4.8 Kontenabschluss am Beispiel eines Aktivkontos (Kasse)

Soll		**Kasse**	Haben
Anfangsbestand	10.000 €	Auszahlungen	8.000 €
Einzahlungen	4.000 €	Saldo	6.000 €
Summe	14.000 €	Summe	14.000 €

in der Regel nicht möglich, dass ein Haben-Saldo ermittelt wird, denn das hieße, dass beispielsweise mehr Vorräte verbraucht, als zu Beginn der Periode im Bestand gewesen und während der Periode hinzugekauft worden wären. Ein negativer Vorratsbestand (oder Maschinenbestand o. Ä.) ist jedoch logisch nicht möglich, es kann nicht mehr verbraucht oder verkauft werden, als vorhanden ist.

Andersherum ist es bei Passivkonten immer ein Haben-Saldo, der ermittelt wird, um die Konten am Ende des Geschäftsjahres auszugleichen. Diese Haben-Salden werden im Soll gebucht und zeigen den Endbestand an Kapital an.

Aufwandskonten werden während der Periode mit Aufwendungen im Soll bebucht, weisen also am Ende einen Soll-Saldo auf, der im Haben verbucht wird. Ertragskonten werden unterjährig mit Erträgen im Haben bebucht und weisen am Ende einen Haben-Saldo aus, der auf der Soll-Seite verbucht wird.

Von diesen grundsätzlichen Regelungen gibt es einige wenige Ausnahmen, die als Konten mit wechselnden Salden bezeichnet werden. Das typische Beispiel für ein Konto mit wechselnden Salden ist das Konto „Bank". Weiterführend dazu vgl. Abschn. 5.2.1.3.

4.3 Darstellung von Buchungssätzen

Bislang haben wir die Buchungssätze meist in Satzform dargestellt. Dabei wird beschrieben, von (per) welchem Konto an welches Konto welcher Betrag gebucht wird. Häufig wird dabei der jeweiligen Kontenbezeichnung die entsprechende Kontonummer aus den jeweiligen Kontenplänen (vgl. Kap. 6) zugeordnet.

(1) Darstellung in Satzform
(per) [1000] Vorräte, 3000 € an [1800] Bank, 3000 €.

(Bei den Ziffern in eckigen Klammern handelt es sich um die Kontonummern nach dem Kontenrahmen SKR04 Abschn. 6.2).

Daneben gibt es weitere Möglichkeiten, Buchungssätze darzustellen:

(2) Darstellung über Tabellen
Buchungssätze können weiterhin auch in Tabellenform dargestellt werden:

Tab.

Sollkonto	Betrag	An	Habenkonto	Betrag
1000 Vorräte	3000 €		1800 Bank	3000 €

(3) Darstellung über Listen (im Grundbuch von Buchführungssoftwaresystemen)
Heutzutage ist es üblich, für die Verbuchung von Geschäftsvorfällen Buchführungssoftware einzusetzen. Diese Systeme führen ein sogenanntes Grundbuch, in dem alle

4 Einstieg in die Buchungstechnik

Geschäftsvorfälle in Listenform nacheinander in zeitlicher Reihenfolge protokolliert werden. Die Darstellung eines Buchungssatzes in Listenform ist in der folgenden Tabelle beispielhaft abgebildet:

Tab.

Belegnummer	Belegdatum	Buchungstext	Sollkonto	Habenkonto	Betrag
76.543	02.05.2023	Kauf von Vorräten (bar)	1000	1800	3000 €

4.4 Zusammengesetzte Buchungssätze

Allen bisher betrachteten Geschäftsvorfällen war gemein, dass sie jeweils genau ein Haben- und ein Soll-Konto betrafen. Die daraus resultierenden Buchungssätze werden als einfache Buchungssätze bezeichnet. Darüber hinaus gibt es zusammengesetzte Buchungssätze, die drei oder mehr Konten betreffen. Dabei können folgende Situationen auftreten:

1. Es sind genau ein Soll-Konto und zwei oder mehr Haben-Konten beteiligt.
2. Es sind mehrere Soll-Konten und lediglich ein Haben-Konto beteiligt.
3. Es sind mehrere Soll- und mehrere Haben-Konten beteiligt.

Der Unterschied zu einfachen Buchungssätzen besteht darin, dass die Beträge jeweils auf die entsprechenden Konten aufzusplitten sind. Dabei gilt weiterhin: Der **Betrag der Soll-Buchungen muss dem Betrag der Haben-Buchungen entsprechen!** Im ersten Fall muss der Betrag, der vom Soll-Konto gebucht wird, genau der Summe entsprechen, die auf alle Habenkonten gebucht wird.

Beispiel 1 Ein bestehendes Bankdarlehen in Höhe von 60.000 € wird anteilig aus vorhandenen Kassenbeständen 20.000 € und dem Guthaben auf einem Bankkonto 40.000 € getilgt.

Der Buchungssatz lautet:

Verbindlichkeiten gegenüber Kreditinstituten	60.000 €	an	Kasse	20.000 €
			Bank	40.000 €

Bei der zweiten Variante ist der Betrag, der im Soll gebucht wird, auf die entsprechenden Konten zu verteilen. Die Summe muss dem Betrag entsprechen, der im Haben gebucht wird.

Beispiel 2 Wertpapiere, die zur langfristigen Anlage gedacht waren, werden zum Buchwert von 11.900 € verkauft. Von den Erlösen wird ein Teil in Höhe von 5000 € zur Tilgung eines Bankdarlehens eingesetzt, der Rest wird dem Bankkonto gutgeschrieben.

Der Buchungssatz lautet:

Verbindlichkeiten gegenüber Kreditinstituten	5000 €	an	Wertpapiere des Anlagevermögens	11.900 €
Bank	6900 €			

Im Fall 3 werden sowohl die Beträge der Soll- als auch der Haben-Buchungen aufgesplittet. Die Summe aller Soll-Buchungen muss der Summe aller Haben-Buchungen entsprechen.

Beispiel 3 Ein Kunde wird mit einer Lieferung sowohl mit fertigen Erzeugnissen (im Wert von 4250 €) als auch mit unfertigen Erzeugnissen (Ersatzteile im Wert von 535 €) beliefert. Der Kunde zahlt einen Teil von 1500 € in bar und erhält für den Restbetrag eine Rechnung über 3285 €, die binnen 30 Tagen zu begleichen ist.

Der Buchungssatz lautet:

Kasse	1500 €	an	Fertigerzeugnisse	4250 €
Forderungen aus Lieferungen und Leistungen	3285 €		Unfertige Erzeugnisse	535 €

4.5 Zusammenfassung und Fragen

Die Verbuchung von Geschäftsvorfällen erfolgt anhand von Buchungssätzen. Buchungssätze sind immer nach dem Schema SOLL an HABEN aufgebaut. Zur Aufstellung eines Buchungssatzes ist es zunächst notwendig, folgende Informationen zu konkretisieren: Sachverhalt, Kontenart, Kontenbezeichnung, Art der Kontoänderung, Buchungsseite und Betrag. Die Beträge der Soll-Buchungen müssen denen der Haben-Buchungen entsprechen, damit die Bilanzgleichung Aktiva=Passiva stets erfüllt ist. Eine Buchung verlangt immer auch einen Beleg. Komplexere Sachverhalte werden anhand von zusammengesetzten Buchungssätzen abgebildet. Zur Darstellung von Buchungssätzen stehen verschiedene Möglichkeiten zur Verfügung: Satzform, Tabellenform oder Listenform. Auf T-Konten werden die laufenden Kontenbewegungen festgehalten. Ein Abschluss der T-Konten erfolgt durch Saldenermittlung.

4.5 Zusammenfassung und Fragen

4.5.1 Lernkontrollfragen zu Kap. 4

- Wie lautet die grundlegende Buchungsregel? Abschn. 4.1
- Welche Angaben sind für die Bildung eines Buchungssatzes pro Konto mindestens erforderlich? Abschn. 4.2.1
- Wie wird ein Saldo gebildet? Was versteht man unter einem Soll-Saldo und unter einem Haben-Saldo? Abschn. 4.2.2
- In welcher Form können Buchungssätze dargestellt werden? Abschn. 4.3
- Was ist ein zusammengesetzter Buchungssatz? Abschn. 4.4

4.5.2 Aufgaben

Aufgabe 1: Einfache Buchungssätze bilden
Bitte bilden Sie zu folgenden Geschäftsvorfällen Buchungssätze:

1. Kauf von Vorräten auf Rechnung: 7500 €
2. Aufnahme eines Darlehens bei einer Bank, Auszahlung in bar: 15.000 €
3. Barabhebung vom Bankkonto: 1200 €
4. Kauf eines Kraftfahrzeuges auf Rechnung: 18.000 €
5. Banküberweisung eines Kunden: 2500 €
6. Rücksendung noch nicht bezahlter Vorräte an einen Lieferanten: 3000 €
7. Barverkauf von Handelsware: 4000 €

Aufgabe 2: Kontenabschluss
Tragen Sie bitte die folgenden Buchungen auf dem Passivkonto „Verbindlichkeiten gegenüber Kreditinstituten" ein und ermitteln Sie den Saldo:

- Anfangsbestand: 220.000 €
- Auszahlung von Darlehen: 50.000 €
- Tilgungen 8000 €

Ergibt sich ein Soll- oder ein Haben-Saldo? Auf welcher Seite ist dieser zu verbuchen? Wie hoch ist jeweils die Summe der Kontenseiten nach Kontoabschluss?

Aufgabe 3: Zusammengesetzte Buchungssätze
Bitte bilden Sie zu folgenden Geschäftsvorfällen Buchungssätze:

1. Einkauf von Vorräten für 700 €. Ein Teil wird bar gezahlt 200 € und ein Teil per Überweisung 500 €.
2. Verkauf eines Gebäudes zum Buchwert von 75.000 €, 50.000 € werden per Überweisung bezahlt, für den Restbetrag wird ein Darlehen an den Erwerber vergeben.

3. Kauf einer Maschine im Wert von 6000 € gegen Barzahlung 2000 € und Wechsel 4000 €.
4. Anschaffung einer neuen Maschine im Wert von 80.000 €, dabei wird die alte Maschine mit einem Restbuchwert von 9500 € in Zahlung genommen. Ein Teil des Kaufpreises (7000 €) wird in bar gezahlt. Über den Restbetrag wird eine Rechnung mit einem Zahlungsziel von 20 Tagen ausgestellt.

4.5.3 Lösungen

Aufgabe 1: Einfache Buchungssätze bilden
1. Vorräte an Verbindlichkeiten aus Lieferungen und Leistungen: 7500 €
2. Kasse an Verbindlichkeiten gegenüber Kreditinstituten: 15.000 €
3. Kasse an Bank: 1200 €
4. PKW an Verbindlichkeiten aus Lieferungen und Leistungen: 18.000 €
5. Bank an Forderungen aus Lieferungen und Leistungen: 2500 €
6. Verbindlichkeiten aus Lieferungen und Leistungen an Vorräte: 3000 €
7. Kasse an Warenvorräte: 4000 €

Aufgabe 2: Kontenabschluss

Soll		Verbindlichkeiten ggü. KI		Haben
Tilgungen	8.000 €	Anfangsbestand		22.000 €
Saldo	262.00 €	Aufnahmen		50.000 €
Summe	**270.000 €**	**Summe**		**270.000 €**

Es ergibt sich ein Haben-Saldo in Höhe von 262.000 €. Dieser wird im Soll verbucht. Die Summen der Kontenseiten belaufen sich jeweils auf 270.000 €.

Aufgabe 3: Zusammengesetzte Buchungssätze

1.
Vorräte	700 €	an	Kasse	200 €
			Bank	500 €

2.
Bank	20.000 €	an	Grundstücke und Gebäude	70.000 €
Sonstige Forderungen	50.000 €			

3. Maschinen	6000 €	an	Kasse	2000 €
			Wechsel	4000 €
4. Maschinen	80.000 €	an	Maschinen	9500 €
			Kasse	7000 €
			Verbindlichkeiten aus Lieferungen und Leistungen	63.500 €

Literatur

Bieg, H., & Waschbusch, G. (2021). *Buchführung.* NWB.

Eisele, W., & Knobloch, A. (2019). *Technik des betrieblichen Rechnungswesens* (9. Aufl.). Franz Vahlen.

Nickenig, K. (2019). *Buchführung: Schneller Einstieg in die Grundlagen.* Springer Gabler.

Schäfer-Kunz, J. (2019). *Buchführung und Jahresabschluss.* Schäffer-Poeschel.

Kontenarten 5

> **Lernziele**
> - Kennenlernen verschiedener Kontenarten.
> - Wie lassen sich Bestandskonten, Erfolgskonten, gemischte Konten, Privatkonten und andere Hilfskonten voneinander abgrenzen?
> - Wann werden Personenkonten eingesetzt?
> - Welche Besonderheiten sind bei Buchungen auf den jeweiligen Kontenarten zu beachten?

5.1 Überblick über die Kontenarten

Vorwegnehmend soll an dieser Stelle bereits ein Überblick gegeben werden, welche Kontenarten in der Buchführung verwendet werden (Abb. 5.1). Dies soll auch in der weiteren Lektüre die Navigation erleichtern.

Grundsätzlich wird zwischen Sach- und Personenkonten unterschieden. Als **Sachkonten** werden die Konten der Hauptbuchführung bezeichnet. Sie sind nach sachlichen Kriterien gegliedert. Die Sachkonten lassen sich weiterhin unterteilen in Bestandskonten, Erfolgskonten, Privatkonten, Gemischte Konten und Hilfskonten. Dabei sind die Bestands- und Erfolgskonten für die Verbuchung von Geschäftsvorfällen besonders wichtig.

Die Nebenbuchhaltung erfolgt über **Personenkonten.** Diese lassen sich unterteilen in Lieferantenkonten und Kundenkonten. Zusammengefasst gehen diese Personenkonten im Jahresabschluss unter den Positionen „Forderungen aus Lieferungen und Leistungen" bzw. „Verbindlichkeiten aus Lieferungen und Leistungen" als Bestandskonten in die Bilanz ein. Personenkonten werden im Abschn. 5.3 näher erläutert.

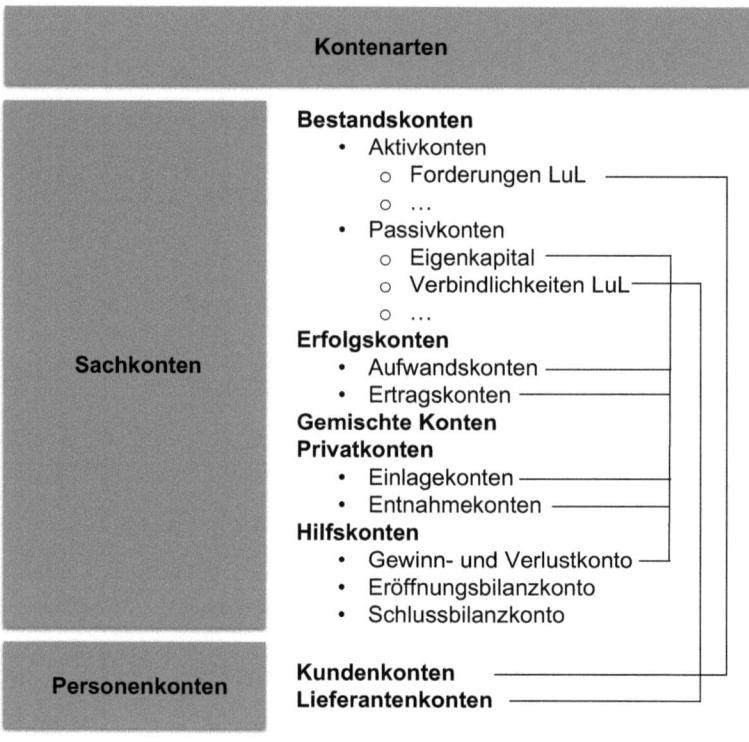

Abb. 5.1 Kontenarten

5.2 Sachkonten

5.2.1 Bestandskonten

Die bisher in diesem Buch verwendeten Beispiele bezogen sich ausschließlich auf Buchungen auf **Bestandskonten.** Wie der Name bereits verdeutlicht, wird auf diesen Konten der Bestand einer bestimmten Position festgehalten und fortgeschrieben. Die Positionen werden aus der Bilanz abgeleitet. Bestandskonten lassen sich nach der Bilanzseite, auf der sie erfasst werden, in Aktiv- und Passivkonten unterscheiden. Auch wenn Buchungen auf Aktiv- und Passivkonten in Abschn. 4.2 bereits detailliert beschrieben wurden, erfolgt hier der Vollständigkeit halber eine kurze Wiederholung.

5.2.1.1 Aktivkonten
Aktivkonten werden auch als **Vermögenskonten** bezeichnet und aus der Aktiv-Seite der Bilanz abgeleitet. Typische Aktivkonten sind „Grundstücke und Gebäude", „Technische Anlagen und Maschinen" oder „Kasse". Den Aktivkonten werden auch die Zahlungskonten

zugerechnet, also Konten, über die Aus- und Eingänge von Zahlungsmitteln und Zahlungsmitteläquivalenten gebucht werden.

Bei Aktivkonten werden die aus der Schlussbilanz des Vorjahres übernommenen Anfangsbestände im Soll gebucht. Zugänge, die den Anfangsbestand erhöhen, werden ebenfalls im Soll gebucht. Abgänge und der Schlussbestand (Saldo) werden dagegen auf der Haben-Seite vermerkt (vgl. Abb. 5.2).

5.2.1.2 Passivkonten

Passivkonten, auch **Kapitalkonten** genannt, werden aus den Posten der Passiv-Seite einer Bilanz gebildet. Typische Passivkonten sind Eigenkapitalkonten wie „Festkapital" oder „Gezeichnetes Kapital" sowie Fremdkapitalkonten wie „Verbindlichkeiten gegenüber Kreditinstituten" oder „Verbindlichkeiten aus Lieferungen und Leistungen".

Der Anfangsbestand wird bei Passivkonten auf der Haben-Seite vermerkt. Zugänge, die den Anfangsbestand erhöhen, müssen demnach auch auf der Haben-Seite verbucht werden. Abgänge und der Saldo stehen bei Passivkonten dagegen im Soll (vgl. Abb. 5.2).

5.2.1.3 Konten mit wechselnden Salden

In einigen speziellen Fällen kann aus einem Aktivkonto ein Passivkonto werden oder umgekehrt. Vor allem bei Kontokorrentkonten kann – je nach Umsätzen im Laufe der Periode – einmal ein Guthaben auf dem Konto entstehen (= Aktivkonto „Bank") oder der Kreditrahmen des Kontos ausgenutzt werden und das Konto einen negativen Stand aufweisen (= Passivkonto „Verbindlichkeiten gegenüber Kreditinstituten"). Bei diesen Konten sind bei Kontenabschluss Soll- oder Haben-Salden möglich, die jeweils auf der entsprechenden Kontenseite zu verbuchen sind (Soll-Saldo auf der Haben-Seite und ein Haben-Saldo auf der Soll-Seite).

Ein weiterer Fall, bei dem das Konto Salden auf wechselnden Seiten ausweisen und damit auch die Bilanzseite wechseln kann, ist das Konto „Eigenkapital" (in der Regel

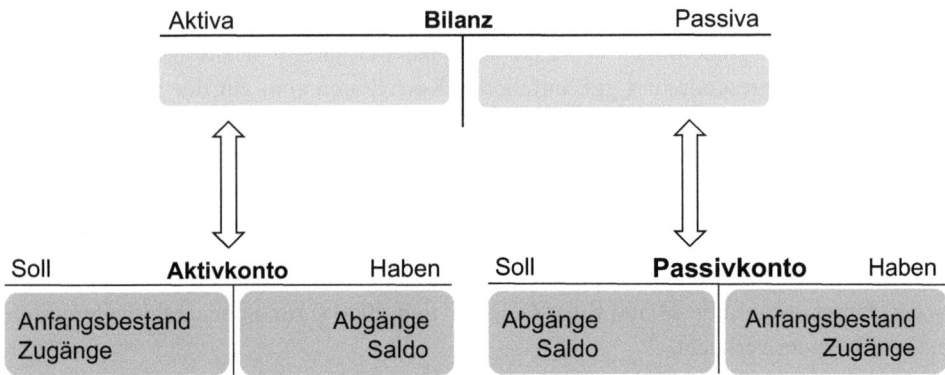

Abb. 5.2 Aktiv- und Passivkonten

ein Passivkonto). Führen Verluste dazu, dass das Eigenkapital vollständig aufgezehrt und gar „negativ" wird, wechselt das Eigenkapitalkonto auf die Aktiv-Seite. Dort wird es unter der Position „Nicht durch Eigenkapital gedeckter Fehlbetrag" ausgewiesen (§ 268 Abs. 3 HGB). In diesen Fällen spricht man von einer bilanziellen Überschuldung des Unternehmens. Eine Überschuldung stellt einen Insolvenztatbestand dar (§ 19 Insolvenzordnung).

In den meisten anderen Fällen ist ein Wechsel des Saldos und damit der Bilanzseite logisch nicht möglich. Es kann beispielsweise nicht mehr aus der Kasse oder dem Vorratsbestand entnommen werden, als physisch vorhanden ist. Auch bei Verbindlichkeiten ist es nicht möglich bzw. nicht sinnvoll, Schulden über den geschuldeten Betrag hinaus zurückzuzahlen (eine Ausnahme bildet wie beschrieben das Kontokorrentkonto).

5.2.2 Erfolgskonten

Erfolgskonten halten das Ergebnis des unterjährigen Geschäftsbetriebes fest. Einzelne Geschäftsvorfälle bilden dabei einen **Wertzuwachs,** also einen Gewinn, ab, andere dagegen einen Verlust, also einen **Wertverzehr.** Diese Arten von Geschäftsvorfällen werden auf Erfolgskonten festgehalten. Alle Wertzuwächse oder Wertminderungen werden am Ende eines Geschäftsjahres gegeneinander aufgerechnet, der Saldo wirkt sich positiv oder negativ auf das Eigenkapital eines Unternehmens aus. Die Erfolgskonten sind damit als Vorkonten des Eigenkapitals zu verstehen. Unterteilt werden Erfolgskonten in Aufwandskonten und Ertragskonten.

5.2.2.1 Aufwandskonten

Die **Aufwandskonten** leiten sich aus der Gewinn- und Verlustrechnung ab, die Bestandteil des Jahresabschlusses ist. Typische Aufwandskonten sind „Löhne und Gehälter", „Miete" oder „Aufwendungen für Roh-, Hilfs- und Betriebsstoffe". Da die Aufwandskonten Unterkonten des Eigenkapitalkontos sind, welches auf der Passiv-Seite der Bilanz steht, werden auch die Aufwandskonten ähnlich wie Passivkonten bebucht: Aufwendungen, also Minderungen des Eigenkapitals, werden auf der Soll-Seite verbucht. Der Saldo am Jahresende und ggf. anfallende Korrekturen sind auf der Haben-Seite zu verbuchen. Da die Erfolgskonten am Ende eines Geschäftsjahres kumuliert im Eigenkapital aufgehen, gibt es für Erfolgskonten keinen Anfangsbestand.

> **Beispiel Verbuchung von Aufwand**
>
> Durch den Einsatz von Personal und den entsprechenden Zahlungen wurden im Laufe des Jahres insgesamt 43.300 € für Gehälter und 2000 € für Sonderzahlungen an die Arbeitnehmer verbucht.

5.2 Sachkonten

Soll	Löhne und Gehälter		Haben
Gehaltszahlungen	43.300 €	Saldo	45.300 €
Sonderzahlungen	2000 €		
Summe	45.300 €	Summe	45.300 €

Der Buchungssatz hier zum Beispiel für die Sonderzahlung an die Arbeitnehmer lautet:

Löhne und Gehälter	an	Bank	2000 €

5.2.2.2 Ertragskonten

Auch die **Ertragskonten** leiten sich aus der Gewinn- und Verlustrechnung ab. Typische Ertragskonten sind allen voran „Umsatzerlöse" oder „Sonstige betriebliche Erträge". Ertragskonten werden als Vorkonten des Eigenkapitals wie Passivkonten geführt: Zunahmen des Eigenkapitals durch Erträge werden im Haben verbucht. Minderungen, Korrekturen und der Saldo zum Jahresabschluss werden auf der Soll-Seite vermerkt.

> **Beispiel Verbuchung von Ertrag**
>
> Eine Eventagentur hatte während des Geschäftsjahres drei große Events zu planen. Aus der Vergütung dafür entstanden Umsatzerlöse in Höhe von 23.900 €, von 56.800 € und von 78.000 €. Am Ende des Geschäftsjahres ergab sich daraus ein Saldo von 158.700 € auf dem Konto Umsatzerlöse.

Soll	Umsatzerlöse		Haben
Saldo	158.700 €	Vergütung Event 1	23.900 €
		Vergütung Event 2	56.800 €
		Vergütung Event 3	78.000 €
Summe	158.700 €	Summe	158.700 €

Die Verbuchung der Umsatzerlöse erfolgt bei Rechnungsstellung. Beispielhaft für das erste Event wird also gebucht:

Forderungen aus Lieferungen und Leistungen	an	Umsatzerlöse	23.900 €

Bei Begleichung der Rechnung durch den Kunden wird dann die offene Forderung ausgeglichen:

| Bank | an | Forderungen aus Lieferungen und Leistungen | 23.900 € |

◄

Der ermittelte Saldo von allen Aufwands- und Ertragskonten wird zunächst gegen das Hilfskonto „Gewinn- und Verlustkonto" gebucht, welches dann über das Eigenkapitalkonto abgeschlossen wird. Darauf gehen wir im Detail im Abschn. 5.2.5 ein. Die Buchungen auf Erfolgskonten fasst Abb. 5.3 zusammen.

5.2.3 Gemischte Konten

Als gemischte Konten werden Konten bezeichnet, die sowohl Bestände als auch Erfolge festhalten. Man unterscheidet dabei Bestandskonten mit Erfolg und Erfolgskonten mit Bestand.

Bestandskonten mit Erfolg sind in der Regel die Aktivkonten der abnutzbaren Anlagegüter. Das sind zum Beispiel Maschinen, Fahrzeuge, Computer und Büromöbel. Auf diesen Konten wird sowohl der Bestand der jeweiligen Anlagen als auch deren laufende Wertminderung (Abschreibung vgl. Abschn. 7.5) festgehalten.

Zu den **Erfolgskonten mit Bestand** zählt das ungeteilte Wareneinkaufskonto. Es enthält im Soll den Warenanfangsbestand und die Wareneinkäufe. Im Haben werden die Warenverkäufe und der Warenschlussbestand verbucht. Der Warenendbestand wird zum Jahresabschluss über das Schlussbilanzkonto abgeschlossen. Der Wareneinsatz

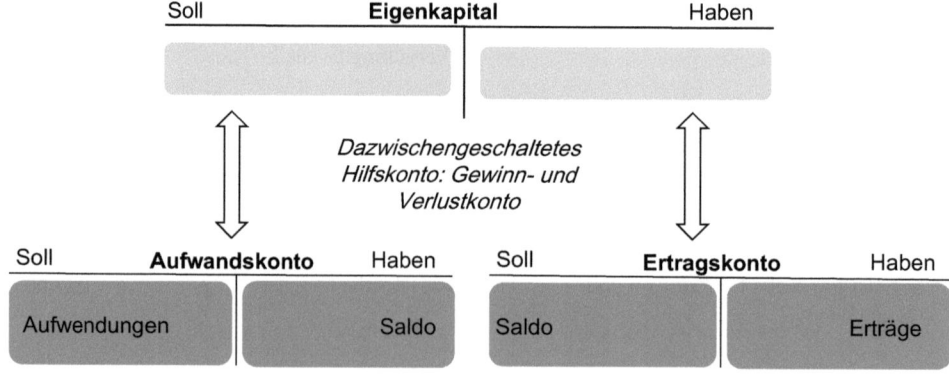

Abb. 5.3 Aufwands- und Ertragskonten

(Einkaufspreis der verkauften Waren) stellt Aufwand dar und geht in die Gewinn- und Verlustrechnung ein.

Der Einsatz eines ungeteilten Warenkontos ist kritisch zu hinterfragen. Er bietet zwar bei der laufenden Verbuchung Vorteile und Vereinfachungen, ist jedoch in der Auswertung unübersichtlicher. Bei häufigen Bewegungen auf dem Konto kann dadurch die Einhaltung der Grundsätze ordnungsgemäßer Buchführung (Abschn. 2.4) gefährdet sein.

5.2.4 Privatkonten

Auch **Privatkonten** gehören zu der Passivposition Eigenkapital. Sie sind jedoch keine Vorkonten, sondern Unterkonten des Eigenkapitals. Privatkonten dienen dazu, das von den Eigentümern des Unternehmens (dem Einzelunternehmer oder den Gesellschaftern einer Personengesellschaft) bereitgestellte Kapital festzuhalten. Dabei werden auf den Privatkonten unterjährig die Entnahmen und auch die Einlagen der jeweiligen Eigentümer verbucht. Auch wenn die Privatkonten direkt in der Position des Eigenkapitals aufgehen (also gegen das Konto „gezeichnetes Kapital" bzw. „Festkapital" abgeschlossen werden vgl. Abschn. 10.1.3.1), sind alle auf Privatkonten verbuchten Geschäftsvorfälle nicht als erfolgsrelevant anzusehen. Zwar erhöht oder vermindert sich das Eigenkapital durch Privateinlagen bzw. -entnahmen, allerdings handelt es sich hierbei um einen externen Eingriff und nicht um das wirtschaftliche Ergebnis der Unternehmung.

Privatkonten können unterschieden werden in Einlagekonten und Entnahmekonten. **Einlagekonten** dienen dazu, die Übertragung von Geld oder anderen Gegenständen aus dem Privatvermögen des Unternehmenseigners/ Gesellschafters in das Betriebsvermögen des Unternehmens festzuhalten. Einlagen werden dabei wie bei einem Passivkonto im Haben verbucht, während der Saldo und eventuell anfallende Korrekturen im Soll gebucht werden.

Entnahmekonten werden dafür genutzt, um Übertragungen von Geld oder anderen Gegenständen aus dem Betriebsvermögen des Unternehmens in das Privatvermögen des Unternehmenseigners/Gesellschafters festzuhalten. Entnahmen werden auf der Soll-Seite der Entnahmekonten gebucht, gegebenenfalls anfallende Korrekturen und der Saldo auf der Haben-Seite.

Einlagen oder Entnahmen in Kapitalgesellschaften werden gegen die entsprechenden Kapitalkonten gebucht („Gezeichnetes Kapital"). Abb. 5.4 fasst das Wesen der Privatkonten zusammen.

> **Beispiele**
>
> **Beispiel 1:** Ein Einzelunternehmer möchte ein Grundstück, welches er privat geerbt hat, in das Betriebsvermögen seines Unternehmens einbringen, da er auf diesem zusätzliche Lagerhallen errichten möchte. Der Wert des Grundstückes beträgt 30.000 €.

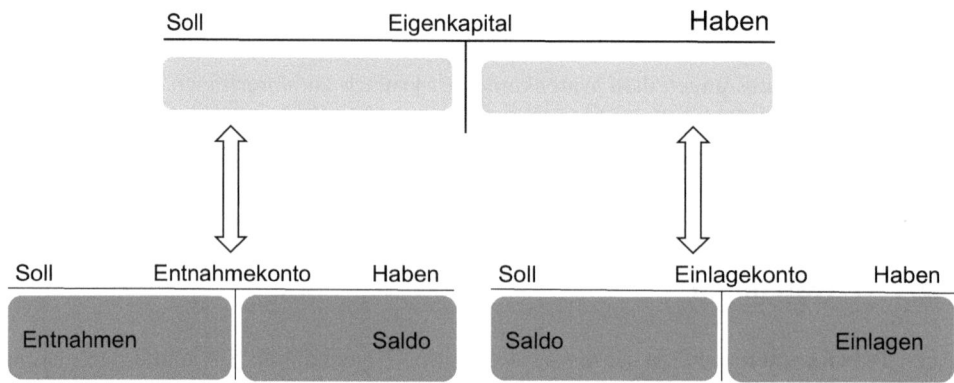

Abb. 5.4 Privatkonten

| Grundstücke und Gebäude | an | Privateinlagen | 30.000 € |

Beispiel 2: Ein Einzelkaufmann entnimmt der Kasse seines Unternehmens für den anstehenden Familienurlaub 5000 € in bar.

| Privatentnahmen | an | Kasse | 5000 € |

Beispiel 3: Der Gesellschafter einer GmbH möchte seine Einlage in eine GmbH um 10.000 € erhöhen. Den Betrag überweist er auf das Bankkonto des Unternehmens.

| Bank | an | Gezeichnetes Kapital | 10.000 € |

◀

5.2.5 Hilfskonten

Hilfskonten dienen dazu, Statistiken oder betriebswirtschaftliche Auswertungen zu ermöglichen, oder sind aus buchungstechnischen Gründen notwendig.

Zu den Hilfskonten gehören Eröffnungs- und Abschlusskonten, Ergebnisverwendungskonten sowie Verrechnungskonten.

5.2.5.1 Eröffnungs- und Abschlusskonten

Eröffnungsbilanzkonten (EBK) dienen dazu, den Jahresanfangsbestand aus der Bilanz des vergangenen Geschäftsjahres in die Konten der Buchführung des neuen Jahres zu übertragen. Mit ihnen werden die einzelnen Bestandskonten zu Beginn des Geschäftsjahres manuell eröffnet. Das Eröffnungsbilanzkonto ist also lediglich ein buchungstechnischer Trick, um ein Gegenkonto für die Einbuchung der Anfangsbestände zu haben. Der Saldo des Eröffnungsbilanzkontos beträgt immer 0 € (die Bilanz geht immer auf). Die Buchungen erfolgen dabei nach dem Schema:

Alle Aktivkonten	an	Eröffnungsbilanzkonto
Eröffnungsbilanzkonto	an	*Alle Passivkonten*

Das Eröffnungsbilanzkonto stellt demnach ein Spiegelbild der Bilanz dar.

Das **Schlussbilanzkonto (SBK)** dient dagegen dazu, alle Bestandskonten am Ende des Geschäftsjahres wieder zu einer Bilanz zusammenzufassen. Nach der Ermittlung der Endbestände auf den einzelnen Konten werden diese Salden gegen das Schlussbilanzkonto gebucht:

Schlussbilanzkonto	an	*Alle Aktivkonten*
Alle Passivkonten	an	Schlussbilanzkonto

Auch das Schlussbilanzkonto stellt zunächst einen rein buchungstechnischen Kniff dar, um ein Gegenkonto für die Einbuchung der Endbestände zu haben. Im Gegensatz zum Eröffnungsbilanzkonto weist es jedoch kein Spiegelbild der Bilanz auf, sondern kann (abgesehen von Korrekturbuchungen durch Inventur, Neubewertungen oder andere Jahresabschlussarbeiten Abschn. 13.1) direkt als Basis für die Schlussbilanz verwendet werden.

Um die unterjährig geführten Erfolgskonten abzuschließen, bedient man sich des **Gewinn- und Verlustkontos**. Der Saldo eines jeden Aufwands- und Ertragskontos wird gegen das Gewinn- und Verlustkonto nach folgendem Schema gebucht:

Gewinn- und Verlustkonto	an	*Alle Aufwandskonten*
Alle Ertragskonten	an	Gewinn- und Verlustkonto

Auf dem Gewinn- und Verlustkonto werden so alle erfolgswirksamen Beträge des abgelaufenen Geschäftsjahres gesammelt. Nach Abschluss aller Erfolgskonten wird der Saldo des Gewinn- und Verlustkontos ermittelt. Ergibt sich ein Haben-Saldo (der auf der Soll-Seite verbucht wird), wurde ein Jahresüberschuss erzielt. Errechnet sich jedoch ein Soll-Saldo (der auf der Haben-Seite des Gewinn- und Verlustkontos verbucht wird), hat das Unternehmen nicht gewinnbringend gewirtschaftet und es wird ein Jahresfehlbetrag ausgewiesen (wiederholend zum Thema Kontenabschluss vgl. Abschn. 4.2.2).

> **Beispiele**
>
> **Beispiel Gewinn- und Verlustkonto 1:** Ein Einzelkaufmann erzielte während eines Geschäftsjahres Erträge in Höhe von 118.900 €. Diesen standen Aufwendungen in Höhe von 67.300 € gegenüber. Nach Abschluss der Aufwands- und Ertragskonten ergab sich als Saldo des Gewinn- und Verlustkontos ein Jahresüberschuss von 51.600 €.
>
> | Soll | Gewinn- und Verlustkonto | | Haben |
> |---|---|---|---|
> | Aufwendungen | 67.300 € | Erträge | 118.900 € |
> | Saldo (Jahresüberschuss) | 51.600 € | | |
> | Summe | 118.900 € | Summe | 118.900 € |
>
> **Beispiel Gewinn- und Verlustkonto 2:** Ein Einzelkaufmann erzielte während eines Geschäftsjahres Erträge in Höhe von 118.900 €. Diesen standen Aufwendungen in Höhe von 127.800 € gegenüber. Nach Abschluss der Aufwands- und Ertragskonten ergab sich als Saldo des Gewinn- und Verlustkontos ein Jahresfehlbetrag von 8900 €.
>
> | Soll | Gewinn- und Verlustkonto | | Haben |
> |---|---|---|---|
> | Aufwendungen | 127.800 € | Erträge | 118.900 € |
> | | | Saldo (Jahresfehlbetrag) | 8900 € |
> | Summe | 127.800 € | Summe | 127.800 € |

Abb. 5.5 fasst die Buchungen auf Eröffnungs- und Abschlusskonten sowie auf dem Gewinn- und Verlustkonto zusammen.

5.2.5.2 Verrechnungskonten

Als Verrechnungskonten werden Hilfskonten benannt, die dazu dienen, ausgleichende Buchungen zwischen den Konten abzubilden. Dies kann beispielsweise notwendig werden, um Prozesse differenzierter zu betrachten (in Vorbereitung einer Kosten- und Leistungsrechnung) oder Zeitdifferenzen zwischen zwei gegensätzlichen Buchungen zu überbrücken.

5.3 Personenkonten

Personenkonten sind keine Bestandskonten, sie gehen also nicht direkt in die Bilanz ein. Vielmehr gehören sie zur sogenannten Kontokorrentbuchführung, einer Nebenbuchhaltung, die die Geschäftsvorfälle mit allen wichtigen Lieferanten und Kunden festhält.

5.3 Personenkonten

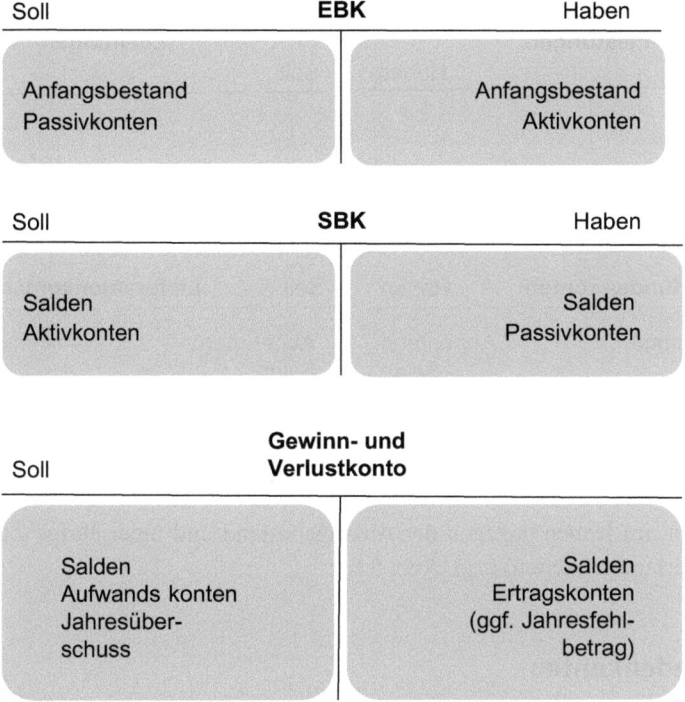

Abb. 5.5 Eröffnungs- und Abschlusskonto, Gewinn- und Verlustkonto

Diese Kontokorrentbuchführung dient aber nicht nur dafür, abgeschlossene Geschäftsvorfälle zu verbuchen, sondern auch die offenen Posten zu verwalten. Die Personenkonten werden je nachdem, ob es sich um *Verbindlichkeiten aus Lieferungen und Leistungen* oder *Forderungen aus Lieferungen und Leistungen* handelt, in Lieferanten- und Kundenkonten unterschieden.

5.3.1 Lieferantenkonten

Lieferantenkonten werden für die Lieferanten eines Unternehmens eingerichtet. Jede Lieferung an das Unternehmen wird auf diesen Konten wertmäßig verbucht. Dabei wird festgehalten, welche Verbindlichkeiten aus Lieferungen und Leistungen gegenüber dem jeweiligen Lieferanten (dem sogenannten *Kreditor*) bestehen bzw. welche bereits ausgeglichen wurden. Die Lieferantenkonten sind Unterkonten des Sammelkontos „Verbindlichkeiten aus Lieferungen und Leistungen" und werden demnach als Passivkonten bebucht. Im Soll werden also Abgänge (ausgeglichene Verbindlichkeiten) und der

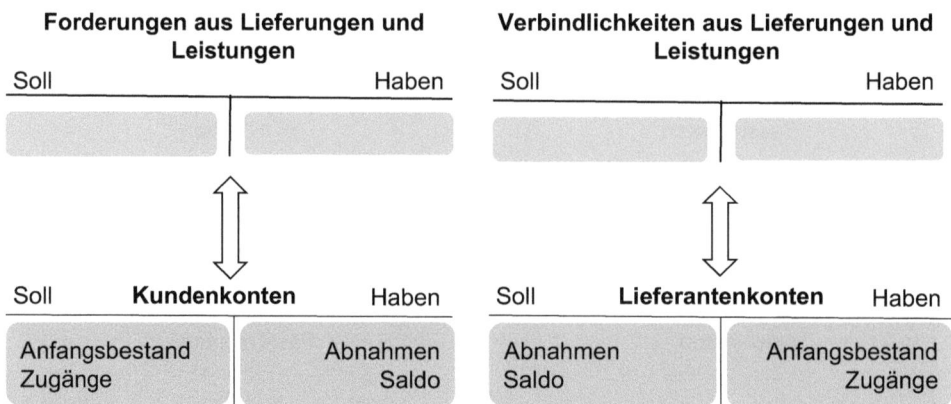

Abb. 5.6 Personenkonten

Saldo gebucht, im Haben dagegen der Anfangsbestand und unterjährige Zugänge (neue Lieferantenverbindlichkeiten) (vgl. Abb. 5.6).

5.3.2 Kundenkonten

Kundenkonten halten die Forderungen aus Lieferungen und Leistungen gegenüber jedem einzelnen Kunden (dem sogenannten *Debitor*) fest. Kundenkonten bilden die Grundlage des Forderungsmanagements, einem Verfahren, welches Kundenforderungen aktiv überwacht, steuert und mittels eines geordneten Mahnwesens darauf abzielt, Forderungsausfälle zu minimieren und die Liquidität des Unternehmens zu maximieren. Das Fehlen von Debitorenkonten (also die Verrechnung der Salden aller Kundenkonten auf einem einzigen Konto) wird als Mangel im System einer Buchführung angesehen und stellt somit einen Verstoß gegen die Grundsätze ordnungsgemäßer Buchführung (Abschn. 2.4) dar.

Kundenkonten sind Unterkonten der Bilanzposition „Forderungen aus Lieferungen und Leistungen", einem Aktivkonto. Kundenkonten werden demnach wie Aktivkonten bebucht: Im Soll werden der Anfangsbestand und die unterjährigen Zugänge (neue Forderungen) gebucht, während unterjährige Abgänge (beglichene Forderungen) und der Endbestand im Haben gebucht werden (vgl. Abb. 5.6).

5.4 Übersicht zur Bebuchung der verschiedenen Kontenarten

Abb. 5.7 fasst die besprochenen Kontenarten in einer Übersicht zusammen und gibt Hinweise, wie diese Konten jeweils zu bebuchen sind.

5.4 Übersicht zur Bebuchung der verschiedenen Kontenarten

	Soll	Haben
Aktivkonten	Anfangsbestand Zugänge	Abgänge Saldo
Passivkonten	Abgänge Saldo	Anfangsbestand Zugänge
Aufwandskonten	Aufwendungen	Saldo
Ertragskonten	Saldo	Erträge
Bestandskonten mit Erfolg	Anfangsbestand Zugänge	Abgänge Abschreibungen Saldo
Gewinn- und Verlustkonto	Saldo Aufwandskonten Jahresüberschuss	Saldo Ertragskonten ggf. Jahresfehlbetrag
Eröffnungsbilanzkonto	Anfangsbestand Passivkonten	Anfangsbestand Aktivkonten
Schlussbilanzkonto	Saldo Aktivkonten	Saldo Passivkonten
Entnahmekonten	Entnahmen	Saldo
Einlagekonten	Saldo	Einlagen
Kundenkonten	Anfangsbestand Zugänge	Abnahmen Saldo
Lieferantenkonten	Abnahmen Saldo	Anfangsbestand Zugänge

Abb. 5.7 Übersicht Bebuchung der verschiedenen Kontenarten

5.5 Zusammenfassung und Aufgaben

In der Buchhaltung werden verschiedene Kontenarten eingesetzt. Bestandskonten erfassen laufend die Bestände von Vermögen und Kapital. Als Unterkonten des Bestandskontos „Eigenkapital" erfassen Entnahme- und Einlagekonten die veränderten Bestände von Kapitaleinlagen haftender Gesellschafter. Als Vorkonten des Kontos „Eigenkapital" erfassen Erfolgskonten die jeweiligen Aufwendungen und Erträge, die über das Hilfskonto „Gewinn- und Verlustkonto" abgeschlossen werden und als Jahresüberschuss bzw. Jahresfehlbetrag das Eigenkapital verändern. Weitere Hilfskonten, wie das Eröffnungsbilanzkonto oder das Schlussbilanzkonto, dienen der Buchungstechnik. Personenkonten wie Kundenkonten und Lieferantenkonten halten die Bestände an Forderungen bzw. Verbindlichkeiten gegenüber einzelnen Debitoren oder Kreditoren fest.

5.5.1 Lernkontrollfragen zu Kap. 5

- In welche Gruppen können Bestandskonten unterteilt werden? Nennen Sie je ein Beispielkonto. Abschn. 5.2.1
- Was gibt der Saldo von Bestandskonten an? Abschn. 5.2.1
- In welche Gruppen können Erfolgskonten unterteilt werden? Nennen Sie je ein Beispielkonto. Abschn. 5.2.2
- Worüber werden Erfolgskonten am Ende eines Geschäftsjahres abgeschlossen? Abschn. 5.2.2
- Was ist unter gemischten Konten zu verstehen? Welche Schwierigkeiten können hierbei auftreten? Abschn. 5.2.3
- Bei welchen Unternehmen werden Privatkonten verwendet? Welche Arten von Privatkonten gibt es? Abschn. 5.2.4
- Wozu werden Hilfskonten benötigt? Nennen Sie zwei Beispiele. Abschn. 5.2.5
- Welchem Zweck dienen Personenkonten? Abschn. 5.3
- Was wird auf einem Kreditorenkonto gebucht? Was auf einem Debitorenkonto? Abschn. 5.3.1 und 5.3.2
- Welches Ziel wird mit einem Forderungsmanagement verfolgt? Abschn. 5.3.2

5.5.2 Aufgaben

Aufgabe 1: Verbuchung von erfolgswirksamen Geschäftsvorfällen
Bitte bilden Sie zu den folgenden Geschäftsvorfällen Buchungssätze:

1. Bankeingang für Mieterträge: 2000 €
2. Barzahlung für Bewirtungsspesen: 250 €
3. Geschäftsreise eines Mitarbeiters nach München, bar: 750 €

5.5 Zusammenfassung und Aufgaben

4. Körperschaftssteuerzahlung durch Scheck: 1200 €
5. Zahlung der Stromrechnung vom Bankkonto: 1100 €
6. Belastung von Zinsen durch die Bank: 2000 €
7. Lohnzahlung über das Bankkonto: 12.000 €
8. Jubiläumsgeschenk an einen Mitarbeiter, bar: 500 €

Aufgabe 2: Abschluss eines Gewinn- und Verlustkontos
In der Beispiel GmbH sind im vergangenen Jahr Umsatzerlöse in Höhe von 11.000 €, Personalaufwand in Höhe von 7000, Mieteinnahmen in Höhe von 1000 €, sowie Zinsaufwand in Höhe von 2000 € angefallen.

Erstellen Sie bitte jeweils die Buchungssätze und schließen Sie das Gewinn- und Verlustkonto mit den entsprechenden Geschäftsvorfällen ab. Wie hoch ist der Jahresüberschuss bzw. Jahresfehlbetrag?

Aufgabe 3: Buchen auf Personenkonten
Bitte stellen Sie für die beiden folgenden Sachverhalte die Buchungssätze auf. Zu welchem Bestandskonto werden die Personenkonten jeweils am Ende des Geschäftsjahres zusammengefasst?

a. Dem Kunden Merkur wird eine Rechnung über eine Lieferung im Wert von 1500 € ausgestellt. Diese Rechnung soll auf dem entsprechenden Kundenkonto eingebucht werden.
b. Eine dem Lieferanten Holzmüller gegenüber ausstehende Verbindlichkeit in Höhe von 43.000 € wird durch Überweisung beglichen.

Aufgabe 4: Buchen auf verschiedenen Kontenarten
Ermitteln Sie bitte die Buchungssätze zu den nachfolgenden Geschäftsvorfällen (Umsatzsteuer bleibt zunächst außen vor):

1. Gründung einer GmbH; Einzahlung des Stammkapitals in Höhe von 25.000 € vom Privatkonto auf das Bankkonto der Gesellschaft
2. Kauf einer Maschine gegen Rechnung: 5000 €
3. Begleichung der Rechnung aus 2. per Banküberweisung
4. Kauf von Rohstoffen, Bezahlung mit EC-Karte: 10.000 €
5. Reparatur einer Maschine, Bezahlung in bar: 500 €
6. Verbrauch von Rohstoffen für die Fertigung: 8000 €
7. Barabhebung von 5300 € vom Bankkonto in die Kasse
8. Zahlung von Löhnen in bar: 4000 €
9. Durch Fertigung Bestandserhöhung von fertigen Erzeugnissen in Höhe von 16.000 €
10. Entnahme von Erzeugnissen aus dem Fertigungsbestand für den Verkauf im Wert von 14.000 €
11. Verkauf der Erzeugnisse aus 10. an einem Kunden für 30.000 € auf Rechnung
12. Begleichung der Rechnung unter 11 per Banküberweisung.

Übertragen Sie bitte die Buchungssätze auf die entsprechenden T-Konten.

Schließen Sie bitte die Erfolgskonten auf das Gewinn- und Verlustkonto ab. Wie hoch ist der Jahresüberschuss bzw. Jahresfehlbetrag?

5.5.3 Lösungen

Aufgabe 1: Verbuchung von erfolgswirksamen Geschäftsvorfällen

1.	Bank	an	Mieterträge	2000 €
2.	Spesen	an	Kasse	250 €
3.	Reisekosten	an	Kasse	750 €
4.	Körperschaftssteuer	an	Schecks	1200 €
5.	Stromkosten	an	Bank	1100 €
6.	Zinsaufwand	an	Bank	2000 €
7.	Löhne	an	Bank	12.000 €
8.	Geschenke	an	Kasse	500 €

Aufgabe 2: Abschluss eines Gewinn- und Verlustkontos

Buchungssätze zur Verbuchung der laufenden Aufwendungen und Erträge:

Bank	an	Umsatzerlöse	11.000 €
Personalaufwand	an	Bank	7000 €
Bank	an	Mieterträge	1000 €
Zinsaufwand	an	Bank	2000 €

Buchungssätze zum Abschluss der Konten:

Umsatzerlöse	an	GuV-Konto	11.000 €
GuV-Konto	an	Personalaufwand	7000 €
Mieterträge	an	GuV-Konto	1000 €
GuV-Konto	an	Zinsaufwand	2000 €

5.5 Zusammenfassung und Aufgaben

Soll	Gewinn- und Verlustkonto		Haben
Personalaufwand	7000 €	Umsatzerlöse	11.000 €
Zinsaufwand	2000 €	Mieterträge	1000 €
Saldo (Jahresüberschuss)	3000 €		
Summe	12.000 €	Summe	12.000 €

Der Jahresüberschuss beläuft sich auf 3000 €.

Aufgabe 3: Buchen auf Personenkonten

a)

Debitor „Merkur"	an	Umsatzerlöse	1.500 €

Zusammenfassung zu dem Konto „Forderungen aus Lieferungen und Leistungen".

b)

Kreditor „Holzmüller"	an	Bank	43.000 €

Zusammenfassung zu dem Konto „Verbindlichkeiten aus Lieferungen und Leistungen".

Aufgabe 4: Buchen auf verschiedenen Kontenarten
Tab. 5.1 enthält die Buchungssätze zur Lösung von Aufgabe 4.
   Die entsprechenden Buchungen auf den T-Konten werden in Abb. 5.8 dargestellt.

Soll	**Gewinn- und Verlustkonto**		Haben
Personalaufwand	4000 €	Umsatzerlöse	30.000 €
Bestandsverminderung	14.000 €	Bestandserhöhung	16.000 €
Verbrauch RHB	8000 €		
Reparatur/ Instandhaltung	500 €		
Saldo (Jahresüberschuss)	19.500 €		
Summe	46.000 €	Summe	46.000 €

Tab. 5.1 Lösung Aufgabe 4: Buchen auf verschiedenen Konten

1.	Bank	an	Gezeichnetes Kapital	25.000 €
2.	Maschinen	an	Verbindlichkeiten aus Lieferungen u. Leistungen	5000 €
3.	Verbindlichkeiten aus Lieferungen u. Leistungen	an	Bank	5000 €
4.	Roh-, Hilfs- und Betriebsstoffe (Bestand)	an	Bank	10.000 €
5.	Reparaturen und Instandhaltung	an	Kasse	500 €
6.	Aufwendungen für Roh-, Hilfs- und Betriebsstoffe	an	Roh-, Hilfs- und Betriebsstoffe (Bestand)	8000 €
7.	Kasse	an	Bank	5300 €
8.	Löhne und Gehälter	an	Kasse	4000 €
9.	Fertige Erzeugnisse	an	Bestandserhöhung fertige Erzeugnisse	16.000 €
10.	Bestandsverminderung fertige Erzeugnisse	an	Fertige und unfertige Erzeugnisse	14.000 €
11.	Forderungen aus Lieferungen u. Leistungen	an	Umsatzerlöse	30.000 €
12.	Bank	an	Forderungen aus Lieferungen u. Leistungen	30.000 €

5.5 Zusammenfassung und Aufgaben

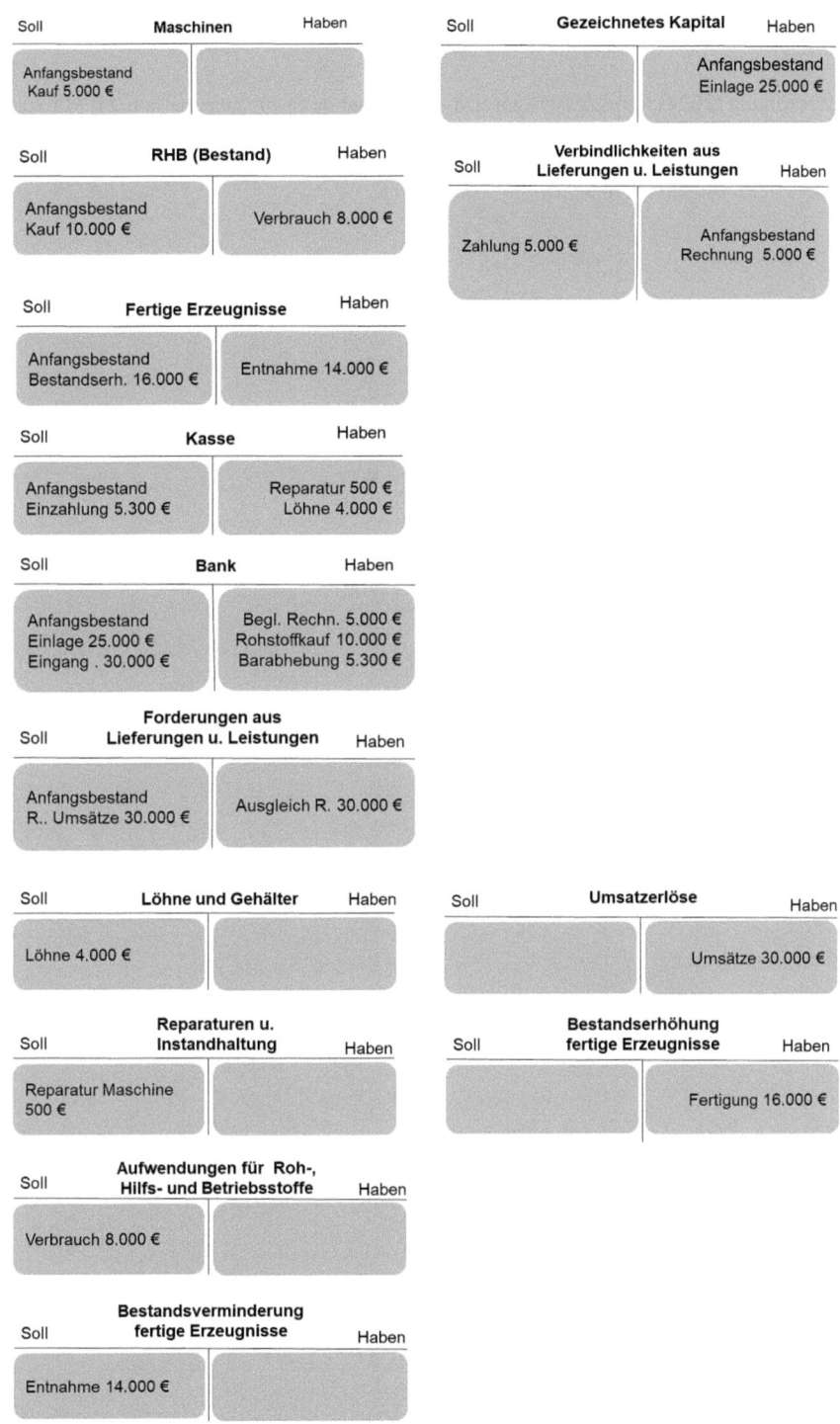

Abb. 5.8 Lösung Aufgabe 4 – Verbuchung auf T-Konten

Literatur

Insolvenzordnung (2024). https://www.gesetze-im-internet.de/inso/. Zugegriffen: 21. März 2024.
Schäfer-Kunz, J. (2019). *Buchführung und Jahresabschluss.* Schäffer-Poeschel.
Wöhe, G., & Kussmaul, H. (2022). *Grundzüge der Buchführung und Bilanztechnik.* Vahlen.
Wöltje, J. (2023). *Buchführung Schritt für Schritt.* UVK.

6   Kontenrahmen und Kontenplan

> **Lernziele**
> - Notwendigkeit und Grundlegendes zu Ordnungslogiken von Konten kennen lernen.
> - Was ist der Unterschied zwischen einem Kontenrahmen und einem Kontenplan?
> - Umgang mit den gängigsten Kontenrahmen erlernen.
> - Kontenrahmen und Kontenpläne im Rahmen der Kontierung anwenden.

6.1   Strukturierung von Konten in Kontenrahmen und Kontenplänen

Wesentliche Aufgabe der Buchungsvorbereitung ist es, zu bestimmen, auf welchem Konto der jeweilige Geschäftsvorfall zu verbuchen ist, und diesem Konto eine eineindeutige Nummer zuzuordnen. Dieser Vorgang der Kontenbestimmung wird als **Kontierung** bezeichnet. Beispielsweise wird durch Kontierung aus dem Vorgang „Einzahlung von 500,- € bar auf das Bankkonto" statt wie bisher der Buchungssatz:

| Bankkonto | an | Kasse | 500 € |

nach Kontierung vereinfacht:

1800/1600   500 €

Diese Kontierung muss, wie alle buchhalterischen Tätigkeiten, den Grundsätzen der ordnungsgemäßen Buchführung genügen. In diesem Fall speziell dem § 238 HGB, nach dem sich ein sachverständiger Dritter im Rahmen der Buchhaltung in angemessener Zeit ein Bild von der wirtschaftlichen Lage des Unternehmens machen können muss. Dies funktioniert jedoch nur, wenn eine allgemein anerkannte Ordnung und Logik in der Buchungssystematik vorliegt. Zu diesem Zweck werden für die Kontierung die Klassifizierungskennzeichen eines Kontenrahmens und Kontenplans herangezogen.

Ein **Kontenrahmen** meint dabei eine systematische Aufstellung der in bestimmten Wirtschaftszweigen typischerweise benötigten Konten. Ein Kontenrahmen stellt also eine unverbindliche Empfehlung zur Kontengliederung dar, in welchem alle typischen Konten für einen Wirtschaftszweig verzeichnet sind. Dieser beinhaltet in der Regel eine Vielzahl von Standardkonten, welche ein Unternehmen eines Industriezweiges nutzen kann. Aber warum gibt es für verschiedene Wirtschaftszweige unterschiedliche Kontenrahmen und nicht nur einen einzigen allgemeinen Kontenrahmen? Vor allem geht es hier darum, bereits eine Vorauswahl der Schwerpunkte zu treffen, in denen typischerweise Unternehmen dieses Industriezweiges die meisten Buchungen vornehmen werden. So hat ein Handelsunternehmen Bedarf nach einer Vielzahl differenzierter Konten zum Verbuchen von Handelswaren, während ein Kreditinstitut diese Konten vermutlich gar nicht bebucht, dafür aber in den Bereichen Verbindlichkeiten gegenüber Kunden bzw. Forderungen gegenüber Kunden eine stark differenzierte Kontenstruktur benötigt, um die wirtschaftliche Situation adäquat abbilden zu können. Vor diesem Hintergrund wurden verschiedene Kontenrahmen entwickelt.

Noch individueller wird es dann mit dem sogenannten **Kontenplan.** Dies ist ein auf ein einzelnes Unternehmen individuell angepasster Kontenrahmen. Um von einem allgemeinen Kontenrahmen zu einem Kontenplan zu gelangen, werden dem zugrunde gelegten Kontenrahmen entweder speziell benötigte Konten hinzugefügt oder andererseits Konten, die für das jeweilige Unternehmen nicht benötigt werden, weggelassen. Der individuelle Kontenplan wird von den Unternehmen selbst entwickelt.

Dabei stellen Kontenrahmen lediglich eine Empfehlung zum Aufbau eines individuellen Kontenplans dar. Es gibt keine Verpflichtung für die Unternehmen, bei der Ausgestaltung eines unternehmensindividuellen Kontenplans den einen oder anderen (oder überhaupt einen) Kontenrahmen zugrunde zu legen. Lediglich die Anwendung irgendeiner Buchungssystematik ist nach den GoB erforderlich.

Ziele des Einsatzes von Kontenrahmen (und Kontenplänen) sind eine über verschiedene Unternehmen hinweg vergleichbare Benennung und Strukturierung der Konten. Mittels dieser Standardisierung und Ordnung von Konten ist es sachverständigen Dritten möglich, Unternehmen zu analysieren, zu vergleichen und ihre wirtschaftliche Lage zu beurteilen. Außerdem helfen die Ordnungssysteme selbstverständlich auch in der täglichen Abwicklung der Buchhaltung: Das Finden und auch Wiederfinden von Konten wird erleichtert.

6.1 Strukturierung von Konten in Kontenrahmen und Kontenplänen

Kontenklassen									
0	1	2	3	4	5	6	7	8	9
Vermögens- und Kapitalkonten	Finanzkonten	Abgrenzungskonten	Bestände an Roh,- Hilfs- und Betriebsstoffen	Mit der Fertigung verbundene Kosten	Konten der Kostenstellung, innerbetriebliche Leistungsverrechnung	Weitere Kosten: Forschung und Entwicklung, Instandhaltung, Verwaltung, etc.	Bestände an fertigen und unfertigen Erzeugnissen	Erlöse	Abschlusskonten
Produktionsvoraussetzung			Beschaffung	Produktion		Produktionsunterstützung		Absatz/ Vertrieb	

Abb. 6.1 Kontensystematik nach dem Prozessgliederungsprinzip.

6.1.1 Gliederungsgrundformen von Kontenrahmen

Formal ist es möglich, Kontenrahmen (und damit auch Kontenpläne) nach dem dekadischen Prinzip (also einer numerischen Gliederung) zu ordnen oder eine literale Gliederung (meist alphabetische Sortierung) anzuwenden. Auch eine Mischform zwischen beiden Gliederungsarten (alphanumerische Gliederung) ist möglich.

Die formalen Kriterien dienen häufig dazu, funktionale Gliederungsprinzipien darzustellen. Bei den *funktionalen Gliederungsprinzipien* handelt es sich um die grundlegende theoretische Konzeption von Kontenrahmen, also nach welchen Kriterien Konten zu Kontengruppen und diese zu Kontenklassen zusammengefasst und wie diese sortiert werden. Dabei wird zwischen dem Prozessgliederungsprinzip und dem Abschlussgliederungsprinzip unterschieden.

Bei dem **Prozessgliederungsprinzip** erfolgt die Gliederung nach den Stufen des betrieblichen Leistungserstellungsprozesses. Es werden also **Kontenklassen** gebildet, die die Beschaffung, die Produktion und den Absatz von Produkten abbilden. Wie ein Kontenrahmen nach dem Prozessgliederungsprinzip aufgebaut ist, wird in Abb. 6.1 dargestellt.

Ein Beispiel für einen Kontenrahmen, der nach dem Prozessgliederungsprinzip aufgebaut ist, ist der Gemeinschaftskontenrahmen der Industrie (abgekürzt GKR) des Bundesverbandes der Deutschen Industrie e. V. (in den folgenden Kapiteln finden sich dieser und weitere beispielhafte Kontenrahmen ausführlicher dargestellt, vgl. Abschn. 6.3 und 6.2).

Das **Abschlussgliederungsprinzip** dagegen orientiert sich am Aufbau einer Bilanz und an der Gewinn- und Verlustrechnung. Grundlage sind die Bilanzgliederungshinweise nach § 260 HGB bzw. die Hinweise zur Aufstellung einer der Gewinn- und Verlustrechnung nach § 275 HGB (weiterführend zur Bilanz Abschn. 3.1 sowie zur Gewinn- und Verlustrechnung Abschn. 11.2).

Ein Kontenrahmen, der nach dem Abschlussprinzip gegliedert ist, erfasst in den ersten beiden Kontenklassen Aktiv- und Passivkonten der Bilanz. Diese können jeweils wei-

Kontenklassen									
0	1	2	3	4	5	6	7	8	9
Aktivkonten			Passivkonten		Ertragskonten	Aufwandskonten		Abschlusskonten	Betriebsbuchhaltung
Bilanz					Gewinn- und Verlustrechnung				

Abb. 6.2 Kontensystematik nach dem Abschlussgliederungsprinzip.

ter untergliedert werden, zum Beispiel nach Anlage-/ Umlaufvermögen bzw. Eigen- und Fremdkapital. Die nächsten Kontenklassen erfassen Aufwendungen und Erträge, die weiter beispielsweise nach ihrer Entstehungsursache (betrieblicher Leistungsprozess oder außerhalb des betrieblichen Leistungsprozesses) untergliedert werden können. In der nächsten Kontenklasse werden Abschlusskonten erfasst. Abb. 6.2 zeigt diese Systematik eines Kontenrahmens nach dem Abschlussgliederungsprinzip.

Ein Beispiel für einen Kontenrahmen, der nach dem Abschlussgliederungsprinzip geordnet ist, ist der Industriekontenrahmen (IKR) (Abschn. 6.3.2).

6.1.2 Numerische Gestaltung von Konten

Allen gebräuchlichen Kontenrahmen ist gemein, dass die (Sach-)Konten dekadisch gegliedert sind und durch eine jeweils vierstellige Ziffer identifiziert werden. Die erste Stelle der vier Ziffern legt die Kontenklasse fest, in der das Konto verortet ist, zum Beispiel *Anlagekonten* oder *Kapitalkonten*. Die zweite Ziffer gibt die Kontengruppe an, zu der das Konto gehört, beispielsweise *Technische Anlagen und Maschinen* oder *kurzfristige Forderungen*. Die dritte Ziffer bestimmt die Kontenuntergruppe wie beispielsweise *Maschinen* oder *Kundenforderungen*. Die letzte Ziffer dient der weiteren Unterteilung der Konten nach der Art des Buchungsstoffs, beispielsweise wird zwischen verschiedenen Kosten- oder Ertragsarten unterschieden. Hier bietet sich großer Spielraum zur Individualisierung der Kontenrahmen hin zu einem unternehmenseigenen Kontenplan.

Darüber hinaus gibt es die Möglichkeit, diese vierstelligen Ziffern um weitere zu ergänzen, zum Beispiel umdas Konto „Kundenforderungen" für die einzelnen Kunden zu unterteilen. Auf diese Weise werden in einigen Kontenrahmen Personenkonten eingeführt, die buchhalterisch zu einem Sachkonto zusammengefasst werden können (beispielsweise im DATEV-Kontenrahmen SKR04, Abschn. 6.2).

6.2 Die DATEV-Kontenrahmen SKR03 und SKR04

Standard-Kontenrahmen (SKR) enthalten ein Verzeichnis der für Betriebe relevanten Buchhaltungskonten. Die verschiedenen Kontenrahmen sind auf bestimmte Wirtschaftszweige bzw. Branchen zugeschnitten. Die **DATEV Standardkontenrahmen SKR03 und SKR04** sind die in Deutschland am häufigsten eingesetzten Kontenrahmen. Sie wurden von der DATEV eG, einem Softwarehaus und IT-Dienstleister für Steuerberater, Wirtschaftsprüfer und Rechtsanwälte, entwickelt (DATEV (2024). Die DATEV-Kontenrahmen werden regelmäßig aktualisiert und entsprechen so in ihrer jeweils aktuellen Version den gesetzlichen Anforderungen und allgemeinen Empfehlungen an eine geordnete Buchführung. Die Unterschiede zwischen den beiden Standardkontenrahmen liegen in ihrer Gliederung.

Der SKR03 folgt dem Prozessgliederungsprinzip. Die Reihenfolge der Konten richtet sich an den Abläufen bzw. Prozessen (Leistungserstellung und Leistungsverwertung) innerhalb eines Unternehmens aus. Dagegen folgt der **SKR04 dem Abschlussgliederungsprinzip.** Die Gliederung der geführten Konten orientiert sich an den gesetzlichen Vorgaben für die Bilanz sowie für die Gewinn- und Verlustrechnung.

Während der SKR03 mit seinen ca. 1.550 Posten in der Regel von kleinen und nicht-industriellen Unternehmen wie beispielsweise Handelsunternehmen eingesetzt wird, bedient man sich in mittleren bis größeren Unternehmen sowie Industrieunternehmen regelmäßig des SKR04 mit seinen ca. 1.570 Posten.

6.2.1 Kontenklassen des SKR03

Der SKR03 umfasst 10 Kontenklassen, die nach dem Prozessgliederungsprinzip wie folgt unterteilt werden:

(1) Investitions-, Finanzierungs- und sonstige Prozesse
0 Anlage- und Kapitalkonten
1 Finanz- und Privatkonten
2 Abgrenzungskonten[1]

---

[1] Abgrenzungsbuchungen werden zur zeitlichen und sachlichen Abgrenzung des Unternehmensergebnisses eingesetzt. Damit soll sichergestellt werden, dass das ausgewiesene Ergebnis auch tatsächlich nur betriebsrelevante und dem Geschäftsjahr zugehörige Bestandteile ausweist. Betriebs- und periodenfremde Aufwendungen und Erträge werden daher gesondert ausgewiesen.

(2) Umsatzprozesse (Beschaffung, Fertigung, Vertrieb)
3 Wareneingangs- und Bestandskonten
4 Betriebliche Aufwendungen
7 Bestände an Erzeugnissen
8 Erlöskonten

(3) Freie und Hilfskonten
5 Frei
6 Frei
9 Vortrags-, Kapital- und Statistische Konten

Diese Aufteilung begünstigt die Durchführung einer Kosten- und Leistungsrechnung.[2] Eine ausführliche Darstellung des SKR03 finden Sie in der aktuellen Version unter https://www.datev.de/web/de/datev-shop/material/kontenrahmen-datev-skr-03/.

6.2.2 Kontenklassen des SKR04

Der SKR04 umfasst zehn Kontenklassen, die nach dem Abschlussgliederungsprinzip wie folgt unterteilt werden:

(1) Bilanz
0 Anlagevermögenskonten
1 Umlaufvermögenskonten
2 Eigenkapitalkonten
3 Fremdkapitalkonten

(2) Gewinn- und Verlustrechnung
4 Betriebliche Erträge
5 Betriebliche Aufwendungen
6 Betriebliche Aufwendungen
7 Weitere Erträge und Aufwendungen

(3) Freie und Hilfskonten
8 Frei
9 Vortrags-, Kapital- und Statistische Konten

---

[2] Die Kosten- und Leistungsrechnung ist ein Instrument des Rechnungswesens, das basierend auf den Daten der Buchhaltung Kosten und Leistungen eines Unternehmens berechnet und die Wirtschaftlichkeit der innerbetrieblichen Prozesse ermittelt.

6 Kontenrahmen und Kontenplan

Tab. 6.1 Buchungssatz in Journalform

Belegnummer	Belegdatum	Buchungstext	Sollkonto	Habenkonto	Betrag
76.543	02.05.2024	Kauf eines Grundstückes (bar)	0215	1600	1000 €
	02.05.2024	Kauf eines Grundstückes (Überweisung)	0215	1800	9000 €

Abbildung eines Buchungssatzes in Journalform mit ergänzten Kontonummern des SKR04.

Den vollständigen SKR04 können Sie in der aktuellen Version ebenfalls auf der Homepage der DATEV einsehen: https://www.datev.de/web/de/datev-shop/material/kontenrahmen-datev-skr-04/. Zudem ist eine verkürzte Version im Anhang dieses Buches zu finden (vgl. Anhang 2).

6.2.3 Anwendung des SKR04

Der SKR04 ist einer der in der Praxis am weitesten verbreiteten Kontenrahmen.[3] Die Anwendung von Kontennummern ist obligatorisch, da gerade für EDV-Systeme, die zur Unterstützung der Buchhaltung eingesetzt werden, eineindeutige Kontenbezeichnungen notwendig sind. Schauen wir uns ein Beispiel unter der Verwendung des SKR04 an:

> **Beispiel**
>
> Ein Geschäftsmann erwirbt ein unbebautes Grundstück und zahlt 1000 € in bar (aus der Kasse) und den Restbetrag in Höhe von 9000 € per Banküberweisung. Der Buchungssatz mit ergänzten Kontonummern nach dem SKR04 lautet:
>
> | Unbebaute Grundstücke 0215 | 10.000 € | an | Kasse 1600 | 1000 € |
> |---|---|---|---|---|
> | | | | Bank 1800 | 9000 € |
>
> In Buchhaltungssoftwaresystemen wird der Buchungssatz in Journalform wie in der folgenden Tabelle dargestellt: ◄

---

[3] Aus diesem Grund werden alle Beispiele im weiteren Verlauf dieses Buches um die Kontonummern aus dem SKR04 ergänzt. Eine verkürzte Arbeitsversion des SKR04 finden Sie in Anhang 2 dieses Buches.

6.3 Gemeinschaftskontenrahmen der Industrie und der Industriekontenrahmen

6.3.1 Der Gemeinschaftskontenrahmen der Industrie

Der Gemeinschaftskontenrahmen industrieller Verbände (auch Gemeinschaftskontenrahmen der Industrie, GKR) wurde vom Bundesverband der Deutschen Industrie für seine Mitgliedsunternehmen entwickelt und zur Anwendung empfohlen. Dieser Kontenrahmen orientiert sich am Prozessgliederungsprinzip.

Auch der Gemeinschaftskontenrahmen der Industrie umfasst zehn Kontenklassen, die sich in ihrer Systematisierung am betrieblichen Güterkreislauf orientieren. Die Kontenklassen null bis drei erfassen alle Vorgänge, die in Vorbereitung auf den betrieblichen Leistungsprozess notwendig sind, wie beispielsweise die Bereitstellung von Produktionsfaktoren oder finanzieller Mittel. Auch dem Leistungsprozess gegenüber neutrale Aufwendungen und Erträge, wie beispielsweise Abschreibungen oder Zuschreibungen, werden hier vorab erfasst. Der Produktionsablauf selbst wird in den Konten der Klassen vier bis sieben verbucht. In Klasse acht werden dann die Ergebnisse des Umsatzprozesses, also die Erlöse, festgehalten.

Während das Prozessgliederungsprinzip einerseits die innerbetriebliche Prozesskostenrechnung vereinfacht sowie didaktisch eingehender sein mag, steht ihm anderseits der Nachteil entgegen, dass ein erheblicher Umbuchungsaufwand entsteht, wenn das Unternehmen gesetzliche Anforderungen an die Gliederung der Jahresabschlussunterlagen wie Bilanz und Gewinn- und Verlustrechnung einhalten muss. Um diesen Nachteilen zu begegnen, hat der Bundesverband der Industrie bereits 1971 einen neuen Kontenrahmen entwickelt, der nach und nach die Anwendung des alten Gemeinschaftskontenrahmens der Industrie ablösen sollte.

6.3.2 Der Industriekontenrahmen

Der Industriekontenrahmen (IKR) wurde 1971 vom Bundesverband der Industrie nach dem Abschlussprinzip entwickelt. Damit sollten Industrieunternehmen jeder Branche, Größe oder Rechtsform Anregungen zur Aufstellung unternehmensindividueller Kontenpläne gegeben werden. Es wurde mit der Einführung des Kontenrahmens das Ziel verfolgt, das Rechnungswesen weiter zu vereinfachen und an die Erfordernisse einer zunehmend EDV-gestützten Buchhaltung anzupassen. Eine Besonderheit des IKR ist die Anwendung des Zweikreisprinzips. Dabei erfolgt eine Trennung zwischen der Geschäftsbuchführung (dem Regelkreis I) und der Kosten- und Leistungsrechnung (Regelkreis II). Während der Regelkreis I nach dem Abschlussprinzip gegliedert ist, wird der Regelkreis II nach dem Prozessprinzip gestaltet (BDI (1986).

Der Industriekontenrahmen umfasst ca. 700 Posten, die in 10 Kontenklassen gegliedert sind. Die Klassen 0 bis 8 enthalten Konten des Regelkreises I, die Konten der Klasse 9 bilden den Regelkreis II ab.

(1) Bilanz
0 Immaterielle Vermögengegenstände und Sachanlagen
1 Finanzanlagen
2 Umlaufvermögen und aktive Rechnungsabgrenzungsposten
3 Eigenkapital und Rückstellungen
4 Verbindlichkeiten und passive Rechnungsabgrenzungsposten

(2) Gewinn- und Verlustrechnung
5 Erträge
6 Betriebliche Aufwendungen
7 Weitere Aufwendungen

(3) Hilfs- und Übergangskonten
8 Ergebnisrechnung
9 Kosten- und Leistungsrechnung

Vor allem im Aus- und Weiterbildungsbereich dominieren Kontenpläne, die auf dem Industriekontenrahmen basieren. Für den Einsatz in der Praxis ist zu beachten, dass der Kontenrahmen seit 1986 nicht mehr aktualisiert wurde. So ist im Anwendungsfall zu prüfen, inwieweit individuell Anpassungen an neuere gesetzliche Entwicklungen in den Kontenplänen berücksichtigt werden müssen.

6.4 Arbeiten mit Kontenrahmen

6.4.1 Verbuchung auf Konten

Nicht nur bei der Darstellung in Buchungssätzen oder in Journalform wird auf Kontonummern zurückgegriffen, sondern auch bei einer Darstellung in Kontenform. Dabei wird häufig statt der Kontenbezeichnung lediglich die Kontennummer angegeben. Folgendes Beispiel verdeutlicht das Vorgehen:

> **Beispiel**
>
> Die unten angegebenen Geschäftsvorfälle sollen auf dem Konto „Bank" vermerkt werden. Der Anfangsbestand des Kontos beträgt 13.000 €. Die Notierung soll ausschließlich die Kontonummern aufweisen, dabei soll der SKR04 zugrunde gelegt werden.

a. Kunde zahlt Rechnung per Banküberweisung: 1500 €.
b. Aufnahme eines Bankdarlehens, Auszahlung auf Bankkonto: 20.000 €.
c. Bareinzahlung der Tageskasse auf das betriebliche Girokonto in Höhe von 500 €.

Der Anfangsbestand wird gegen das Eröffnungsbilanzkonto gebucht. Der zum Ende der Periode ermittelte Saldo wird gegen das Schlussbilanzkonto gebucht.

1800	an	9030	13.000 €
1800	an	1200	1500 €
1800	an	3150	20.000 €
1800	an	1600	500 €
9010	an	1800	35.000 €

Soll		1800	Haben
9030	13.000 €	9010	35.000 €
1200	1500 €		
3150	20.000 €		
1600	500 €		
Summe	35.000 €	Summe	35.000 €

6.4.2 Vom Kontenrahmen zum Kontenplan

Um von einem Kontenrahmen zu einem unternehmensindividuellen Kontenplan zu gelangen, werden nur die jeweils benötigten Konten aus dem Kontenrahmen ausgewählt. Zusätzlich besteht häufig Bedarf an individuellen Erweiterungen, also Konten, die der Kontenrahmen nicht vorsieht, zu ergänzen. Dafür können die als „frei" gekennzeichneten Konten der Kontenrahmen herangezogen oder nicht belegte Kontonummern eingesetzt werden.

Bei der Erarbeitung eines unternehmensindividuellen Kontenplanes sind neben den aktuellen Gegebenheiten im Unternehmen auch mögliche zukünftige Entwicklungen zu berücksichtigen. Zwar sind nachträgliche Anpassungen des Kontenrahmens möglich, jedoch nur, wenn es wichtige Gründe dafür gibt. Im Wesentlichen sollte der Kontenplan eines Unternehmens unverändert beibehalten werden, um dem Grundsatz der Klarheit und Übersichtlichkeit zu entsprechen. Nur wenn Stetigkeit in den Aufzeichnungen gewährleistet ist, können unterschiedliche Wirtschaftsjahre miteinander verglichen werden.

> **Beispiel**
>
> Ein Chemieunternehmen entwickelt einen individuellen Kontenplan auf Basis des SKR04. Zur Produktion werden mehrere Großmaschinen eingesetzt. Um die Aufwendungen für einzelne Großmaschinen (wie Wartung, Instandhaltung und Abschreibungen) konkret aufteilen zu können, werden zum einen Konten des Sachanlagevermögens ergänzt (beispielsweise Konto 0441 bis 0446 für die entsprechenden Maschinen). Zum anderen werden für die einzelnen Kostenarten Unterkonten errichtet (zum Beispiel 6224 bis 6229 für Abschreibungen). Da das Unternehmen nicht mit Waren handelt, sondern ausschließlich selbst produziert, wird das Konto 1140 (Waren Bestand) nicht in den Kontenplan aufgenommen. ◄

6.5 Zusammenfassung und Aufgaben

Kontenpläne sind unternehmensindividuelle Auflistungen der typischerweise in der Buchhaltung benötigten Konten. Sie erleichtern das Auffinden von Konten und sichern eine Stetigkeit in der laufenden Verbuchung. Kontenrahmen geben Unternehmen Hinweise zur Gestaltung individueller Kontenpläne. Es existieren verschiedene branchenspezifische Kontenrahmen, die eine Vorauswahl der Konten treffen, welche von Unternehmen der jeweiligen Branche benötigt werden. Führend im Praxiseinsatz sind die verschiedenen DATEV-Kontenrahmen.

6.5.1 Lernkontrollfragen zu Kap. 6

- Was ist ein Kontenrahmen? Nennen Sie bitte zwei Beispiele. Abschn. 6.1
- Was versteht man unter einem Kontenplan? Abschn. 6.1
- Welche beiden Möglichkeiten der Gliederung werden bei Kontenrahmen unterschieden? Bitte charakterisieren Sie diese knapp. Abschn. 6.1.1
- Was verbirgt sich hinter der Abkürzung SKR04? Nennen Sie bitte wesentliche Merkmale. Abschn. 6.2.1
- Charakterisieren Sie bitte kurz den Industriekontenrahmen. Welche Bedeutung hat dieser heute? Abschn. 6.3.2
- Wie kommt man von einem Kontenrahmen zu einem Kontenplan? Abschn. 6.4.2

6.5.2 Aufgaben

Aufgabe 1: Buchungen unter Berücksichtigung des SKR04
Bilden Sie zu den nachfolgenden Geschäftsvorfällen die entsprechenden Buchungssätze und tragen Sie diese in die vorbereitete Buchungsliste ein. Verwenden Sie bei der

Ermittlung der Kontonummer den SKR04. Die Umsatzsteuer bleibt vorerst unberücksichtigt.

a. Kauf eines Firmen-PKW auf Rechnung zum Preis von 30.000 €
b. Barkauf eines unbebauten Grundstückes in Höhe von 10.000 €
c. Kunde zahlt Rechnung per Banküberweisung: 1500 €
d. Aufnahme eines Bankdarlehens, Auszahlung auf Bankkonto: 20.000 €
e. Tilgung eines Darlehens in bar: 1000 €
f. Bareinzahlung der Tageskasse auf das betriebliche Girokonto in Höhe von 500 €

Aufgabe 2: Arbeiten mit verschiedenen Kontenrahmen

Ermitteln Sie für die nachfolgenden Konten die Kontonummer jeweils nach dem Standardkontenrahmen 03 und dem Standardkontenrahmen 04. Es handelt sich dabei bewusst um einige der am häufigsten zu bebuchenden Positionen. Mit dieser Aufgabe soll Ihnen zum einen die Arbeit mit den verschiedenen Kontenrahmen vertraut gemacht werden, zum anderen können Sie sich mit dem Ergebnis dieser Aufgabe einen übersichtlichen „Spickzettel" anlegen, der Ihnen in aller Kürze eine Übersicht über die wichtigsten Konten und ihre jeweilige Nummer in den verschiedenen Kontenrahmen gibt und den Sie später individuell erweitern können.

- Umsatzerlöse
- Rückstellungen für Pensionen und ähnliche Verpflichtungen
- Umsatzsteuer 7 %
- Bank
- Bürobedarf
- Unbebaute Grundstücke
- Unfertige Erzeugnisse (Bestand)
- Sonstige Betriebs- und Geschäftsausstattung
- Telefon
- Zinsen und ähnliche Aufwendungen
- Wertpapiere des Anlagevermögens

Tab. 6.2 Vorbereite Buchungsliste Aufgabe 1

Belegnummer	Belegdatum	Buchungstext	Sollkonto	Habenkonto	Betrag
a.					
b.					
c.					
d.					
e.					
f.					

6.5 Zusammenfassung und Aufgaben

Tab. 6.3 Buchungsliste Lösung Aufgabe 1

Belegnummer	Buchungstext	Sollkonto	Habenkonto	Betrag
a.	Kauf eines PKW	0520	3300	30.000 €
b.	Barkauf Grundstück	0215	1600	10.000 €
c.	Ausgleich Rechnung durch Kunden	1800	1200	1500 €
d.	Darlehensaufnahme	1800	3150	20.000 €
e.	Bartilgung Darlehen	3150	1600	1000 €
f.	Bareinzahlung	1800	1600	500 €

- Abziehbare Vorsteuer 19 %
- Rechts- und Beratungskosten
- Kapitalrücklage
- Forderungen aus Lieferungen und Leistungen
- Kasse
- Sonstige Wertpapiere
- Gesetzliche Rücklage
- Bestandsveränderungen – unfertige Erzeugnisse
- Gehälter
- Verbindlichkeiten gegenüber Kreditinstituten

6.5.3 Lösungen

Aufgabe 1: Buchungen unter Berücksichtigung des SKR04
Die folgende Tabelle zeigt die ausgefüllte Buchungsliste.

Aufgabe 2: Arbeiten mit verschiedenen Kontenrahmen
Siehe Kontenrahmen SKR04 im Anhang und Kontenrahmen SKR03 über den entsprechenden Link im Text.

Literatur

Bieg, H., & Waschbusch, G. (2021). *Buchführung*. NWB.
BDI (1986). *Industriekontenrahmen – IKR –* (2. Aufl.). Bergisch Gladbach.
DATEV Software und Consulting (2024). https://www.datev.de/web/de/startseite/startseite-n/. Zugegriffen: 18. Febr. 2024.
Goldstein, E. (2023). *Belege richtig kontieren und buchen: Typische Buchungsfälle nach den Kontenrahmen für DATEV, IKR, BGA*. Haufe.
Hufnagel, W., & Burgfeld-Schächer, B. (2022). *Einführung in die Buchführung und Bilanzierung*. NWB.

Buchungen im Anlagevermögen 7

> **Lernziele**
> - Welche Posten werden im Anlagevermögen erfasst?
> - Wie werden neue Güter des Anlagevermögens in der Bilanz aufgenommen?
> - Welche Besonderheiten gelten für selbst erstellte Anlagegüter?
> - Wie erfolgt die Berücksichtigung von planmäßigen und außerplanmäßigen Wertminderungen?
> - Wie ist vorzugehen, wenn Anlagegüter abgehen?

7.1 Investitionsprozesse

Die Güter des Anlagevermögens sind dazu bestimmt, dauerhaft im Unternehmen zu bleiben und dabei finanzielle Mittel zu erwirtschaften, ohne selbst veräußert zu werden oder in andere Produkte einzugehen.

▶ **Investitionsprozesse** = Alle Aktivitäten, die sich auf den Umfang und die Zusammensetzung des Anlagevermögens auswirken.

Der Investitionsprozess wird in verschiedene Phasen unterteilt:

- Investitionsphase: Anschaffung oder Herstellung des Anlagegutes.
- Anlagegüternutzung: Nutzung des Anlagegutes. Dabei entstehen Aufwendungen und Erträge aus der Investition sowie gegebenenfalls Abschreibungen.
- Desinvestitionsphase: Verkauf oder unentgeltlicher Abgang des Anlagegutes.

Buchungen im Rahmen des Anlagevermögens betreffen demnach regelmäßig entweder **Investitionen-** bzw. **Desinvestitionen** oder die **Anlagengüternutzung**.

Es können grundsätzlich folgende Investitionsarten unterschieden werden, je nachdem, welche Position des Anlagevermögens betroffen ist:

- Investitionen in das eigene Unternehmen, die dem eigenen Geschäftsbetrieb dienen.
- Investitionen in andere Unternehmen im Rahmen von Kapitalanlagegeschäften.

Der Fokus dieses Kapitels liegt auf Investitionen in das eigene Unternehmen.

7.2 Positionen des Anlagevermögens

Das Anlagevermögen ist auf der Aktiv-Seite der Bilanz zu finden. Abb. 7.1 zeigt den Aufbau der Bilanz mit besonderem Fokus auf das Anlagevermögen.

Zunächst werden in der Bilanz die Positionen des immateriellen Sachanlagevermögens aufgeführt. Das sind Anlagegüter, die weder eine physische Substanz haben noch monetär sind. Die Position „Immaterielle Vermögensgegenstände" wird weiter untergliedert in:

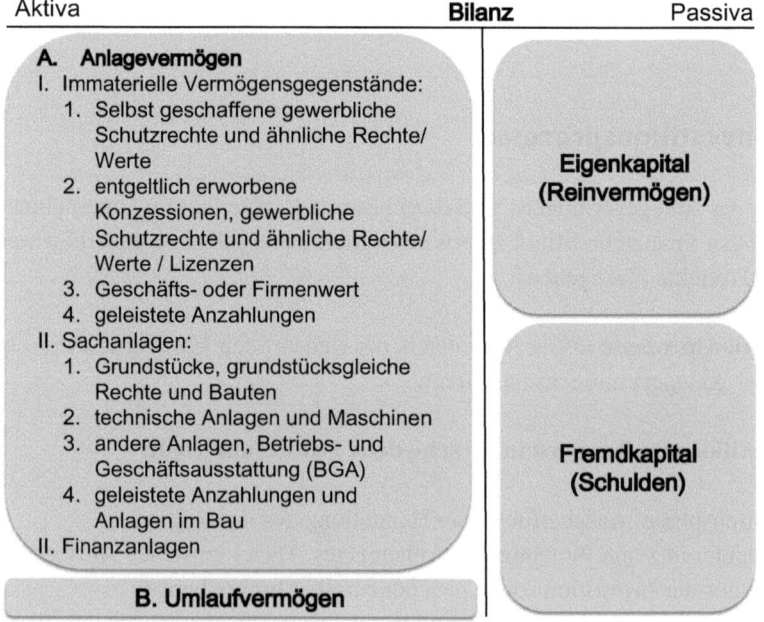

Abb. 7.1 Anlagevermögen in der Bilanz

- Selbst geschaffene gewerbliche Schutzrechte und ähnliche Rechte/ Werte (zum Beispiel Kundenstamm, ungeschützte Erfindungen). Der Ansatz erfolgt hier zu den Entwicklungskosten.
- Entgeltlich erworbene Konzessionen (öffentlich-rechtliche Befugnisse, wie beispielsweise Fischereirechte und Schutzrechte).
- Entgeltlich erworbene gewerbliche Schutzrechte (zum Beispiel Nutzungs-, Belieferungs- und Vertriebsrechte, Wettbewerbsverbote, Bezugsrechte für Aktien) und ähnliche Rechte/ Werte (wie zum Beispiel Kundenstammdaten, ungeschützte Erfindungen sofern entgeltlich erworben).
- Entgeltlich erworbene Lizenzen (zum Beispiel Softwarelizenzen, Berechtigungen zur Nutzung von gewerblichen Schutzrechten (Patenten)) und Nutzungsrechte von ähnlichen Rechten und Werten (zum Beispiel Gebrauchsmuster, Geschmacksmuster, Marken, Urheber- und Verlagsrechte).
- Geschäfts- oder Firmenwert: Dieser sogenannte Goodwill wird bei der Übernahme von anderen Unternehmen durch die Differenz zwischen Kaufpreis und Reinvermögen ermittelt.
- Geleistete Anzahlungen auf immaterielle Vermögensgegenstände.

Daran schließt sich der Bereich der Sachanlagen an. Diese lassen sich untergliedern in:

- Grundstücke, grundstücksgleiche Rechte und Bauten.
- Technische Anlagen und Maschinen (die unmittelbar der Fertigung dienen).
- Andere Anlagen sowie die Betriebs- und Geschäftsausstattung (BGA).
- Geleistete Anzahlungen und Anlagen im Bau.

Im dritten Teil des Anlagevermögens werden Finanzanlagen festgehalten. Finanzanlagen sind Vermögenswerte, die daraus resultieren, dass anderen Unternehmen im Rahmen von Kapitalanlagegeschäften dauerhaft Kapital zur Verfügung gestellt wird. Sie dienen nicht unmittelbar dem eigenen Geschäftsbetrieb.

7.3 Erwerb von Anlagegütern

Bei dem **Erwerb von Anlagegütern** jeder Art sind diese zu aktivieren, das heißt in das Anlagevermögen einzubuchen. Die Aktivierung sollte beim Übergang der wirtschaftlichen Verfügungsmacht erfolgen.

Die Buchung wird im Soll auf dem entsprechenden aktiven Bestandskonto der Bilanzposition, dem das Anlagegut angehört, ausgeführt. Die Gegenbuchung im Haben erfolgt in der Regel je nach Art der Zahlung. Damit ist das Gegenkonto meist das Konto „Bank" oder bei Käufen auf Rechnung das Konto „Verbindlichkeiten aus Lieferungen und Leistungen".

> **Beispiel**
>
> Ein Unternehmen kauft eine Maschine für die Produktion zu einem Preis von 27.500 € auf Rechnung. (Umsatzsteuer bleibt vorerst unberücksichtigt.)
>
> | Technische Anlagen und Maschinen (0400) | an | Verbindlichkeiten aus Lieferungen und Leistungen (3300) | 27.500 € |
>
> ◄

Die Zugangsbewertung (Ermittlung des Wertes, mit dem ein erworbenes Anlagegut zu aktivieren ist) erfolgt anhand der Formel:

Anschaffungspreis
+ Anschaffungsnebenkosten
+ nachträgliche Anschaffungskosten
./. Anschaffungspreisminderungen
= **Anschaffungskosten**

Die Anschaffungsnebenkosten werden nicht separat erfasst, sondern zu den Anschaffungskosten hinzuaddiert und mit aktiviert, sofern sie außerhalb des Unternehmens anfallen. Anschaffungsnebenkosten sind im Allgemeinen Gebühren, Steuern und sonstige Aufwendungen, die mit dem Erwerbsvorgang eng zusammenhängen. Finanzierungs- und Geldbeschaffungskosten fallen nicht unter die Anschaffungsnebenkosten. Konkrete Beispiele für Anschaffungsnebenkosten sind Grunderwerbsteuer, Notarkosten, Kosten für die Begutachtung des Kaufpreisgegenstands, Fahrtkosten anlässlich des Erwerbs eines Grundstücks, Grundbuchgebühren beim Grundstückserwerb, Kaufoptionskosten, Maklergebühren, Schätzgebühren, Notariats- und Gerichtsgebühren, Vermittlungsprovisionen oder Transportkosten.

7.4 Aktivierung selbst erstellter Anlagegüter

Selbst erstellte **Anlagegüter** sind grundsätzlich zu **Herstellkosten** zu aktivieren. Herstellkosten sind nach § 255 Abs. 2 HGB „Aufwendungen, die durch den Verbrauch von Gütern oder die Inanspruchnahme von Diensten für die Herstellung eines Vermögensgegenstands, seine Erweiterung oder für eine über seinen ursprünglichen Zustand hinausgehende wesentliche Verbesserung entstehen".

Konkret handelt es sich dabei um Materialeinzelkosten, Fertigungseinzelkosten, Sondereinzelkosten der Fertigung, Materialgemeinkosten und Fertigungsgemeinkosten. Auch ein Wertverzehr des Anlagevermögens ist zu den Herstellkosten zu zählen und mit zu aktivieren, sofern dieser Wertverzehr durch die Fertigung des selbst erstellten

7.4 Aktivierung selbst erstellter Anlagegüter

Anlagegutes verursacht wird. Anschaffungsnebenkosten, die innerhalb des Unternehmens anfallen, sind ebenfalls wie Herstellungskosten zu aktivieren (zum Beispiel innerbetriebliche Transport- oder Lagerkosten).

Weiterhin können anteilige Kosten der allgemeinen Verwaltung, Aufwendungen für soziale Einrichtungen, Aufwendungen für freiwillige soziale Leistungen sowie Aufwendungen für die betriebliche Altersversorgung, die in Zusammenhang mit der Herstellung des selbst erstellten Anlagegutes stehen, aktiviert werden (Einbeziehungswahlrecht).

Unter bestimmten Voraussetzungen können sogar Fremdkapitalzinsen aktiviert werden. Konkret können Zinsen für Fremdkapital, das zur Finanzierung der Herstellung eines Vermögensgegenstands verwendet wird, aktiviert werden, sofern die Zinsen auf den Zeitraum der Herstellung entfallen (Einbeziehungswahlrecht).

Die Aktivierung selbst erstellter Anlagegüter erfolgt zum Zeitpunkt ihrer Fertigstellung. Bei der Verbuchung des Zugangs ist zu unterscheiden, ob ein Unternehmen das Gesamtkosten- oder das Umsatzkostenverfahren anwendet (Abschn. 11.2.1.1 sowie Abschn. 11.2.1.2). Wendet ein Unternehmen das **Gesamtkostenverfahren** an, wird das selbst erstellte Anlagegut im Soll auf dem entsprechenden aktiven Bestandskonto eingebucht (zum Beispiel „Technische Anlagen und Maschinen"). Die Gegenbuchung erfolgt im Haben auf dem Ertragskonto „Andere aktivierte Eigenleistungen" ebenfalls in Höhe der Herstellkosten und steht damit in der Gewinn- und Verlustrechnung den für die Erstellung des Anlagengutes aufgewandten Beträgen in gleicher Höhe gegenüber, sodass die Eigenerstellung einer Anlage zunächst ergebnisneutral ist.

Beispiel

Ein Unternehmen stellt Güter für den Bürobedarf her, u. a. Schreibtische. Für die Herstellung pro Schreibtisch entstehen regelmäßig Materialkosten in Höhe von 1100 €, 100 € Fertigungslöhne und sonstige angemessene Materialgemeinkosten in Höhe von 50 €. Das Unternehmen wendet das Gesamtkostenverfahren an.

Nun benötigt das Unternehmen einen solchen Schreibtisch für sein eigenes Büro. Ermittlung der Herstellkosten: 1250 €.

Buchung:

Büroeinrichtung (0650)	an	Andere aktivierte Eigenleistung (4820)	1250 €

◀

Wendet ein Unternehmen dagegen das **Umsatzkostenverfahren** an, werden die Bestandteile der Herstellkosten zur Aktivierung des Anlagegutes auf das Bestandskonto des Anlagenkontos umgebucht. So erfolgen Umbuchungen von dem aktiven Bestandskonto „Rohstoffe (Bestand)" sowie von den Aufwandskonten „Personalkosten" oder „Sonstige betriebliche Aufwendungen" im Haben. Die Einbuchung erfolgt auch hier im Soll auf dem aktiven Bestandskonto, welchem das selbst erstellte Anlagengut zugeordnet wird.

> **Beispiel**
>
> Ein Unternehmen stellt Güter für den Bürobedarf her, u. a. Schreibtische. Für die Herstellung pro Tisch entstehen ihm regelmäßig Materialkosten in Höhe von 1100 €, 100 € Fertigungslöhne und sonstige angemessene Materialgemeinkosten in Höhe von 50 €. Das Unternehmen wendet das Umsatzkostenverfahren an. Nun benötigt das Unternehmen einen solchen Tisch für sein eigenes Büro.
> Ermittlung der Herstellkosten: 1250 €
> Buchung:
>
> | Büroeinrichtung (0650) | an | Rohstoffe (Bestand) (1000) | 1100 € |
> | --- | --- | --- | --- |
> | | | Löhne (6010) | 100 € |
> | | | Sonstige betriebliche Aufwendungen (6300) | 50 € |
>
> ◀

7.5 Abschreibungen des Anlagevermögens

7.5.1 Betrieblicher Aufwand durch Werteverzehr

Teile des Anlagevermögens verlieren durch laufende Nutzung und/oder Alterung bzw. technische Überholung an Wert. Beispielsweise verschleißt eine Maschine durch häufigen Gebrauch, bei einem Gebäude stehen nach einigen Jahren Erhaltungsaufwendungen an, wodurch der Wert des Gebäudes sinkt oder ein Fahrzeug verliert an Wert durch gefahrene Kilometer. Gerade bei IT-Ausstattung findet die Entwicklung neuer Geräte am Markt laufend statt, sodass die IT alleine durch den Ablauf der Zeit relativ schnell veraltet und damit an Wert verliert. Diesen laufenden Wertverlusten ist buchungstechnisch durch sogenannte Abschreibungen Rechnung zu tragen. Die Verbuchung von Abschreibungen lässt den bei Zugang eines Anlagegutes zunächst erfolgsneutral eingebuchten Anschaffungswert eines Anlagegutes über die Nutzungsdauer verteilt zu Aufwand werden.

§ 253 Abs. 3 HGB schreibt vor, Gegenstände des abnutzbaren Anlagevermögens über den Zeitraum ihrer voraussichtlichen Nutzung planmäßig abzuschreiben. Zu Gegenständen des abnutzbaren Anlagevermögens zählen Gebäude, Maschinen und Fuhrpark, aber auch selbst erstellte Firmenwerte oder entgeltlich erworbene Rechte und Lizenzen, sofern sie von ihrer Laufzeit her begrenzt nutzbar sind. Nicht planmäßig abgeschrieben werden dagegen Grundstücke und grundstücksgleiche Rechte oder Finanzanlagen.

Um den jährlichen Abschreibungsbetrag zu ermitteln, stehen grundsätzlich verschiedene Möglichkeiten zur Verfügung.

7.5.2 Abschreibungsmethoden

Die einfachste und auch gebräuchlichste Methode ist die **lineare Abschreibung.** Bei dieser Methode werden die Anschaffungs- und Herstellungskosten linear über den gesamten Nutzungszeitraum verteilt. Der jährliche Abschreibungsbetrag ergibt sich dabei aus:

$$\frac{Anschaffungs-bzw.\,Herstellungskosten}{Nutzungsdauer} = jährlicher\ Abschreibungsbetrag$$

Zur Feststellung der voraussichtlichen Nutzungsdauer werden sogenannte AfA-Tabellen[1] herangezogen, die vom Bundesfinanzministerium veröffentlicht werden (AfA-Tabellen (2024)). Diese zeigen die für die jeweiligen Wirtschaftszweige typischen abnutzbaren Anlagegüter und deren voraussichtliche Nutzungsdauer auf. Von den AfA-Tabellen ist nur in begründeten Ausnahmefällen abzuweichen.

Die Verbuchung der laufenden Abschreibungen erfolgt (meist im Rahmen der vorbereitenden Jahresabschlussbuchungen) durch eine Soll-Buchung auf einem Unterkonto des Aufwandskontos „Abschreibungen" und im Haben auf dem jeweiligen aktiven Bestandskonto (zum Beispiel „Technische Anlagen und Maschinen").

> **Beispiel**
>
> Ein Unternehmen erwirbt am 02.01. ein Dienstfahrzeug zu einem Preis von netto 30.000 €. Laut AfA-Tabelle hat dieses eine Nutzungsdauer von 6 Jahren. Danach ist davon auszugehen, dass der Restwert gleich 0 ist. (Umsatzsteuerliche Betrachtungen bleiben außen vor.)
>
> Ermittlung des jährlichen Abschreibungsbetrages:
>
> 30.000 € geteilt durch 6 Jahre Nutzungsdauer = **5000 €**
>
> Die Buchung der jährlichen Abschreibung erfolgt anhand des Buchungssatzes:
>
> | Abschreibungen auf Kfz (6222) | an | PKW (0520) | 5000 € |
>
>

Nach Verbuchung der jährlichen Abschreibungen verbleibt auf dem Bestandskonto des Anlagegutes ein Restbuchwert, der in der nächsten Periode erneut abgeschrieben wird, bis zu einem Restbuchwert von 0 € oder 1 €.[2]

---

[1] AfA = Absetzung für Abnutzung.

[2] In der Praxis wird noch immer häufig nicht auf einen (rechnerisch eigentlich korrekten) Wert von 0 € abgeschrieben, sondern auf einen Erinnerungswert von 1 €, solange das Anlagegut noch im Unternehmen vorhanden ist und genutzt wird.

Meist gehen Anlagegüter nicht genau zu Beginn eines Geschäftsjahres zu, sondern unterjährig. Die Abschreibungen sind im Jahr des Zugangs monatsgenau anteilig zu berücksichtigen (inklusive des vollen Monats des Zugangs). Im letzten Jahr der Nutzungsdauer ist der Zeitraum bis Ende des Monats vor dem Monat, in dem die Anschaffung erfolgte, zu berücksichtigen (ebenso im Falle eines vorzeitigen Abgangs des Anlagegutes).

Neben der linearen Abschreibung besteht grundsätzlich die Möglichkeit einer **geometrisch-degressiven Abschreibung.** Degressive Methoden sind handelsrechtlich ebenfalls zulässig, jedoch ändert sich die steuerliche Zulässigkeit je nach politischer Zielsetzung der deutschen Finanzverwaltung. Derzeit ist die Anwendung einer degressiven Abschreibungsmethode steuerlich nicht zulässig.

Bei der geometrisch-degressiven Abschreibungsmethode sind die Abschreibungsbeträge nicht gleichbleibend, sondern jährlich fallend und starten mit hohen Abschreibungsbeträgen in den ersten Jahren, die sich ergebnis- und damit steuermindernd auswirken. Dabei werden die jährlichen Abschreibungsbeträge prozentual von den Anschaffungskosten im ersten Jahr der Nutzung und im weiteren Verlauf von den Restbuchwerten ermittelt:

Abschreibungsbetrag = Anschaffungskosten bzw. Restbuchwert * Abschreibungssatz

Gemäß § 7 EStG beträgt bzw. betrug der Abschreibungssatz für bewegliche Anlagegüter, die nach dem 31.12.2008 und vor dem 01.01.2011 (letzter Zeitraum in dem eine degressive Abschreibung steuerrechtlich möglich war) angeschafft wurden, 25 %, höchstens jedoch das 2,5-Fache des linearen Abschreibungssatzes. Durch die prozentuale Ermittlung des Abschreibungsbetrages vom Restbuchwert kann keine vollständige Abschreibung während der Nutzungsdauer erfolgen. Daher ist ein Wechsel zu einer linearen Abschreibung stets zulässig. Erfolgt kein Wechsel zur linearen Abschreibung, wird im letzten Nutzungsjahr laut AfA-Tabelle der verbliebene Restbuchwert vollständig abgeschrieben.

Ergänzend zu diesen Verfahren gibt es weiterhin die Möglichkeit, **Abschreibungen nach Leistungseinheiten** vorzunehmen. Dabei werden die Abschreibungen auf Grundlage der im Jahr erbrachten Leistung ermittelt, beispielsweise der gefahrenen Kilometer bei Fahrzeugen oder der geleisteten Betriebsstunden bei Maschinen. Diese Jahresleistung wird in Bezug gesetzt zu der im Normalfall zu erwartenden Gesamtleistung des Anlageobjektes. Mit dem ermittelten prozentualen Anteil werden die Anschaffungs-/ Herstellungskosten bzw. der Restbuchwert abgeschrieben.

$$Abschreibungsbetrag = \frac{Anschaffungskosten}{geschätzte\ Gesamtleistung} * Leistungseinheiten\ im\ Abschreibungsjahr$$

Voraussetzung für die Anwendung dieser Methode ist zum einen die Kenntnis über eine normale Gesamtleistung über die Lebensdauer jeder Anlage sowie das akribische

7.5 Abschreibungen des Anlagevermögens

Buchführen über die Leistungseinheiten der einzelnen Anlagen. Diese Abschreibungsmethode gilt als die genaueste, aber auch aufwendigste.

Beispiel

Eine Spedition schafft zu Jahresbeginn einen neuen LKW an zu einem Wert von 120.000 € (Umsatzsteuer bleibt unberücksichtigt). Aufgrund der (nachweisbaren) Erfahrungen des Spediteurs haben die Fahrzeuge im Normalfall eine Gesamtlaufleistung von 500.000 km. Nach dem ersten Jahr der Nutzung weist das Fahrzeug einen Kilometerstand von 130.000 auf. Der Abschreibungsbetrag im ersten Jhr beläuft sich auf:

$$Abschreibungsbetrag = \frac{120.000 \; EUR}{500.000 \; km} * 130.000 \; km = 31.200 \; EUR$$

Die Verbuchung erfolgt anhand des Buchungssatzes:

| Abschreibungen auf Kfz (6222) | an | LKW (0540) | 31.200 € |

Für **geringwertige Wirtschaftsgüter (GWG)** gelten Vereinfachungsregelungen für Abschreibungen. Ein geringwertiges Wirtschaftsgut liegt nach § 6 Abs. 2 EStG vor, wenn ein Wirtschaftsgut

- zum Anlagevermögen gehört,
- dessen Anschaffungs- bzw. Herstellungskosten einen Wert von 800 € nicht übersteigen und
- dieses beweglich und abnutzbar sowie selbstständig nutzbar ist.

Geringwertige Wirtschaftsgüter können im Jahr des Erwerbs in voller Höhe abgeschrieben werden (= **Sofortabschreibung**).

Beispiel

Ein Unternehmen schafft ein neues Diensthandy für einen seiner leitenden Mitarbeiter im Wert von 750 € an (Umsatzsteuer bleiben unberücksichtigt). Zum Zeitpunkt des Kaufes wird wie folgt gebucht:

| GwG (0670) | an | Verbindlichkeiten aus Lieferungen und Leistungen (3300) | 750 € |

Bei Begleichung der Rechnung wird gebucht:

Verbindlichkeiten aus Lieferungen und Leistungen (3300)	an	Bank (1800)	750 €

Die Abschreibungen zum Jahresende werden wie folgt verbucht:

Sofortabschreibung GwG (6260)	an	GwG (0670)	750 €

◄

Sofern auf die Möglichkeit der Sofortabschreibung verzichtet wurde, können Wirtschaftsgüter mit Anschaffungs- oder Herstellungskosten zwischen 250 € und 1000 €, die in einem Geschäftsjahr angeschafft wurden, zu einem Sammelposten zusammengefasst und über 5 Jahre linear abgeschrieben werden (= **Poolabschreibung**). Der Monat der Zugänge der einzelnen Wirtschaftsgüter im Sammelposten spielt keine Rolle, der Sammelposten wird nicht monatsgenau abgeschrieben. Für jedes Geschäftsjahr wird ein eigener Pool gebildet.

Alternativ ist immer auch eine Abschreibung über die betriebsgewöhnliche Nutzungsdauer möglich.

Beispiel

Ein Unternehmen beschafft im Geschäftsjahr 2024 Wirtschaftsgüter, deren Anschaffungskosten zwischen 250 € und 1000 € liegen, und fasst diese zu einem Sammelposten zusammen. Der Gesamtwert des Sammelpostens 2024 beträgt 24.750 €. Der Zugang wird wie folgt verbucht (jeweils bei Anschaffung des einzelnen Wirtschaftsgutes, ggf. auch gegen „Kasse" oder „Verbindlichkeiten aus Lieferungen und Leistungen"):

Wirtschaftsgüter Sammelposten 2024 (0675)	an	Bank (1800)	24.750 €

Der jährliche Abschreibungsbetrag des Sammelpostens 2024 beträgt: 24.750 € geteilt durch 5 = 4950 €. Die Verbuchung der Abschreibung erfolgt nach:

Abschreibungen auf Sammelposten Wirtschaftsgüter (6264)	an	Wirtschaftsgüter Sammelposten 2024 (0675)	4950 €

◄

7.5.3 Außerplanmäßige Abschreibungen

Neben den regelmäßigen jährlichen Abschreibungen erfolgen zudem außerplanmäßige Abschreibungen, wenn außergewöhnliche und dauerhafte Wertminderungen aufgetreten sind (§ 253 Abs. 3 HGB). Diese Abschreibungen betreffen nicht nur die Anlagegüter, die begrenzt nutzbar sind, sondern alle Anlagegüter, bei denen ein dauerhafter Wertverlust auftritt (inkl. Grundstücke und Finanzanlagen).

Außerplanmäßige Abschreibungen werden im Soll auf dem Aufwandskonto „Abschreibungen (außerplanmäßig)" und im Haben als Korrekturbuchung auf dem jeweiligen aktiven Bestandskonto des Anlagegutes verbucht.

Beispiel

Aufgrund der Änderung der Nutzungsart durch die zuständige Gemeinde sinkt der Wert eines Grundstückes von 140.000 € auf 80.000 €.

| Außerplanmäßige Abschreibungen auf Sachanlagen (6230) | an | Unbebaute Grundstücke (0215) | 60.000 € |

7.6 Abgang von Anlagegütern

Der Abgang von Anlagegütern wird auch als Desinvestition bezeichnet. Dem erzielten Verkaufserlös wird der Buchwert des Anlagegutes zum Verkaufszeitpunkt gegenübergestellt. Der aktuelle Buchwert ergibt sich aus dem Anfangsbestand, zu dem das Anlagegut aktiviert wurde abzüglich aller bis dahin vorgenommenen Abschreibungen (planmäßige sowie außerplanmäßige). Dabei ist auch der anteilige Abschreibungsbetrag für das Geschäftsjahr des Verlaufes monatsgenau (bis inkl. des letzten vollen Monats vor dem Verkauf) zu berücksichtigen.

Wird das Anlagegut zum gleichen Preis veräußert wie der aktuelle Buchwert, wird lediglich das Anlagegut aus der Bilanz gebucht, die Gegenbuchung erfolgt je nach Zahlungsweg auf den Konten „Kasse", „Bank" oder „Forderungen aus Lieferungen und Leistungen".

Beispiel

Ein Gerüstbauunternehmen veräußert einen Teil seiner Gerüstelemente zu einem Verkaufspreis von 4000 € auf Rechnung (Umsatzsteuer bleibt zunächst unberücksichtigt). Der aktuelle Buchwert der Gerüstelemente liegt ebenfalls bei 4000 €. Da weder ein

Gewinn oder Verlust aus dem Verkauf erzielt wurden, erfolgt lediglich eine Ausbuchung der Anlagegüter bei gleichzeitiger Erhöhung der Forderungen gegenüber Kunden:

Forderungen aus Lieferungen und Leistungen (1200)	an	Gerüst- und Schalungsmaterial (0660)	4000 €

Weicht der Verkaufserlös von dem aktuellen Buchwert ab, wird zunächst geprüft, inwieweit ein Buchgewinn oder Buchverlust vorliegt.

Verkaufspreis (ohne Umsatzsteuer).
./. Restbuchwert zum Veräußerungszeitpunkt
= **Buchgewinn** (wenn > 0) bzw. **Buchverlust** (wenn < 0).

Liegt der Verkaufserlös unterhalb des aktuellen Buchwertes, wird ein Buchverlust erzielt. Die Verbuchung erfolgt hier zum einen über das Aufwandskonto „Anlagenabgänge Sachanlagen (Restbuchwert bei Buchverlust)". Der Verkaufserlös anderseits wird über das Ertragskonto „Erlöse aus Verkäufen Sachanlagevermögen (bei Buchverlust)" verbucht. Damit verbleibt die Differenz aus Verkaufserlös und Restbuchwert ergebnismindernd in der Erfolgsrechnung.

Beispiel

Ein Gerüstbauunternehmen veräußert einen Teil seiner Gerüstelemente zu einem Verkaufspreis von 3000 € auf Rechnung (Umsatzsteuer bleibt zunächst außen vor). Der aktuelle Buchwert der Gerüstelemente liegt bei 4000 €. Die Buchung erfolgt:

Forderungen aus Lieferungen und Leistungen (1200)	3000 €	an	Gerüst- und Schalungsmaterial (0660)	4000 €
Anlagenabgänge Sachanlagen (Restbuchwert bei Buchverlust) (6895)	4000 €		Erlöse aus Verkäufen Sachanlagevermögen (bei Buchverlust) (6889)	3000 €

Übersteigt jedoch der Verkaufserlös den aktuellen Buchwert, liegt ein Buchgewinn vor. In diesem Fall sind für die Ausbuchung des Anlagegutes das Konto „Anlagenabgänge Sachanlagen (Restbuchwert bei Buchgewinn)" und für die Einbuchung der Veräußerungserlöse das Konto „Erlöse aus Verkäufen Sachanlagevermögen (bei Buchgewinn)" anzusprechen. Die Differenz aus Verkaufserlös und Restbuchwert verbleibt ergebniserhöhend in der Gewinn- und Verlustrechnung.

> **Beispiel**
>
> Ein Gerüstbauunternehmen veräußert einen Teil seiner Gerüstelemente zu einem Verkaufspreis von 5000 € auf Rechnung (Umsatzsteuer bleibt zunächst außen vor). Der aktuelle Buchwert der Gerüstelemente liegt bei 4000 €. Die Buchung erfolgt:
>
> | | | | | |
> |---|---|---|---|---|
> | Forderungen aus Lieferungen und Leistungen (1200) | 5000 € | an | Gerüst- und Schalungsmaterial (0660) | 4000 € |
> | Anlagenabgänge Sachanlagen (Restbuchwert bei Buchgewinn) (4855) | 4000 € | | Erlöse aus Verkäufen Sachanlagevermögen (bei Buchgewinn) (4849) | 5000 € |
>
>

7.7 Zusammenfassung und Aufgaben

Veränderungen im Anlagevermögen werden durch Investitionsprozesse ausgelöst. Zum einen können neue Anlagegüter durch Erwerb oder durch Aktivierung eigener Herstellung hinzukommen, es kann aber auch im Rahmen von Desinvestitionen zu Anlagenabgängen kommen. Während der Nutzungsdauer mindert sich der Wert der abnutzbaren Anlagegüter. Um diesen Wertverlust abzubilden, werden regelmäßig Abschreibungen verbucht. Für unregelmäßige Wertverluste der Anlagegüter sind zusätzlich außerplanmäßige Abschreibungen zu verbuchen.

7.7.1 Lernkontrollfragen zu Kap. 7

- Wie nennt man den Teilbereich der Bilanz, in der Güter erfasst werden, welche dem Unternehmen langfristig zur Verfügung stehen? Abschn. 7.2
- In welche Bereiche lässt sich dieser Teil weiter untergliedern? Abschn. 7.2
- Zu welchem Wert wird ein Anlagegut, welches erworben wird, aktiviert? Abschn. 7.3
- Zu welchem Wert können selbst erstellte Anlagegüter aktiviert werden? Abschn. 7.4
- Welche Möglichkeiten bestehen, laufende planmäßige Wertminderungen eines Anlagegutes zu ermitteln? Abschn. 7.5.2
- Was sind die Voraussetzungen für außerplanmäßige Abschreibungen? Abschn. 7.5.3
- Wie ist bei einem Anlagenabgang vorzugehen? Abschn. 7.6
- Wie wird ein Buchgewinn oder Buchverlust ermittelt? Abschn. 7.6
- Wann wird bei der Veräußerung eines Vermögensgegenstandes des Anlagevermögens eine erfolgswirksame Verbuchung in der GuV notwendig? Abschn. 7.6

7.7.2 Aufgaben

Aufgabe 1: Aktivierung von Anlagevermögen bei Zugang

Ein Bauunternehmen erwirbt einen Kran zum Anschaffungspreis von 100.000 € gegen Banksofortüberweisung der bei der Lieferung beiliegenden Rechnung. Für den Transport und die Montage der Maschine werden zusätzlich Anschaffungsnebenkosten von 9000 € auf der Rechnung ausgewiesen. Auf den Kaufpreis wird eine Anschaffungspreisminderung in Form eines Rabatts von 20 % gewährt. (Umsatzsteuerliche Betrachtungen bleiben außen vor.)

Nehmen Sie bitte die Ermittlung der Anschaffungskosten vor und verbuchen Sie den Geschäftsvorfall.

Aufgabe 2: Regelmäßige Abschreibungen auf das Anlagevermögen

Ein Fertigungsunternehmen erwirbt am 01.04. des Geschäftsjahres eine neue Maschine für die Fertigung mit einer betriebsgewöhnlichen Nutzungsdauer von 7 Jahren. Die Anschaffungskosten betragen 56.000 €.

Darüber hinaus sind zwei weitere Maschinen im Bestand. Die ältere der beiden Maschinen weist einen Restbuchwert von 8000 € und eine verbleibende Nutzungsdauer von einem Jahr aus (ursprüngliche Nutzungsdauer 7 Jahre, Datum der Anschaffung 02.01.). Die jüngere Maschine hat ebenfalls eine betriebsgewöhnliche Nutzungsdauer von 7 Jahren und weist aktuell einen Restbuchwert von 40.000 € aus (Datum der Anschaffung ebenfalls 02.01. des entsprechenden Jahres).

a. Wie hoch sind die Abschreibungen für die neu angeschaffte Maschine im aktuellen Geschäftsjahr?
b. Wie hoch sind die Abschreibungen für die ältere der Bestandsmaschinen?
c. Wie hoch sind die Abschreibungen für die jüngere der Bestandsmaschinen, wenn davon auszugehen ist, dass die Anschaffungskosten der drei Maschinen gleich hoch waren? In welchem Abschreibungsjahr befindet sich die Maschine aktuell?
d. Verbuchen Sie bitte die Abschreibungen.

Aufgabe 3: Anlagenabgang

Im Juli 2022 wurde ein PKW zum Preis von 60.000 € netto erworben und auf Grund seiner Nutzung als Firmenwagen eines Geschäftsführers aktiviert. Die Nutzungsdauer wurde anhand der amtlichen AfA-Tabelle auf 5 Jahre festgesetzt. Die Veräußerung findet zu einem Preis von 43.000 € im April 2024 gegen Rechnung statt. Umsatzsteuerliche Betrachtungen bleiben unberücksichtigt.

a. Wie hoch ist der Restbuchwert des PKWs zum Veräußerungszeitpunkt?
b. Wird ein Buchgewinn oder Buchverlust erzielt?
c. Nehmen Sie die Verbuchung des Verkaufes und des Anlagenabgangs vor. Welche Auswirkungen ergeben sich auf die Erfolgsrechnung?

7.7.3 Lösungen

Aufgabe 1: Aktivierung von Anlagevermögen bei Zugang

Anschaffungspreis	100.000 €
+Anschaffungsnebenkosten	+9000 €
+nachträgliche Anschaffungsnebenkosten	
./. Anschaffungspreisminderungen	./. 20.000 €
=Anschaffungskosten	= 89.000 €

Technische Anlagen und Maschinen (0400)	an	Bank (1800)	89.000 €

Aufgabe 2: Regelmäßige Abschreibungen auf das Anlagevermögen

a. Die Abschreibungen im aktuellen Geschäftsjahr betragen für die neue Maschine:
56.000 € : 7 Jahre = 8000 €
Es sind neun Monate des Jahres zu berücksichtigen:
8000 €/12 Monate * 9 Monate = **6000 €**

b. Im letzten Jahr der Abschreibung ist die Maschine auf 0 € abzuschreiben. Der Abschreibungsbetrag für die ältere Maschine beträgt also 8000 €.

c. Da für alle Maschinen die gleiche Nutzungsdauer sowie die gleichen Anschaffungskosten unterstellt wurden, beläuft sich der Abschreibungsbetrag für die jüngere der Bestandsmaschinen ebenfalls auf 8000 €. Da die Maschine zum Jahresbeginn einen Restbuchwert von 40.000 € aufweist, befindet sie sich im 3. Abschreibungsjahr.

d. Die Buchungen lauten:

Abschreibungen auf Sachanlagen (6220)	an	Technische Anlagen und Maschinen (0400)	6000 €
Abschreibungen auf Sachanlagen (6220)	an	Technische Anlagen und Maschinen (0400)	8000 €
Abschreibungen auf Sachanlagen (6220)	an	Technische Anlagen und Maschinen (0400)	8000 €

Aufgabe 3: Anlagenabgang

a. Jährlicher Abschreibungsbetrag: 12.000 €
- Abschreibungsbetrag 2022: 12.000 € / 12 * 6 Monate = 6000 €
- Abschreibungsbetrag 2023: 12.000 €
- Anteiliger Abschreibungsbetrag 2024: 12.000 € / 12 * 3 Monate = 3000 €
- Der Restbuchwert des PKW beträgt 39.000 €.

b. Es wird ein Buchgewinn in Höhe von 4000 € erzielt.

c. Verbuchung:

Forderungen aus Lieferungen und Leistungen (1200)	43.000 €	an	PKW (0520)	39.000 €
Anlagenabgänge Sachanlagen (Restbuchwert bei Buchgewinn) (4855)	39.000 €		Erlöse aus Verkäufen Sachanlagevermögen (bei Buchgewinn) (4849)	43.000 €

Das Jahresergebnis wird durch den Buchgewinn um 4000 € erhöht.

Literatur

AfA-Tabellen (2024). Bundesministerium für Finanzen. https://www.bundesfinanzministerium.de/Web/DE/Themen/Steuern/Steuerverwaltungu-Steuerrecht/Betriebspruefung/AfA_Tabellen/afa_tabellen.html. Zugegriffen: 18. Febr. 2024.

Hufnagel, W., & Burgfeld-Schächer, B. (2022). *Einführung in die Buchführung und Bilanzierung.* Herne: NWB.

Nickenig, K. (2017). *Betriebliches Anlagevermögen: Zugangs- und Folgebewertung im Überblick.* Wiesbaden: Springer Gabler.

Schäfer-Kunz, J. (2019). *Buchführung und Jahresabschluss.* Schäffer-Poeschel.

Wöhe, G., & Kussmaul, H. (2022). *Grundzüge der Buchführung und Bilanztechnik.* Vahlen.

Wöltje, J. (2023). *Buchführung Schritt für Schritt.* UVK.

8 Buchungen von Beschaffungs- und Absatzprozessen

> **Lernziele**
> - Wie werden Beschaffungsprozesse buchhalterisch abgebildet?
> - Behandlung von Anschaffungsnebenkosten.
> - Verbuchung von Preisnachlässen.
> - Ermittlung und Verbuchung der Vorsteuer.
> - Wie werden Produktionsprozesse verbucht?
> - Wie erfolgt die buchhalterische Abbildung von Umsatzprozessen?
> - Ermittlung und Verbuchung der Umsatzsteuer.
> - Durchführung der Umsatzsteuervoranmeldung.
> - Wie werden Umsatzsteuerkonten abgeschlossen?

8.1 Buchung von Beschaffungsprozessen

8.1.1 Grundsätzliche Verbuchung der Beschaffung von Werkstoffen und Waren

Bei der betrieblichen Leistungserstellung kann grundsätzlich zwischen Dienstleistung, Handel und Produktion unterschieden werden. Für die Erstellung von **Dienstleistungen** werden in der Regel weniger Werkstoffe oder Waren benötigt als bei Unternehmen, die sich auf Handel oder Produktion spezialisiert haben. Bei einem Unternehmen, das seine Umsätze aus dem **Handel** erzielt, werden Waren eingekauft und (zu möglichst höheren Preisen) größtenteils unverändert verkauft. Werden die verkauften Produkte aus bezogenen Werkstoffen selbst hergestellt oder wenigstens teilweise physisch verändert, so spricht man von **Produktion**. Die erstellten Produkte werden als (Fertig-)Erzeugnisse bezeichnet. Die für die Produktion benötigten Werkstoffe lassen sich in Roh-, Hilfs- und Betriebsstoffe unterscheiden:

- **Rohstoffe** gehen als wesentliche Bestandteile in das Endprodukt ein (zum Beispiel Milch bei der Käseherstellung).
- **Hilfsstoffe** gehen auch in das Endprodukt ein, sind jedoch für die grundlegende Verwendung des Endproduktes nicht relevant (zum Beispiel die Kräuter für die Kräuterkruste des Käses).
- **Betriebsstoffe** gehen nicht in das Endprodukt ein, sind aber erforderlich, damit die Produktion erfolgen kann (zum Beispiel der Strom, der für das Rühren des Milchansatzes notwendig ist).

Produktion

Beschaffung	Produktion	Verkauf

Bestandsorientierte Verbuchung

* Bestandserhöhung	* Verbrauch RHB-Bestände bzw. Vorprodukte * Erhöhung Bestände fertiger und unfertiger Erzeugnisse	* Verbrauch Bestände fertiger Erzeugnisse * Umsatzerlöse

Aufwandsorientierte Verbuchung

* Aufwand	* Erhöhung Bestände fertiger und unfertiger Erzeugnisse	* Verbrauch Bestände fertiger Erzeugnisse * Umsatzerlöse

Handel

Beschaffung	Verkauf

Bestandsorientierte Verbuchung

* Bestandserhöhung	* Bestandsminderung * Umsatzerlöse

Aufwandsorientierte Verbuchung

* Aufwand	* Umsatzerlöse

Abb. 8.1 Buchungen im betrieblichen Leistungsprozess.

Buchhalterisch müssen zum einen Bestandsveränderungen an Waren und Werkstoffen erfasst werden, zum anderen aber auch unterschiedliche Preise zwischen Einkauf und Verkauf berücksichtigt werden. Einkäufe sind zu Einstandspreisen (Einkaufspreisen) und Verkäufe zu Absatzpreisen (Verkaufspreisen) einzubuchen.

Bei der Verbuchung des Werkstoff- und Wareneinkaufes sind grundsätzlich zwei Möglichkeiten zu unterscheiden, die **aufwands-** und die **bestandsorientierte Verbuchung.** Abb. 8.1 zeigt die durchzuführenden Buchungen des jeweiligen Verfahrens für Produktion und Handel in der Übersicht.

8.1.2 Aufwands- versus bestandsorientierte Verbuchung

Die Beschaffung (der Einkauf) von Werkstoffen und Waren, die als Input in die Umsatzprozesse eines Unternehmens eingehen, kann grundsätzlich so abgebildet werden, dass Bestandsveränderungen laufend verbucht werden (bestandsorientierte Verbuchung), oder so, dass Zugänge an Werkstoffen und Waren direkt als Verbrauch angesehen werden und bereits der Zugang als Aufwand verbucht wird (aufwandsorientierte Verbuchung). Neben der grundlegenden Entscheidung, ob aufwandsorientiert oder bestandsorientiert verbucht wird, sind die Buchungen einiger Zwischenschritte davon abhängig, welches Verfahren zur Ergebnisermittlung angewandt wird (Gesamtkostenverfahren oder Umsatzkostenverfahren (Abschn. 11.2.1.1 und 11.2.1.2)). Den weiteren Ausführungen dieses Kapitels vorausgeschickt, gibt Abb. 8.2 eine Übersicht über die Buchungen entlang des Leistungsprozesses je nach gewähltem Verfahren der Beschaffungseinbuchung und der Ergebnisermittlung.

8.1.2.1 Aufwandsorientierte Verbuchung des Kaufs von Werkstoffen und Waren

Bei der aufwandorientierten Verbuchung der Beschaffung von Werkstoffen und auch Waren wird unterstellt, dass alles, was in den Leistungsprozess eingebracht wird, sofort verbraucht wird (sogenannte **Verbrauchsfiktion**). Dieses Vorgehen wird auch als **Zugangsmethode** bezeichnet. Angewendet wird dieses Vorgehen vor allem bei Unternehmen, die eine **Just-in-time-Produktion** verfolgen, oder bei Handelsunternehmen vor allem im Bereich von FMCG (Fast-Moving-Consumer-Goods), bei denen kaum Bestandsschwankungen auftreten und damit eine Verbrauchsfiktion unterstellt werden kann.

Da dennoch Differenzen in den Beständen auftreten können, ist am Periodenende zwingend eine Inventur durchzuführen. Daher wird das aufwandsorientierte Vorgehen auch als **inventurabhängige Methode** bezeichnet. Eventuelle Inventurdifferenzen sind dann auf die jeweiligen Bestandskonten und gleichzeitig gegen das Erfolgskonto „Inventurdifferenzen" zu buchen (mehr zum Thema Inventur vgl. Abschn. 12.1). Auch eine Überprüfung der Bewertungen der Bestände erfolgt bei dieser Methode damit lediglich im Rahmen der jährlichen Inventur (mehr zum Thema Bewertung der Bestände im Jahresabschluss in Abschn. 13.1.1).

Der **Einkauf von Werkstoffen** wird im Rahmen der aufwandsorientierten Verbuchung direkt als Aufwand verbucht (Verbrauchsfiktion). Dabei können für jede Stoffart (Roh-, Hilfs- und Betriebsstoffe) eigene Aufwandskonten geführt werden.

Beschaffung	Aufwandsorientierte Verbuchung	Bestandsorientierte Verbuchung
Gesamtkostenverfahren	Aufwendungen RHB verbuchen (Waren: „Wareneingang")	Bestand an RHB einbuchen
Umsatzkostenverfahren	Aufwendungen RHB verbuchen (Waren: „Herstellkosten")	Bestand an RHB einbuchen

Produktion: Verbrauch von RHB	Aufwandsorientierte Verbuchung	Bestandsorientierte Verbuchung
Gesamtkostenverfahren	Bereits verbucht	Aufwendungen RHB an Bestand
Umsatzkostenverfahren	Bereits verbucht	-

Produktion: Einbuchung fertiger/ unfertiger Erzeugnisse	Aufwandsorientierte Verbuchung	Bestandsorientierte Verbuchung
Gesamtkostenverfahren	Fertige Erzeugnisse an Bestandsveränderung fertige Erzeugnisse	Fertige Erzeugnisse an Bestandsveränderung fertige Erzeugnisse
Umsatzkostenverfahren	Aktivieren: Fertige Erzeugnisse an RHB-Aufwendungen und angefallene Kosten	Aktivieren: Fertige Erzeugnisse an RHB-Bestand und weitere angefallene Kosten

Verkauf: Abnahme Bestände	Aufwandsorientierte Verbuchung	Bestandsorientierte Verbuchung
Gesamtkostenverfahren	Bestandsabnahme fertige Erzeugnisse an fertige Erzeugnisse	Bestandsabnahme fertige Erzeugnisse an fertige Erzeugnisse
Umsatzkostenverfahren	Herstellungskosten an fertige Erzeugnisse (Waren: keine Buchung, da bereits als Aufwand erfasst)	Herstellungskosten an fertige Erzeugnisse (Waren: „Herstellkosten")

Abb. 8.2 Verbuchung des Leistungsprozesses nach Wahl der Erfolgsermittlungs- und Verbuchungsmethode.

Beispiel

Ein Holzbauunternehmen kauft Massivholzbalken im Wert von 11.000 € auf Rechnung ein (Umsatzsteuer bleibt zunächst unberücksichtigt).

| Aufwendungen für Rohstoffe (5010) | an | Verbindlichkeiten aus Lieferungen und Leistungen (3300) | 11.000 € |

8.1 Buchung von Beschaffungsprozessen

Das Holzbauunternehmen kauft Holzschutzfarbe im Wert von 1200 € gegen Barzahlung ein (Umsatzsteuer bleibt zunächst unberücksichtigt).

Aufwendungen für Hilfsstoffe (5020)	an	Kasse (1600)	1200 €

◄

Der **Einkauf von Waren** wird im Rahmen des aufwandsorientierten Verfahrens auf dem Erfolgskonto „Wareneingang" festgehalten. Dabei handelt es sich um ein reines Aufwandskonto. Eine Bestandsveränderung des Warenbestandes wird unterjährig nicht verfolgt. Erst zum Periodenende wird im Rahmen der Inventur festgestellt, ob sich Veränderungen im Warenbestand ergeben haben.

Buchungstechnisch ist weiterhin zu unterscheiden, ob das Umsatz- oder Gesamtkostenverfahren in der Erfolgsermittlung eingesetzt wird (Abschn. 11.2.1.1 und 11.2.1.2). Wird das **Gesamtkostenverfahren** angewandt, ist folgendermaßen zu buchen:

Beispiel

Ein Handelsunternehmen kauft Waren im Wert von 560.000 € auf Rechnung (umsatzsteuerliche Betrachtungen bleiben vorerst außen vor). Das Unternehmen wendet das Gesamtkostenverfahren an.

Wareneingang (5200)	an	Verbindlichkeiten aus Lieferungen und Leistungen (3300)	560.000 €

◄

Bei Anwendung des **Umsatzkostenverfahrens** (Abschn. 11.2.1.2) werden den Umsätzen die zur Erzielung der Umsätze direkt entstandenen Kosten gegenübergestellt. Um diese buchungstechnisch abzubilden, sind die speziell für das Umsatzkostenverfahren vorgesehenen Aufwandskonten zu verwenden. Diese lassen sich in den jeweiligen Kontenrahmen wie folgt finden:

- SKR04: Kosten bei Anwendung des Umsatzkostenverfahrens (Kontonummern 6990 bis 6994),
- IKR: Konten der Kostenbereiche für die GuV im Umsatzkostenverfahren (Kontonummern 8100 bis 8300),
- SKR03: Kosten bei Anwendung des Umsatzkostenverfahrens (Kontonummern 4996 bis 4998).

Wendet ein Unternehmen also das Umsatzkostenverfahren an, ist nicht wie beim Gesamtkostenverfahren das Konto „Wareneingang" als Aufwandskonto anzusprechen, sondern das Konto „Herstellungskosten".

> **Beispiel**
>
> Ein Handelsunternehmen kauft Waren im Wert von 560.000 € auf Rechnung (umsatzsteuerliche Betrachtungen bleiben vorerst außen vor). Das Unternehmen wendet das Umsatzkostenverfahren an.
>
> | Herstellungskosten (6990) | an | Verbindlichkeiten aus Lieferungen und Leistungen (3300) | 560.000 € |
>
> ◄

8.1.2.2 Bestandsorientierte Verbuchung des Kaufs von Werkstoffen und Waren

Bei der bestandsorientierten Verbuchung der Beschaffung werden im Gegensatz zur aufwandsorientierten Erfassung auch unterjährig Verbräuche von Werkstoffen und Waren verbucht. Dies erhöht zwar den buchungstechnischen Aufwand, ermöglicht jedoch auch unterjährig, die Bestände der einzelnen Konten einzusehen. Voraussetzung für dieses Verfahren ist eine laufende Erfassung von Materialentnahmen, meist mittels Materialentnahmescheinen. Durch die laufende Verbuchung von Waren und Rohstoffen zu den jeweiligen Einkaufspreisen ist bei Anwendung des bestandsorientierten Verfahrens im Rahmen der Jahresabschlussvorbereitung eine Bewertung der Bestände mittels Bewertungsfolgeverfahren durchzuführen (Abschn. 13.1.1).

Die Erfassung des **Einkaufs von Werkstoffen** wird über die Bestandskonten der jeweiligen Stoffarten erfasst. Unterjährige Verbräuche, die der Buchhaltung über Materialentnahmescheine angezeigt werden, werden hier laufend gegen das entsprechende Aufwandskonto gebucht (Abschn. 8.3.1).

> **Beispiel**
>
> Ein Maschinenhersteller kauft Bleche im Wert von 43.000 € auf Rechnung ein (umsatzsteuerliche Betrachtungen bleiben vorerst außen vor).
>
> | Rohstoffe (1010) | an | Verbindlichkeiten aus Lieferungen und Leistungen (3300) | 43.000 € |
>
> ◄

8.1 Buchung von Beschaffungsprozessen

Auch die **Verbuchung von Wareneinkäufen** erfolgt bei Anwendung des bestandsorientierten Verfahrens zunächst erfolgsneutral über das Bestandskonto „Waren (Bestand)".

> **Beispiel**
>
> Ein Handelsunternehmen kauft Ware im Wert von 560.000 € auf Rechnung ein (Umsatzsteuer bleibt vorerst unberücksichtigt). Das Unternehmen verbucht bestandsorientiert.
>
> | Waren (Bestand) (1140) | an | Verbindlichkeiten aus Lieferungen und Leistungen (3300) | 560.000 € |
>
> ◄

8.1.3 Buchungstechnische Behandlung von Preisnachlässen

Häufig kommt es vor, dass ein Unternehmen nicht den vollen Rechnungsbetrag für den Bezug von Werkstoffen oder Waren zahlt, sondern Preisnachlässe erhält. Dabei können verschiedene Arten der Preisnachlässe unterschieden werden, die jeweils auch buchungstechnisch unterschiedlich behandelt werden.

Bei **Rabatten** handelt es sich um sofortige Minderungen des Einkaufspreises, die unter anderem aus folgenden Gründen gewährt werden:

- aufgrund der Bezahlart (zum Beispiel Rabatte für Barzahlungen),
- aufgrund der Abnahme einer bestimmten Menge (Mengenrabatte) oder
- aufgrund einer besonders intensiven oder langjährigen Geschäftsbeziehung (Treuerabatte).

Boni werden dagegen nachträglich gewährt. Sie sind meist an die Umsatzhöhe bei einem bestimmten Lieferanten gekoppelt und werden erst nach Feststellung des Gesamtjahreseinkaufsvolumens mit dem jeweiligen Lieferanten ermittelt und ausgezahlt.

Skonti dagegen werden dafür gewährt, dass eine Lieferverbindlichkeit im Rahmen einer gewissen Frist beglichen wird. Sie stellen praktisch eine Vergütung für einen nicht in Anspruch genommenen Lieferantenkredit dar.

8.1.3.1 Rabatte

Bei Rabatten handelt es sich in der Regel um eine sofortige Preisreduzierung, die bereits im Rahmen der Rechnungserstellung ausgewiesen wird. Dadurch entfällt eine gesonderte buchhalterische Behandlung. Es wird lediglich der Wareneinkauf mit den um die Rabatte geminderten Beträge verbucht (Nettomethode).

Beispiel

Der Inhaber eines Fischlokals erhält von seinem Getränkelieferanten einen Mengenrabatt von 5 % auf die aktuelle Getränkelieferung in Höhe von 1200 € (umsatzsteuerliche Betrachtungen bleiben zunächst außen vor; die Verbuchung erfolgt bestandsorientiert).

| Waren (Bestand) (1140) | 1140 € | an | Verbindlichkeiten aus Lieferungen und Leistungen (3300) | 1140 € |

In Ausnahmefällen ist ebenfalls eine Verbuchung nach der Bruttomethode möglich. Hierbei wird der Wareneinkauf mit dem vollen Rechnungsbetrag eingebucht und gleichzeitig ein Rabattertrag auf einem Ertragskonto verbucht.

Beispiel

Der Inhaber eines Fischlokals erhält von seinem Getränkelieferanten einen Mengenrabatt von 5 % auf die aktuelle Getränkelieferung in Höhe von 1200 € (umsatzsteuerliche Betrachtungen bleiben zunächst außen vor; die Verbuchung erfolgt bestandsorientiert; Anwendung der Bruttomethode).

| Waren (Bestand) (1140) | 1200 € | an | Verbindlichkeiten aus Lieferungen und Leistungen (3300) | 1140 € |
| | | | Erhaltene Rabatte (5770) | 60 € |

8.1.3.2 Boni

Da Boni erst nachträglich, nach der Feststellung bestimmter Voraussetzungen, gewährt werden, ist ihre Verbuchung auch erst nachträglich möglich. Die Verbuchung erfolgt zunächst über das Ertragskonto „Erhaltene Boni".

Beispiel

Ein Einzelhändler erhält nach Abschluss des Geschäftsjahres einen Bonus in Höhe von 2000 € auf die bei einem Großhändler getätigten Umsätze.

| Bank (1800) | an | Erhaltene Boni (5769) | 2000 € |

◀

Bezüglich des Abschlusses dieses Konto am Ende der Geschäftsperiode bestehen drei verschiedene Möglichkeiten:

1. Das Konto „Erhaltene Boni" kann direkt gegen das „Gewinn- und Verlustkonto" abgeschlossen werden.
2. Das Konto kann zunächst gegen das Sammelkonto „Neutrale Erträge" und dann auf das „Gewinn- und Verlustkonto" abgeschlossen werden.
3. Das Konto kann über das „Wareneingangskonto" oder entsprechende Eingangskonten für Werkstoffe abgeschlossen werden und mindert so den Aufwand für die Beschaffung. Diese Variante wird nur dann angewandt, wenn die Boni den beschafften Waren oder Rohstoffen direkt zugerechnet werden können, was jedoch bei Boni meist nicht der Fall ist.

Beispiel

Für den oben genannten Einzelhändler wird das Konto „Erhaltene Boni" direkt gegen das Gewinn- und Verlustkonto abgeschlossen:

| Erhaltene Boni (5769) | an | Gewinn- und Verlustkonto (9020) | 2000 € |

8.1.3.3 Skonti bei Zielkauf

Skonto wird berechnet, indem bei einer Zahlung der Lieferverbindlichkeit innerhalb einer gewissen Frist (zum Beispiel 5 oder 10 Tage) ein Abzug von der Rechnungssumme vorgenommen wird (meist 2 % oder 3 %). Skonti auf Lieferantenverbindlichkeiten stellen einen Ertrag dar und werden auf dem Konto „Skontoerträge" verbucht. Da ein möglicher Skontoabzug zum Zeitpunkt der Rechnungsstellung nicht sicher ist, wird zunächst die vollständige Rechnungssumme eingebucht. Der Skontoertrag wird dann bei Zahlung des Rechnungsbetrages abzgl. Skonto gegen die Verbindlichkeit aus der Lieferung oder Leistung gebucht.

Beispiel

Ein Autohaus bezieht Neuwagen im Wert von 430.000 € (Umsatzsteuer bleibt vorerst unberücksichtigt). Die Rechnung weist auf einen möglichen Skontoabzug bei einer Begleichung der Rechnung innerhalb von 10 Tagen in Höhe von 2 % hin.

Zunächst erfolgt die Einbuchung der gesamten Rechnungssumme (Verbuchung nach dem bestandsorientierten Verfahren):

Waren (Bestand) (1140)	an	Verbindlichkeiten aus Lieferungen und Leistungen (3300)	430.000 €

Bei Begleichung der Rechnung nach 8 Tagen wird der Skonto als Ertrag verbucht:

Verbindlichkeiten aus Lieferungen und Leistungen (3300)	430.000 €	an	Bank (1800)	421.400 €
			Erhaltene Skonti (5730)	8600 €

◄

8.1.4 Anschaffungsnebenkosten

Neben dem Kaufpreis fallen häufig weitere Aufwendungen für den Bezug von Waren und Werkstoffen an. Beispielsweise können zusätzlich Fracht- und Versandkosten, Transportversicherung, Zölle oder Aufwendungen zur Einrichtung und Inbetriebnahme entstehen. Diese Kosten erhöhen den Einkaufspreis der Werkstoffe und Waren und sind daher im Soll auf den entsprechenden Aufwandskonten für Werkstoffe bzw. dem Wareneingangskonto zu verbuchen oder bei Anwendung des bestandsorientierten Verfahrens auf den entsprechenden Bestandskonten mit zu aktivieren. In der Praxis wird häufig zunächst das Konto „Bezugskosten" zwischengeschaltet, welches dann im Rahmen des Periodenabschlusses auf das Werkstoffaufwandskonto bzw. Wareneinsatzkonto abgeschlossen wird.

Beispiel

Ein Bekleidungsgroßhändler bezieht Waren aus Thailand. Neben dem reinen Warenwert (exkl. Umsatzsteuer) in Höhe von 33.500 € fallen Frachtkosten in Höhe von 700 € sowie Zölle in Höhe von 4104 € an. Es wird die Anwendung einer bestandsorientierten Verbuchung unterstellt.

Eine direkte Verbuchung erfolgt über den Buchungssatz:

Waren (Bestand) (1140)	an	Verbindlichkeiten aus Lieferungen und Leistungen (3300)	38.304 €

Indirekt wird mittels des folgenden Buchungssatzes zunächst das Konto „Bezugsnebenkosten" angesprochen:

Waren (Bestand) (1140)	33.500 €	an	Verbindlichkeiten aus Lieferungen und Leistungen (3300)	38.304 €
Bezugsnebenkosten (5800)	4804 €			

…welches dann im Rahmen der Jahresabschlussarbeiten auf das Wareneingangskonto abgeschlossen wird (Anwendung des Gesamtkostenverfahrens unterstellt):

Aufwendungen für Waren (5080)		an	Bezugsnebenkosten (5800) 4804 €

◄

8.1.5 Buchungstechnische Behandlung der Vorsteuer

Bislang wurde die Verbuchung des Bezuges von Waren und Werkstoffen ohne Berücksichtigung der Umsatzsteuer betrachtet. Die Behandlung der Umsatzsteuer im Einkaufsprozess soll nun gesondert betrachtet werden. Ebenso wie bei Einkäufen im privaten Bereich fallen beim unternehmerischen Bezug von Waren oder Werkstoffen Umsatzsteuern an.

8.1.5.1 Grundlegendes zur Umsatzsteuer in Deutschland

Umsatzsteuer wird erhoben, um den Eintritt von Gütern in den nationalen Markt zu besteuern. In Deutschland wird dabei nicht unterschieden, auf welcher Fertigungs- oder Handelsstufe sich die Waren befinden. Es wird also beispielsweise der Einkauf von Rohmaterialien besteuert, im weiteren Verlauf der Verkauf eines Zwischenproduktes genauso wie der Verkauf an einen Großhändler, dessen Verkauf an einen Einzelhändler und letztlich auch der Verkauf an den Endkunden. Für jeden diese Zwischenschritte werden Umsatzsteuern erhoben. Damit jedoch nicht für ein und dasselbe Produkt unendlich oft Umsatzsteuer zu zahlen ist, sind die bereits gezahlten Umsatzsteuern jeweils abzugsberechtigt. So wird lediglich der auf der entsprechenden Fertigungs- bzw. Handelsstufe entstandene Mehrwert besteuert, der sich durch die Wertschöpfung bei der Verarbeitung und Veräußerung aus Fertigung, Montage, Distribution und Vertrieb ergibt. Da der Mehrwert letztlich die Besteuerungsgrundlage darstellt, wird die Umsatzsteuer im Sprachgebrauch auch als **Mehrwertsteuer** bezeichnet.

Über das beschriebene Vorgehen wird eine Allphasen-Mehrwertsteuer mit Vorsteuerabzug auf allen Fertigungs- und Handelsstufen erhoben. Der Umsatzsteuer unterliegen grundsätzlich alle Lieferungen und Leistungen, die innerhalb Deutschlands im Rahmen einer unternehmerischen Tätigkeit ausgeführt werden (§ 1 Abs. 1.1 Umsatzsteuergesetz

(UStG)). Darüber hinaus entfallen auch auf Privatentnahmen von Unternehmern in Form von Lieferungen und Leistungen, auf die Einfuhr von Gegenständen ins Inland sowie den innergemeinschaftlichen Erwerb Umsatzsteuern (§ 1 Abs. 1.2 bis 1.5 UStG).

Die Berechnung der Umsatzsteuer erfolgt nach der Formel:

Umsatzsteuerbetrag = Nettoentgelt × Umsatzsteuersatz.

Das Bruttoentgelt lässt sich damit wie folgt ermitteln:

Nettoentgelt
+ Umsatzsteuerbetrag
= Bruttoentgelt

Der **Umsatzsteuersatz** in Deutschland beträgt derzeit **19 %** des Verkaufspreises (§ 12 Abs. 1 UstG). Dieser gilt grundsätzlich für alle Waren und Dienstleistungen, für die nicht der ermäßigte Steuersatz von derzeit 7 % bzw. 0 % anzuwenden ist.

Beispiele für Umsätze, auf die der ermäßigte Umsatzsteuersatz von **7 %** anzuwenden ist, sind:

- Grundnahrungsmittel und Leitungswasser,
- Bücher, Zeitungen und Zeitschriften,
- Vermietungen von Wohn- und Schlafräumen zur kurzfristigen Beherbergung,
- Eintrittskarten für Konzerte und Museen sowie für Theater-, Film- und Zirkusvorführungen,
- Personentransporte im öffentlichen Nahverkehr inklusive Taxis und
- Futtermittel.

Der Umsatzsteuersatz reduziert sich auf **0 %** für Lieferungen von Solarmodulen und zugehörigen, zum Betrieb einer Photovoltaikanlage notwendigen Komponenten.

Nicht nur der eigentliche Kaufpreis von Lieferungen und Leistungen unterliegt der Umsatzbesteuerung, sondern auch dazugehörige Nebenleistungen. Unter Nebenleistungen sind dabei zu verstehen:

- Leistungen, die zwar eng mit einer Hauptleistung zusammenhängen und üblicherweise mit dieser zusammen vorkommen,
- die aber im Vergleich zu der Hauptleistung für den Leistungsempfänger nebensächlich sind, da sie keinen eigenen Zweck erfüllen, sondern nur dazu dienen, die Hauptleistung unter optimalen Bedingungen in Anspruch nehmen zu können.

Beispiele für Nebenleistungen sind Versandkosten, Transportversicherungen oder auch Aufwendungen zur Einrichtung und Inbetriebnahme. Der Umsatzsteuersatz für Nebenleistungen orientiert sich an dem Umsatzsteuersatz der zugehörigen Hauptleistungen.

8.1.5.2 Von der Umsatzsteuer zur Vorsteuer

Da grundsätzlich alle Umsätze der Umsatzsteuer unterliegen, fallen auch für die Beschaffung von Waren und Werkstoffen Umsatzsteuern an. Diese werden im Rahmen der Rechnungsstellung vom Lieferanten ausgewiesen und sind vom Unternehmen mit der Fälligkeit der Rechnung an den Lieferanten zu zahlen. Die Umsatzsteuer auf eingehende Waren, Werkstoffe und Leistungen wird auch als **Eingangsumsatzsteuer** oder auch **Vorsteuer** bezeichnet, da sie vor der eigentlichen Leistungserbringung des Unternehmens liegen.

Da jedoch nur der Mehrwert, den das Unternehmen im Zuge seiner Leistungserbringung erschafft, zu versteuern ist, ist die gezahlte Vorsteuer gegenüber der erhaltenen Umsatzsteuer aus Verkaufsprozessen abzugsberechtigt (§ 15 UStG). Die Vorsteuer stellt damit eine Forderung gegenüber den Finanzämtern dar.

Die **Vorsteuer** ist die Umsatzsteuer, die ein Unternehmer einem anderen Unternehmer im Rahmen seiner Leistungen in Rechnung stellt. Da aber nur der Mehrwert mit Umsatzsteuer belastet wird, kann sich der Geschäftspartner die gezahlte Umsatzsteuer als **Vorsteuer** von seinem Finanzamt erstatten lassen, vorausgesetzt, er ist zum Vorsteuerabzug berechtigt.

§ 22 Abs. 1.1 UStG verpflichtet Unternehmen, zur Feststellung der Umsatzsteuer Aufzeichnungen zu machen. Daher sind für die Verbuchung der Vorsteuer (wie auch der Umsatzsteuer) gesonderte Bestandskonten zu verwenden. Auf den aktiven Bestandskonten „Abziehbare Vorsteuer" werden alle von Lieferanten in Rechnung gestellten Umsatzsteuern eingebucht. Die Konten werden dabei nach Umsatzsteuersätzen (19 %, 7 % oder 0 %) differenziert.

> **Beispiel**
>
> Ein Unternehmen kauft Roh-, Hilfs- und Betriebsstoffe aufs Lager im Gesamtwert von 11.900 € inkl. Umsatzsteuer in einem Baumarkt ein. Die Bezahlung erfolgt auf Rechnung. Auf der Rechnung werden folgende Beträge ausgewiesen:
>
> | Nettobetrag | 10.000 € |
> |---|---|
> | + Umsatzsteuer 19 % | 1900 € |
> | = Bruttobetrag | 11.900 € |
>
> Die Verbuchung erfolgt anhand des Buchungssatzes (bestandsorientierte Verbuchung):
>
> | Roh-, Hilfs- und Betriebsstoffe (Bestand) (1000) | 10.000 € | an | Verbindlichkeiten aus Lieferungen und Leistungen (3300) | 11.900 € |
> |---|---|---|---|---|
> | Abziehbare Vorsteuer 19 % (1406) | 1900 € | | | |
>
> ◀

8.2 Buchungen in Produktionsprozessen

Die Verbuchung von Verbräuchen an Roh-, Hilfs- und Betriebsstoffen oder unfertigen Erzeugnissen sowie die Verbuchung der Resultate eines Produktionsprozesses (fertige oder unfertige Erzeugnisse) erfolgt abhängig davon, ob das Unternehmen bei der Aufstellung der Gewinn- und Verlustrechnung das Gesamtkosten- oder das Umsatzkostenverfahren anwendet.

8.2.1 Verbuchung von Produktionsprozessen bei Anwendung des Gesamtkostenverfahrens

8.2.1.1 Verbräuche

Bei der Verbuchung der Verbräuche muss weiterhin unterschieden werden, ob die Beschaffung der Werkstoffe aufwands- oder bestandsorientiert verbucht wurde (Abschn. 8.1.2.1 und 8.1.2.2).

Wurde die Beschaffung von Werkstoffen oder unfertigen Erzeugnissen **aufwandsorientiert** verbucht, ist bereits bei der Beschaffung ein Aufwand verbucht worden (Verbrauchsfiktion). Der tatsächliche Verbrauch wird daher nicht gesondert verbucht. Erst am Ende des Geschäftsjahres erfolgt im Rahmen der Inventur gegebenenfalls eine Korrektur der Bestände.

Bei einer **bestandsorientierten Verbuchung** von Werkstoffen oder unfertigen Erzeugnissen muss der Aufwand zum Zeitpunkt des Verbrauches gebucht werden, da die Beschaffung ergebnisneutral verbucht wurde. Der Verbrauch von Werkstoffen wird im Soll als Aufwand auf den Konten „Aufwendungen für Roh-, Hilfs- und Betriebsstoffe" verbucht. Gleichzeitig wird eine Bestandsabnahme im Haben auf den Aktivkonten „Roh-, Hilfs- und Betriebsstoffe" verbucht.

> **Beispiel**
>
> Ein Maschinenbauunternehmen entnimmt dem Lager zur Herstellung einer Maschine Bleche im Wert von 4700 €. Das Unternehmen wendet das Gesamtkostenverfahren an, die Rohstoffe wurden bestandsorientiert verbucht.
>
> | Rohstoffaufwand (5010) | an | Rohstoffe (Bestand) (1010) | 4700 € |
>
> ◄

Sollten unfertige (Zwischen-)Erzeugnisse in die Produktion eingehen, wird deren Verbrauch als Aufwand im Soll auf dem Konto „Bestandsveränderungen – unfertige Erzeugnisse" und im Haben als Bestandsminderung auf dem Aktivkonto „Unfertige Erzeugnisse (Bestand)" verbucht. Bewertet werden diese mit den durchschnittlichen Herstellungskosten.

8.2 Buchungen in Produktionsprozessen

8.2.1.2 Resultate

Das Ergebnis des Produktionsprozesses (fertige oder unfertige Erzeugnisse) ist bei Anwendung des Gesamtkostenverfahrens als Unternehmenserfolg zu verbuchen. Es erfolgt also eine Buchung im Haben auf den Erfolgskonten „Bestandsveränderungen – fertige Erzeugnisse" oder „Bestandsveränderungen – unfertige Erzeugnisse". Die Gegenbuchung im Soll erfolgt als Zunahme auf den jeweiligen Bestandskonten („Unfertige Erzeugnisse" oder „Fertige Erzeugnisse").

Beispiel

Die fertige Maschine wird mit den Herstellungskosten (4700 € Materialkosten, 1300 € Fertigungskosten und 100 € Fertigungsgemeinkosten) als Bestandsveränderung eingebucht:

Fertige Erzeugnisse (1110)	an	Bestandsveränderungen fertige Erzeugnisse (4800)	6100 €

◀

8.2.2 Verbuchung von Produktionsprozessen bei Anwendung des Umsatzkostenverfahrens

Bei Anwendung des **Umsatzkostenverfahrens** erfolgt bei Erstellung fertiger (oder auch unfertiger) Erzeugnisse keine Verbuchung auf den Erfolgskonten „Bestandsveränderungen fertiger bzw. unfertiger Erzeugnisse". Dagegen werden die entstandenen Aufwendungen mit der Aktivierung der fertigen bzw. unfertigen Erzeugnisse neutralisiert.

Bei **aufwandsorientierter** Verbuchung des Werkstoffbezuges sind die Aufwendungen für Werkstoffe bereits als Aufwand („Herstellungskosten") verbucht worden. Die Aktivierung der fertigen bzw. unfertigen Erzeugnisse erfolgt durch eine Neutralisierung der entstandenen Kosten bei gleichzeitiger Erhöhung der Bestände an fertigen bzw. unfertigen Erzeugnissen.

Beispiel

Für die Herstellung einer Maschine fielen folgende Herstellungskosten an: 4700 € Materialkosten (davon 4000 unfertiges Erzeugnis, 400 € Rohstoffe, 300 € Hilfsstoffe), 1300 € Fertigungskosten und 100 € Fertigungsgemeinkosten. Die Rohstoffe wurden aufwandorientiert verbucht.

Die Verbuchung der fertig gestellten Maschine nach dem Umsatzkostenverfahren erfolgt anhand des Buchungssatzes:

Fertige Erzeugnisse (Bestand) (1110)	6100 €	an	Unfertige Erzeugnisse (Bestand) (1050)	4000 €
			Herstellungskosten (6990)	2100 €

◄

Bei **bestandsorientierter Verbuchung** des Werkstoffbezuges erfolgt die Aktivierung der fertigen bzw. unfertigen Erzeugnisse ähnlich. Nur ist hier zu beachten, dass der Rohstoffbezug nicht als Aufwand, sondern als reine Bestandsveränderung gebucht wurde. Demnach ist bei der Aktivierung der Kosten nicht gegen das Konto „Aufwendungen für Rohstoffe", sondern gegen das Bestandskonto „Rohstoffe (Bestand)"zu buchen.

Beispiel

Für die Herstellung einer Maschine fielen folgende Herstellungskosten an: 4700 € Materialkosten (davon 4000 € unfertiges Erzeugnis, 400 € Rohstoffe, 300 € Hilfsstoffe), 1300 € Fertigungskosten und 100 € Fertigungsgemeinkosten.

Die Verbuchung der fertig gestellten Maschine nach dem Umsatzkostenverfahren erfolgt anhand des Buchungssatzes:

Fertige Erzeugnisse (Bestand) (1110)	6100 €	an	Unfertige Erzeugnisse (Bestand) (1050)	4000 €
			Rohstoffe (Bestand) (1010)	400 €
			Hilfsstoffe (Bestand) (1020)	300 €
			Herstellungskosten (6990)	1400 €

◄

8.3 Buchungen in Umsatzprozessen

Ziel des Leistungsprozesses eines Unternehmens ist es, Erzeugnisse, beschaffte Waren oder Dienstleistungen an Kunden zu verkaufen und **Umsatzerlöse** zu generieren. Dabei sind einerseits die Umsätze zu verbuchen, andererseits aber auch die Bestandsminderungen, die aus dem Verkauf resultieren, festzuhalten.

8.3.1 Verbuchung der Bestandsabnahme

Die **Bestandsveränderung** von fertigen Erzeugnissen oder Waren im Rahmen eines Verkaufes stellt einen Aufwand dar, der den entsprechend erzielten Umsätzen gegenübersteht.

8.3 Buchungen in Umsatzprozessen

Der Aufwand entsteht dabei rechtlich in dem Zeitpunkt, in dem die wirtschaftliche Verfügungsmacht an den Käufer übergeht. In der Praxis erfolgt die Verbuchung des Aufwandes aber häufig bereits, wenn die Ware das Lager verlässt. Basis der Verbuchung sind häufig entsprechende Materialentnahmescheine. Im Einzelhandel vereinfachen Scannerkassen den Buchungsprozess von Abgängen.

Die Verbuchung von Bestandsabnahmen bei Waren erfolgt unterjährig nur dann, wenn sich das Unternehmen für eine **bestandsabhängige Verbuchung** der Waren entschieden hat (inventurunabhängige Methode). Bei Anwendung der **aufwandsorientierten Methode** sind während des Geschäftsjahres keine Bestandsabnahmen zu verbuchen, da bereits der Einkauf der Waren als Aufwand verbucht wurde.

Bei der Verbuchung von Bestandsabnahmen sind analog zur Verbuchung der Beschaffung zwei Verfahren – das Umsatz- und Gesamtkostenverfahren – zu unterscheiden.

Wird das **Gesamtkostenverfahren** angewandt, ist im Soll das Erfolgskonto „Bestandsveränderungen fertige Erzeugnisse" (beim Verkauf von eigenen Erzeugnissen) oder das Erfolgskonto „Aufwendungen für Roh-, Hilfs- und Betriebsstoffe und für bezogene Waren" (beim Verkauf von bezogenen Waren) zu bebuchen, während im Haben eine Buchung auf dem Aktivkonto „Fertige Erzeugnisse" bzw. auf dem Konto „Waren – Bestand" erfolgt. Die Bewertung der Bestandsabnahme erfolgt dabei zu den Anschaffungs- bzw. Herstellungskosten.

> **Beispiel**
>
> Ein Maschinenbauunternehmen liefert eine selbst erstellte Maschine im Wert von 8000 € an einen Kunden aus. Das Unternehmen wendet das Gesamtkostenverfahren an. Die Verbuchung des Abgangs der Maschine aus dem Lager erfolgt anhand des Buchungssatzes:
>
> | Bestandsveränderung fertige Erzeugnisse (4800) | an | Fertige Erzeugnisse (1110) | 8000 € |
> |---|---|---|---|
>
> Ein Großhändler für Maschinen liefert eine Maschine im Wert von 8000 € an einen Kunden aus. Der Großhändler wendet ebenfalls das Gesamtkostenverfahren an und hat den Bezug der Waren bestandsorientiert verbucht. Die Verbuchung des Abgangs der Maschine aus dem Lager erfolgt anhand des Buchungssatzes:
>
> | Aufwendungen für bezogene Waren (5080) | an | Waren (Bestand) (1140) | 8000 € |
> |---|---|---|---|
>
> ◂

Bei Anwendung des **Umsatzkostenverfahrens** ist im Soll das Aufwandskonto „Herstellungskosten" und im Haben das Aktivkonto „Fertige Erzeugnisse" bzw. das Konto „Waren – Bestand" zu bebuchen.

> **Beispiel**
>
> Ein Maschinenbauunternehmen liefert eine selbst erstellte Maschine im Wert von 8000 € an einen Kunden aus. Das Unternehmen wendet das Umsatzkostenverfahren an. Die Verbuchung des Abgangs der Maschine aus dem Lager erfolgt anhand des Buchungssatzes:
>
> | Herstellungskosten (6990) | an | Fertige Erzeugnisse (1110) | 8000 € |
> |---|---|---|---|
>
> Ein Großhändler für Maschinen liefert eine Maschine im Wert von 8000 € an einen Kunden aus. Der Großhändler wendet das Umsatzkostenverfahren an und hat den Wareneinkauf bestandsorientiert verbucht. Die Verbuchung des Abgangs der Maschine aus dem Lager erfolgt anhand des Buchungssatzes:
>
> | Herstellungskosten (6990) | an | Waren (Bestand) (1140) | 8000 € |
> |---|---|---|---|
>
> ◀

8.3.2 Verbuchung von Umsätzen

Neben dem Abgang von Waren bzw. Erzeugnissen gehört die Einbuchung des entstandenen Erlöses zum Umsatzprozess. Diese erfolgt in der Regel mit der Rechnungserstellung bzw. dem Erstellen des Kassenbeleges im Einzelhandel. Die Verbuchung des Verkaufes erfolgt zum Verkaufspreis. Dieser Erlös wird im Haben auf die Ertragskonten der Gruppe „Umsatzerlöse" gebucht, die regelmäßig zunächst nach Umsatzsteuersätzen und weiter je nach Sortiment des Unternehmens in Unterkonten unterteilt werden. Vereinbarte Nebenleistungen werden analog der Hauptleistung verbucht.

Die Sollbuchung dagegen erfolgt je nach Zahlweg. Findet ein Barverkauf statt, wird das Konto „Kasse" angesprochen, bei einer Zahlung per Sofortüberweisung das Konto „Bank". Findet ein Verkauf auf Rechnung mit einem vereinbarten Zahlungsziel statt, wird das Konto „Forderungen aus Lieferungen und Leistungen" im Soll bebucht.

> **Beispiel**
>
> Der Großhändler erstellt eine Rechnung für die ausgelieferte Maschine im Wert von 10.000 € (Umsatzsteuer bleibt vorerst unberücksichtigt). Das Zahlungsziel beträgt 30 Tage.
>
> | Forderungen aus Lieferungen und Leistungen (1200) | an | Umsatzerlöse (19 % Umsatzsteuer) (4400) | 10.000 € |
> |---|---|---|---|

Ein Einzelhändler verkauft Lebensmittel an einen Kunden im Wert von 40 €. Der Kunde erhält einen Kassenzettel und zahlt die Summe in bar (Umsatzsteuerliche Belange bleiben vorerst unberücksichtigt).

| Kasse (1600) | an | Umsatzerlöse (7 % Umsatzsteuer) (4300) | 40 € |

◄

8.3.3 Buchungstechnische Behandlung von gewährten Preisnachlässen

Die Erfassung von Preisnachlässen kann zum einen separat oder zum anderen direkt mit den Umsatzerlösen zusammen vorgenommen werden.

Eine separate Erfassung ist bei nachträglich gewährten Preisnachlässen, wie beispielsweise Boni, geboten, empfiehlt sich aber auch um eine bessere Nachvollziehbarkeit der Erfolgsquellen zu gewährleisten. Bei dieser **indirekten** Verbuchung werden Preisnachlässe zunächst auf Unterkonten erfasst:

- Skonti werden im Soll auf dem Ertragskonto „Gewährte Skonti" erfasst.
- Boni werden auf dem Konto „Gewährte Boni" erfasst.
- Nachträglich eingeräumte Rabatte sind auf dem Konto „Gewährte Rabatte" einzubuchen.
- Andere Minderungen des Kaufpreises sind auf dem Konto „Erlösschmälerungen" einzubuchen.

Im Zuge der Jahresabschlussarbeiten werden diese Konten gegen das Konto „Umsatzerlöse" gebucht und mindern so die Summe der ausgewiesenen Umsatzerlöse.

Sind die Preisnachlässe direkt den zugrunde liegenden Umsätzen zuordenbar und sollen sie nicht separat erfasst werden, ist auch eine **direkte** Verbuchung im Soll auf dem Konto „Umsatzerlöse" möglich.

Beispiel

Ein Baustoffhändler gewährt einem Kunden nachträglich einen Treuerabatt in Höhe von 5 % auf den letzten Einkauf im Wert von 12.300 € (Umsatzsteuerliche Betrachtungen bleiben zunächst außen vor).

Eine direkte Verbuchung bei dem Baustoffhändler würde durch den Buchungssatz erfolgen:

| Umsatzerlöse (19 % Umsatzsteuer) (4400) | an | Forderungen aus Lieferungen und Leistungen (1200) | 615 € |

Soll die Verbuchung indirekt erfolgen ist folgendermaßen zu buchen:

| Gewährte Rabatte (4770) | an | Forderungen aus Lieferungen und Leistungen (1200) | 615 € |

Im Zuge der Jahresabschlussarbeiten erfolgt dann die Umbuchung:

| Umsatzerlöse (19 % Umsatzsteuer) (4400) | an | Gewährte Rabatte (4770) | 615 € |

◄

8.3.4 Buchungstechnische Behandlung der Umsatzsteuer

Die Grundlagen zur Umsatzbesteuerung in Deutschland gelten für Umsatzprozesse analog zu denen in Beschaffungsprozessen. Daher wird für die grundlegenden Sachverhalte zur Umsatzsteuer auf Abschn. 8.1.5.1 verwiesen.

Im Rahmen des Verkaufsprozesses wird die Umsatzsteuer auf den (Netto-)Verkaufspreis erhoben und in der Rechnung an den Kunden separat ausgewiesen. Die erhaltene Umsatzsteuer wird auch als Ausgangsumsatzsteuer bezeichnet.

Berechnung der Umsatzsteuer: = **Nettoentgelt x Umsatzsteuer-Satz**.

Nettoentgelt
+ Umsatzsteuerbetrag
= Bruttoentgelt

Die Umsatzsteuer ist durch den Kunden an das Unternehmen zu zahlen. Im Unternehmen wird diese erhaltene Umsatzsteuer gesammelt und zum Periodenende (nach Gegenrechnung der Vorsteuer) an das Finanzamt abgeführt. Dadurch entsteht regelmäßig eine Verbindlichkeit gegenüber den Finanzämtern.

Die Einbuchung der Umsatzsteuer beim Verkauf erfolgt im Rahmen der Rechnungsstellung (bzw. im Einzelhandel mit Erstellung des Kassenbons) im Haben auf den Passivkonten „Umsatzsteuer". Die Konten der Umsatzsteuer aus dem Verkauf werden in der Praxis nach den entsprechenden Umsatzsteuersätzen differenziert.

Beispiel

Ein Unternehmen verkauft an ein anderes Unternehmer Handelswaren im Nettowert von 2400 € auf Rechnung, die nicht dem ermäßigten Steuersatz unterliegen.

8.4 Behandlung der Umsatzsteuervorauszahlungen

Die Verbuchung erfolgt anhand des Buchungssatzes:

Forderungen aus Lieferungen und Leistungen (1200)	2856 €	an	Umsatzerlöse (19 % Umsatzsteuer) (4400)	2400 €
			Umsatzsteuer 19 % (3806)	456 €

8.4 Behandlung der Umsatzsteuervorauszahlungen

Wie in Abschn. 8.1.5 und 8.3.4 beschrieben, erfolgen während der Geschäftsperiode zum einen Buchungen der Umsatzsteuer aus dem Einkauf von Waren als Vorsteuern und zum anderen Buchungen der Umsatzsteuer aus Umsätzen. Zum Ende des Voranmeldezeitraumes ist eine Verrechnung der Umsatzsteuerkonten und der Vorsteuerkonten vorzunehmen und damit der Saldo zu ermitteln, der eine **Zahllast** oder einen **Erstattungsanspruch** gegenüber dem Finanzamt darstellt.

Die Zahllast oder der Erstattungsanspruch gegenüber dem Finanzamt lässt sich wie folgt ermitteln:

Umsatzsteuer
./. Vorsteuer
= Zahllast bzw. Erstattungsanspruch

8.4.1 Umsatzsteuervoranmeldung

Gerade Unternehmen, die regelmäßig eine hohe Umsatzsteuerzahllast ausweisen, werden vom Finanzamt dazu angehalten, auch unterjährig periodische Umsatzsteuervoranmeldungen durchzuführen (§ 18 UStG). Der Voranmeldezeitraum ist dabei von der Zahllast des vorangegangenen Kalenderjahres abhängig. **Voranmeldezeiträume** können sein:

- keine Voranmeldung (bei einer Zahllast von weniger als 1000 €),
- vierteljährlich (Zahllast zwischen 1000 € und 7500 €; dies ist der Regel-Zeitraum) oder
- monatlich (Zahllast größer als 7500 €).

Auf Basis dieser Voranmeldungen sind je nach Voranmeldezeitraum auch unterjährig bereits Umsatzsteuervorauszahlungen zu leisten (bzw. werden Erstattungen durch das Finanzamt vorgenommen). Zusätzlich zur Umsatzsteuervoranmeldung ist zum Ende des

Kalenderjahres eine gesonderte Umsatzsteuererklärung abzugeben, um eventuelle Abweichungen von den Umsatzsteuervorauszahlungen auszugleichen.

Die Abführung aufgrund einer Zahllast aus der Umsatzsteuervoranmeldung wird im Soll des Kontos „Umsatzsteuer-Vorauszahlungen" verbucht. Eine Einzahlung des Finanzamtes wird dagegen im Haben des gleichen Kontos eingebucht.

Beispiel

Auf Basis der Umsatzsteuervoranmeldung wird für ein Unternehmen eine Zahllast in Höhe von 4800 € ermittelt. Die Zahlung an das Finanzamt wird wie folgt verbucht:

Umsatzsteuer-Vorauszahlung (3820)	an	Bank (1800)	4800 €

Im nächsten Meldezeitraum ergibt sich für das Unternehmen ein Erstattungsanspruch aus der Umsatzsteuervoranmeldung in Höhe von 300 €. Die Zahlung durch das Finanzamt wird wie folgt verbucht:

Bank (1800)	an	Umsatzsteuer-Vorauszahlung (3820)	300 €

8.4.2 Abschluss der Umsatzsteuerkonten

Im Rahmen des Jahresabschlusses werden die **Umsatzsteuerkonten** vor den anderen Bestandskonten abgeschlossen. Dabei erfolgt eine Umbuchung der Zahlungen bzw. Erstattungen aus den Voranmeldungen. Darauf basierend wird die finale Zahllast bzw. der finale Erstattungsanspruch ermittelt, der sich nach Abschluss des Geschäftsjahres gegenüber dem Finanzamt ergibt.

Zunächst werden alle Vorsteuerkonten auf das Konto Umsatzsteuer-Vorauszahlungen abgeschlossen. Der Buchungssatz lautet:

Umsatzsteuer-Vorauszahlung (3820)	an	Abziehbare Vorsteuer (1400)

Nachfolgend werden die Umsatzsteuerkonten abgeschlossen:

Umsatzsteuer (3800)	an	Umsatzsteuer-Vorauszahlungen (3820)

Ergibt der Saldo des Kontos „Umsatzsteuer-Vorauszahlungen" eine **Zahllast**, so ist diese anhand des folgenden Buchungssatzes als Verbindlichkeit einzubuchen:

8.4 Behandlung der Umsatzsteuervorauszahlungen

Umsatzsteuer-Vorauszahlungen (3820)	an	Verbindlichkeiten aus Umsatzsteuer-Vorauszahlungen (3860)

Ein **Erstattungsanspruch** wäre durch folgende Buchung abzubilden:

Forderungen aus Umsatzsteuer-Vorauszahlungen (1420)	an	Umsatzsteuer-Vorauszahlungen (3820)

Beispiel

Auf den Umsatzsteuerkonten eines Unternehmens bestanden zum Ende des Geschäftsjahres folgende Salden:

Abziehbare Vorsteuer 19 %	730 €
Abziehbare Vorsteuer 7 %	8 €
Umsatzsteuer 19 %	2300 €
Umsatzsteuer 7 %	21 €
Umsatzsteuer-Vorauszahlungen	5800 €

Schritt 1: Zum Periodenende werden die Vor- und Umsatzsteuerkonten jeweils einzeln gegen das Konto „Umsatzsteuer-Vorauszahlungen" abgeschlossen:

Umsatzsteuer-Vorauszahlungen (3820)	an	Abziehbare Vorsteuer 19 % (1406)	730 €
Umsatzsteuer-Vorauszahlungen (3820)	an	Abziehbare Vorsteuer 7 % (1401)	8 €
Umsatzsteuer 19 % (3806)	an	Umsatzsteuer-Vorauszahlungen (3820)	2300 €
Umsatzsteuer 7 % (3801)	an	Umsatzsteuer-Vorauszahlungen (3820)	21 €

Schritt 2: Ermittlung des Saldos auf dem Konto Umsatzsteuer-Vorauszahlungen:

Soll		3820	Haben
AB	5.800 €	3806	2300 €
1406	730 €	3801	21 €
1401	8 €	**Saldo:**	**4.217 €**
Summe	6.538 €	Summe	6.538 €

Schritt 3: Da sich auf dem Konto „Umsatzsteuer-Vorauszahlungen" ein Soll-Saldo, also ein Erstattungsanspruch ergibt, wird es auf das Konto „Forderungen aus Umsatzsteuer-Vorauszahlungen" abgeschlossen:

Forderungen aus Umsatzsteuer-Vorauszahlungen (1420)	an	Umsatzsteuer-Vorauszahlungen (3820)	4217 €

◄

8.5 Zusammenfassung und Aufgaben

Der Leistungsprozess eines Unternehmens – Beschaffung – Produktion – Absatz – stellt auch in der Buchhaltung einen zentralen Schwerpunkt dar. Die Verbuchung der jeweiligen Stufen des Leistungsprozesses ist dabei zum einen abhängig von der Frage, ob das Unternehmen das Gesamtkosten- oder Umsatzkostenverfahren anwendet, und zum anderen, ob bestands- oder aufwandsorientiert verbucht wird. Je nachdem ergeben sich unterschiedliche Stränge der Verbuchung entlang des Leistungsprozesses. Eine weitere Besonderheit entsteht durch die umsatzsteuerliche Relevanz der Beschaffungs- und der Absatzvorgänge. Die daraus resultierende Umsatzsteuerzahllast (oder der Erstattungsanspruch) wird regelmäßig durch Umsatzsteuervorauszahlungen auf das Geschäftsjahr verteilt.

8.5.1 Lernkontrollfragen zu Kap. 8

- Wie lassen sich Roh-, Hilfs- und Betriebsstoffe voneinander abgrenzen? Was kennzeichnet Waren? Abschn. 8.1.1
- Nennen Sie bitte mögliche Vor- und Nachteile der bestandsorientieren Verbuchung der Beschaffung im Gegensatz zur aufwandsorientierten Verbuchung. Abschn. 8.1.2
- Wie lassen sich die Begriffe Rabatte, Boni und Skonti voneinander abgrenzen? Welche buchungstechnischen Besonderheiten sind zu beachten? Abschn. 8.1.3
- Welche Geschäftsvorfälle sind von der Umsatzsteuer betroffen? Was ist die entsprechende Besteuerungsgrundlage? Abschn. 8.1.5.1
- Welche Umsatzsteuersätze werden unterschieden? Wie hoch sind diese aktuell? Für welche Warengruppen werden diese jeweils herangezogen? Abschn. 8.1.5.1
- Was verbirgt sich hinter dem Begriff Vorsteuer? Wie wird diese verbucht? Abschn. 8.1.5.2
- Wie wird der Verbrauch von Rohstoffen in Produktionsprozessen verbucht, wenn die Beschaffung nach dem Gesamtkostenverfahren aufwandsorientiert verbucht wurde? Abschn. 8.2.1.1
- Wie werden fertige Erzeugnisse nach dem Umsatzkostenverfahren eingebucht? Abschn. 8.2.2

8.5 Zusammenfassung und Aufgaben

- Wie wird eine Bestandsabnahme an fertigen Erzeugnissen bei Verkauf verbucht, wenn das Unternehmen das Gesamtkostenverfahren anwendet? Abschn. 8.3.1
- Wie erfolgt die Verbuchung von Umsatzerlösen? Abschn. 8.3.2
- Wie wird die Umsatzsteuerzahllast gegenüber dem Finanzamt ermittelt? Abschn. 8.4.1

8.5.2 Aufgaben

Aufgabe 1: Verbuchung der Beschaffung von Waren
Ein Spielwarenhersteller kauft Holzrohlinge aus Buchenholz für die Herstellung von Kinderspielzeug ein. Die Rechnung beläuft sich auf 23.800 € inkl. Umsatzsteuer und ist innerhalb von 10 Tagen abzüglich 3 % Skonto zahlbar. Das Unternehmen wendet das Gesamtkostenverfahren an und verbucht die Beschaffung bestandsorientiert. Die Rechnung wird nach 7 Tagen per Banküberweisung beglichen.

Bitte nehmen Sie die Verbuchung des Einkaufes und der Begleichung der Rechnung vor.

Aufgabe 2: Verbuchung der Vorsteuer
Ein Kiosk kauft bei einem Verlag Zeitschriften im Warenwert von 1100 € zzgl. Umsatzsteuer ein. Nehmen Sie bitte die Verbuchung beim Kiosk vor. Der Kiosk verbucht eingehende Ware aufwandsorientiert und wendet das Gesamtkostenverfahren an.

Aufgabe 3: Verbuchung des Leistungsprozesses bei Anwendung des Umsatzkostenverfahrens
Ein Spielwarenhersteller kauft 40.000 Holzrohlinge aus Buchenholz für die Herstellung von Kinderspielzeug ein. Die Rechnung beläuft sich auf 23.800 € inkl. Umsatzsteuer und ist innerhalb von 10 Tagen abzüglich 3 % Skonto zahlbar. Das Unternehmen wendet das Umsatzkostenverfahren an und verbucht die Beschaffung aufwandsorientiert. Die Rechnung wird nach 7 Tagen per Banküberweisung beglichen.

1. Bitte nehmen Sie die Verbuchung des Einkaufes und der Begleichung der Rechnung vor.

Von den Holzrohlingen werden 400 Stück für die Produktion von Bauklötzen verwendet. Neben den Kosten für die Rohlinge entstanden pro Baustein folgende weitere Kosten: 0,25 € Farbe, 0,70 € Fertigungskosten und 0,05 € Fertigungsgemeinkosten.

2. Bitte nehmen Sie die Verbuchung des Verbrauchs an Holzrohlingen vor.
3. Bitte buchen Sie die Erhöhung des Bestandes an fertigen Bauklötzen.

Die fertigen Bauklötze aus dieser Produktion werden von einer Kindertagesstätte zu einem Preis von 1000 € zzgl. Umsatzsteuer über den Online-Shop verkauft. Mit dem

Versand der Bauklötze wird eine Rechnung ausgestellt. Die Rechnung wird vom Kunden nach 8 Tagen abzüglich 10 % Skonto beglichen.

4. Bitte nehmen Sie die Verbuchung der Bestandsabnahme, der Rechnung sowie des Ausgleiches der Rechnung vor.

Aufgabe 4: Abschluss Umsatzsteuerkonten

Auf den Umsatzsteuerkonten eines Unternehmens bestanden zum Ende des Geschäftsjahres folgende Salden:

Abziehbare Vorsteuer 19 %	13.341 €
Abziehbare Vorsteuer 7 %	254 €
Umsatzsteuer 19 %	31.489 €
Umsatzsteuer 7 %	0 €
Umsatzsteuer-Vorauszahlungen	16.000 €

a. Schließen Sie bitte die einzelnen Umsatzsteuerkonten ab. Welcher Saldo ergibt sich auf dem Konto Umsatzsteuervoranmeldung? Liegt eine Zahllast oder ein Erstattungsanspruch gegenüber dem Finanzamt vor?

b. Schließen Sie bitte das Konto Umsatzsteuer-Vorauszahlungen ab. Welches Gegenkonto sprechen Sie hierbei an?

8.5.3 Lösungen

Aufgabe 1: Verbuchung der Beschaffung von Waren

Verbuchung des Einkaufes:

Rohstoffe (1010)	20.000 €	an	Verbindlichkeiten aus Lieferungen und Leistungen (3300)	23.800 €
Abziehbare Vorsteuer 19 % (1406)	3800 €			

Begleichung der Rechnung:

Verbindlichkeiten aus Lieferungen und Leistungen (3300)	23.800 €	an	Bank (1800)	23.086 €
			Erhaltene Skonti (5730)	600 €
			Abziehbare Vorsteuer 19 % (1406)	114 €

8.5 Zusammenfassung und Aufgaben

Aufgabe 2: Verbuchung der Vorsteuer

Wareneingang (5200)	1 100 €	an	Verbindlichkeiten aus Lieferungen und Leistungen (3300)	1 177 €
Abziehbare Vorsteuer 7 % (1401)	77 €			

Aufgabe 3: Verbuchung des Leistungsprozesses bei Anwendung des Umsatzkostenverfahrens

1. Verbuchung des Einkaufes und der Begleichung der Rechnung:

Aufwendungen Rohstoffe (5010)	20.000 €	an	Verbindlichkeiten aus Lieferungen und Leistungen (3300)	23.800 €
Abziehbare Vorsteuer 19 % (1406)	3.800 €			

Verbindlichkeiten aus Lieferungen und Leistungen (3300)	23.800 €	an	Bank (1800)	23.086 €
			Erhaltene Skonti (5730)	600 €
			Abziehbare Vorsteuer 19 % (1406)	114 €

2. Da bereits der Einkauf als Aufwand verbucht wurde, erfolgt bei Verbrauch der Rohstoffe keine weitere Verbuchung.
3. Die Erhöhung des Bestandes an fertigen Bauklötzen erfolgt durch Aktivierung der entstandenen Kosten:

Fertige Erzeugnisse (Bestand) (1110)	600 €	an	Aufwendungen Rohstoffe (5010)	200 €
			Aufwendungen Hilfsstoffe (5020)	100 €
			Löhne (6010)	280 €
			Sonstige betriebliche Aufwendungen (6300)	20 €

4. Verbuchung der Bestandsabnahme:

Herstellungskosten (6990)		an	Fertige Erzeugnisse (1110)	600 €

Einbuchung der Rechnung:

Forderungen aus Lieferungen und Leistungen (1200)	1190 €	an	Umsatzerlöse (19 % Umsatzsteuer) (4400)	1000 €
			Umsatzsteuer 19 % (3806)	190 €

Begleichung der Rechnung:

Bank (1800)	1071 €	an	Forderungen aus Lieferungen und Leistungen (1200)	1190 €
Gewährte Skonti (4730)	100 €			

Aufgabe 4: Abschluss Umsatzsteuerkonten

a)

Umsatzsteuer-Vorauszahlungen (3820)		an	Abziehbare Vorsteuer 19 % (1406)	13.341 €
Umsatzsteuer-Vorauszahlungen (3820)		an	Abziehbare Vorsteuer 7 % (1401)	254 €
Umsatzsteuer 19 % (3806)		an	Umsatzsteuer-Vorauszahlungen (3820)	31.489 €

Es liegt eine Zahllast in Höhe von 1894 € gegenüber dem Finanzamt vor.

b)

Soll	3820		Haben
AB	16.000 €	3806	31.489 €
1406	13.341 €		
1401	254 €		
Saldo:	**1894 €**		
Summe	31.489 €	Summe	31.489 €

Umsatzsteuer-Vorauszahlungen (3820)		an	Verbindlichkeiten aus Umsatzsteuervorauszahlungen (3860)	1894 €

Literatur

Eisele, W., & Knobloch, A. (2019). *Technik des betrieblichen Rechnungswesens* (9. Aufl.). München: Verlag Franz Vahlen.
Schäfer-Kunz, J. (2019). *Buchführung und Jahresabschluss.* Schäffer-Poeschel.
Wöhe, G., & Kussmaul, H. (2022). *Grundzüge der Buchführung und Bilanztechnik.* Vahlen.

9 Verbuchung von betrieblichen Aufwendungen

> **Lernziele**
> - Welche laufenden Aufwendungen fallen im Rahmen eines Geschäftsbetriebes an?
> - Was fällt unter den Begriff Personalaufwendungen?
> - Verbuchung von Löhnen und Gehältern.
> - Was sind Sachbezüge?
> - Ermittlung und Verbuchung der Beiträge zu Sozialversicherungen.
> - Wie werden Lohnsteuereinbehalte ermittelt und buchhalterisch behandelt?
> - Verbuchung von bezogenen Leistungen und sonstigen betrieblichen Aufwendungen.

9.1 Verbuchung von Personalaufwendungen

Im Rahmen des gewöhnlichen Geschäftsbetriebes werden laufend Aufwendungen verursacht, die das Betriebsergebnis eines Unternehmens mindern. Fast jedes Unternehmen setzt Personal ein, um seinen Geschäftszweck zu verfolgen, seien es Vertriebsmitarbeiter im Handel, Produktionsmitarbeiter in Fertigungsbetrieben oder Pflegekräfte im Gesundheitswesen.

Personalaufwendungen entstehen also durch den Einsatz des Produktionsfaktors Arbeit im betrieblichen Leistungsprozess. Dabei fallen nicht nur durch die eigentlichen (Brutto-)Löhne und Gehälter Aufwendungen an, sondern auch durch die gesetzlichen und freiwilligen Sozialleistungen. Darüber hinaus können Sachbezüge, Boni oder Gratifikationen den Personalaufwand erhöhen. Die Lohnbuchhaltung führt in der Regel für jeden Beschäftigten ein eigenes Unterkonto, auf dem die jeweiligen Aufwendungen erfasst werden.

9.1.1 Löhne und Gehälter

Die Aufwendungen für den Personaleinsatz, die in Zuwendungen an die Beschäftigten resultieren, können einerseits eingeteilt werden in:

- **Löhne** – Zuwendungen an hauptsächlich körperlich arbeitende Arbeiter und
- **Gehälter** – Zuwendungen an überwiegend geistig arbeitende Angestellte.

Weiterhin wird unterschieden, ob es sich bei den Zuwendungen um finanzielle Bezüge oder Sachbezüge handelt.
Finanzielle Bezüge sind neben den laufenden Lohn- und Gehaltszahlungen auch Einmalzahlungen wie beispielsweise Urlaubs- oder Weihnachtsgeld und Boni oder Gratifikationen.
Sachbezüge können beispielsweise die private Nutzung von Dienstfahrzeugen oder Personalrabatte sein.
Nachfolgend soll die Verbuchung der regelmäßig am häufigsten auftretenden Fälle von Löhnen und Gehältern aufgezeigt werden.

9.1.1.1 Verbuchung von laufenden Geldbezügen

In den Arbeitsverträgen wird regelmäßig ein gleich bleibender fixer monatlicher Betrag für die Vergütung der erbrachten Arbeitsleistung vereinbart. Beispiele dafür sind

- Gehälter von Angestellten,
- Löhne von Arbeitern oder
- Ausbildungsentgelte von Auszubildenden.

Die Verbuchung dieser laufenden Entgeltzahlungen erfolgt im Soll auf dem Aufwandskonto „Löhne" bzw. „Gehälter". Dabei wird jeweils zunächst ein personenindividuelles Unterkonto angesprochen, welche später zu den entsprechenden Konten aufsummiert werden.
Die Gegenbuchung erfolgt in der Praxis zum Zeitpunkt der Erstellung der Lohn- und Gehaltsabrechnung zunächst auf den (wiederum nach Zahlungsempfängern differenzierten) Verbindlichkeitskonten. Die Verbindlichkeitskonten werden mit dem Zahllauf der Lohn- und Gehaltszahlung gegen das Konto „Bank" ausgeglichen.

> **Beispiel**
>
> Der Angestellte Peters erhält ein monatliches Gehalt in Höhe von 2700 € (hier zunächst netto – die Behandlung des Lohnsteuereinbehaltes erfolgt in Abschn. 9.1.3).
> Mit Erstellung der monatlichen Gehaltsabrechnung wird folgendermaßen gebucht:
>
> | Gehälter (6020) | an | Verbindlichkeiten aus Lohn und Gehalt (3720) | 2700 € |

9.1 Verbuchung von Personalaufwendungen

Mit dem Zahllauf, der die Gehaltszahlung an Peters beinhaltet, wird das Verbindlichkeitenkonto ausgeglichen:

Verbindlichkeiten aus Lohn und Gehalt (3720)	an	Bank (1800)	2700 €

Auch betragsmäßig schwankende Zahlungen für Löhne und Gehälter sind möglich, beispielsweise **Zeit- oder Akkordlöhne**. Die Verbuchung erfolgt hier nach Feststellung des Leistungsumfangs analog der monatlich fixen Lohn- und Gehaltszahlungen.

Neben den Lohn- und Gehaltszahlungen können auch weitere monatlich wiederkehrende Beträge wie beispielsweise Zuschüsse zur Vermögensbildung gezahlt werden (**vermögenswirksame Leistungen**). Die Anteile des Arbeitgebers an den vermögenswirksamen Leistungen stellen für den Arbeitgeber ebenfalls Personalaufwand dar. Das Unternehmen führt sowohl den eigenen Anteil als auch den Anteil des Arbeitnehmers an das entsprechende vermögensbildende Institut ab.

Beispiel

Mitarbeiterin Friese zahlt monatlich 40 € vermögenswirksame Leistungen auf einen Bausparvertrag ein. Dabei übernimmt das arbeitgebende Unternehmen 26 €, die Mitarbeiterin trägt 14 €.

Zunächst erfolgt die Umbuchung des Anteils der Mitarbeiterin (als direkter Einbehalt vom Lohn).

Löhne (6010)	an	Verbindlichkeiten aus Vermögensbildung (3770)	14 €

Die Buchung des Arbeitgeberanteils erfolgt durch:

Vermögenswirksame Leistungen (6080)	an	Verbindlichkeiten aus Vermögensbildung (3770)	26 €

Zum Zahlungszeitpunkt wird der gesamte monatliche Sparbetrag an die Bausparkasse überwiesen:

Verbindlichkeiten aus Vermögensbildung (3770)	an	Bank (1800)	40 €

Häufig zahlen Unternehmen neben den monatlichen Bezügen auch **Urlaubs- oder Weihnachtsgeld**. Überdies können variable Gehaltsbestandteile vereinbart werden, wie beispielsweise **Boni,** die bei Erreichen bestimmter im Voraus vereinbarter Ziele ausgezahlt werden. Diese Sonderzahlungen werden ebenso wie laufende Lohn- und Gehaltszahlungen behandelt und verbucht.

9.1.1.2 Verbuchung von Sachbezügen

Sachbezüge sind Vergütungen für erbrachte Leistungen, die nicht monetär sind. Sie werden auch als **geldwerte Vorteile** bezeichnet. Für die Verbuchung der Sachbezüge ist zunächst wichtig zu ermitteln, mit welchem Sachbezugswert diese anzusetzen sind.

Einer der am häufigsten auftretenden Sachbezüge ist die **Überlassung von Dienstfahrzeugen zur privaten Nutzung.** Nutzt der Arbeitnehmer seinen Dienstwagen auch privat, entsteht ihm dadurch ein geldwerter Vorteil. Dieser Geldwert kann wahlweise durch eine der beiden Methoden ermittelt werden (§ 8 Einkommensteuergesetz sowie Lohnsteuerrichtlinie 8.1 (Lohnsteuerrichtlinie (2024)):

- 1 %-Regelung: Bei dieser Methode wird als monatlicher geldwerter Vorteil 1 % des Bruttolistenpreises des Fahrzeuges angesetzt. Wird das Fahrzeug auch (wie üblich) für Fahrten zwischen Wohnung und Arbeitsstätte eingesetzt, sind zusätzlich 0,03 % des Bruttolistenpreises je Entfernungskilometer zwischen Wohnung und Arbeitsstätte anzusetzen.
- Fahrtenbuchmethode: Hier sind alle Fahrten des Dienstfahrzeuges zu dokumentieren. Dabei wird jeweils gekennzeichnet, ob es sich um private oder dienstliche Fahrten handelt. Das Unternehmen legt dann alle durch das Fahrzeug entstehenden Aufwendungen (Abschreibungen, Steuern, Versicherungen etc.) anteilig auf die private Nutzung um. Diese Umlage entspricht dem geldwerten Vorteil.

Ein geldwerter Vorteil aus der **verbilligten oder kostenlosen Abgabe von Erzeugnissen oder Waren** liegt vor, wenn diese dem Arbeitnehmer zu einem Preis unterhalb des Endverbraucherpreises abzgl. typischer Rabatte, die auch Kunden gewährt werden, überlassen werden. Der geldwerte Vorteil besteht aus der Differenz zwischen dem Endverbraucherpreis abzgl. typischer Rabatte und dem Preis, zu dem der Arbeitnehmer die Ware bezogen hat, sowie einem Abschlag von 4 % auf den rabattierten Endverbraucherpreis. Weiterhin ist eine Freibetragsregelung von 1080 € jährlich pro Mitarbeiter zu beachten (§ 8 Abs. 3 EstG).

Alle Sachbezüge sind in der Regel in vollem Umfang steuer- und sozialversicherungspflichtig.

Die **Verbuchung der geldwerten Vorteile** erfolgt so, als wenn das Unternehmen dem Arbeitnehmer diesen Vorteil „verkaufen" würde und den Kaufpreis als zusätzlichen Lohn bzw. als Gehalt einbucht. Die Buchung erfolgt demnach im Soll auf dem Aufwandskonto „Löhne und Gehälter", während die Habenbuchung entweder auf dem Ertragskonto

9.1 Verbuchung von Personalaufwendungen

„Verrechnete sonstige Sachbezüge 19 % USt" für die private Nutzung von Kfz bzw. auf dem Ertragskonto „Sachbezüge (Waren)" für die verbilligte Abgabe von Erzeugnissen und Waren erfolgt.

> **Beispiel**
>
> Die leitende Angestellte Fredriks nutzt den ihr zur Verfügung gestellten Dienstwagen auch privat. Der Bruttolistenpreis des Fahrzeuges betrug 50.000 € inkl. Sonderausstattungen. Frau Fredriks Wohnung liegt 5 km von der Arbeitsstätte entfernt. (Eine lohnsteuerliche sowie umsatzsteuerliche Belastung bleibt vorerst außen vor.) Zunächst ist der geldwerte Vorteil zu ermitteln:
>
> 1 % von 50.000 € = 500 €
> 0,03 % von 50.000 € * 5 km = 75 €
>
> Der monatliche geldwerte Vorteil beläuft sich auf 575 €.
> Die Verbuchung erfolgt monatlich:
>
> | Gehälter (6020) | an | Verrechnete sonstige Sachbezüge 19 % USt (4947) | 575 € |
>
> ◄

9.1.2 Sozialversicherungsbeiträge

Beiträge zu den Sozialversicherungen wie Arbeitslosenversicherung, Rentenversicherung, Kranken- und Pflegeversicherung werden in der Regel von Arbeitnehmern und Arbeitgebern gemeinsam aufgebracht. Der Arbeitnehmeranteil wird dabei als Abzug vom Lohn einbehalten. Der Arbeitgeberanteil erhöht die Personalaufwendungen. Der gemeinsame Beitrag wird monatlich von dem Unternehmen an die Sozialversicherungsträger abgeführt.

Die Bemessungsgrundlage für die Sozialversicherungsbeiträge ist grundsätzlich der steuerpflichtige Arbeitslohn (inkl. Sonderzahlungen und geldwerten Vorteilen). Davon können eventuelle sozialversicherungsfreie Anteile des Bruttoarbeitslohns abgezogen werden (beispielsweise Zuschläge für Nacht- oder Sonntagsarbeitszeit, ggf. Abfindungen (Sozialversicherungsentgeltverordnung (2024) § 1)).

Für die Ermittlung der Beiträge zu den Sozialversicherungen sind die aktuellen **Beitragsbemessungsgrenzen** zu beachten. Für das Jahr 2025 liegt die Beitragsbemessungsgrenze in der gesetzlichen Krankenversicherung und der Pflegeversicherung bei 5512,50 € im Monat. Die aktuelle Beitragsbemessungsgrenze in der allgemeinen Rentenversicherung und der Arbeitslosenversicherung bei 8050 €. Bis zur Beitragsbemessungsgrenze ist das

Tab. 9.1 Beitragssätze zu den Sozialversicherungen

	Beitrag in % des sozialversicherungspflichtigen Arbeitsentgeltes (jeweils Arbeitnehmeranteil und Arbeitgeberanteil)
Krankenversicherung	7,3 % (zzgl. der Hälfte des durch die Krankenkasse erhobenen Zusatzbeitrages)
Pflegeversicherung	1,7 % (kinderlose Arbeitnehmer: 2,0 %; Arbeitnehmer mit 2 Kindern 1,575 %, für jedes weitere Kind abzgl. 0,125 %; Zu- und Abschläge für Kinder gelten nur auf den Arbeitnehmeranteil, der Arbeitgeberanteil beträgt immer 1,7 %)
Rentenversicherung	9,3 %
Arbeitslosenversicherung	1,3 %

Einkommen eines Beschäftigten beitragspflichtig, alles darüber ist beitragsfrei (Bundesministerium für Arbeit und Soziales (2025)).

Die für 2025 aktuellen Beitragssätze zu den Sozialversicherungen sind in Tab. 9.1 dargestellt.

Der Arbeitnehmeranteil der Sozialversicherungsbeiträge wird im Soll dem Lohn- und Gehaltskonto belastet, der Arbeitgeberanteil dem Konto „Gesetzliche und soziale Aufwendungen". Die Gegenbuchung ergibt sich als Verbindlichkeit gegenüber den Sozialversicherungsträgern. Daher erfolgt die Buchung im Haben auf dem Konto „Voraussichtliche Beitragsschuld gegenüber den Sozialversicherungsträgern". Erfolgt die monatliche Abführung an die Sozialversicherungsträger via Überweisung, wird die Verbindlichkeit beglichen.

Beispiel

Der verheiratete Lohnarbeiter Karl hat drei Kinder. Sein Bruttoarbeitslohn beläuft sich auf 2900 € monatlich. Er ist in der Techniker-Krankenkasse, die einen Zusatzbeitrag von 1,2 % erhebt.

Zunächst sind Arbeitnehmer- und Arbeitgeberanteile der Sozialversicherungsbeiträge zu ermitteln (Tab. 9.2).

Die Verbuchung des Arbeitnehmeranteils erfolgt durch den Buchungssatz:

Löhne (6010)	an	Voraussichtliche Beitragsschuld ggü. Sozialversicherungsträgern (3759)	578,55 €

Die Verbuchung des Arbeitgeberanteils erfolgt durch:

Gesetzliche soziale Aufwendungen (6110)	an	Voraussichtliche Beitragsschuld ggü. Sozialversicherungsträgern (3759)	585,80 €

9.1 Verbuchung von Personalaufwendungen

Tab. 9.2 Arbeitnehmer- und Arbeitgeberanteile der Sozialversicherungsbeiträge

	Arbeitnehmeranteil	Arbeitgeberanteil
Krankenversicherung	7,3 % zzgl. 0,6 %	7,3 % zzgl. 0,6 %
	229,10 €	229,10 €
Pflegeversicherung	1,45 %	1,7 %
	42,05 €	49,30 €
Rentenversicherung	9,3 %	9,3 %
	269,70 €	269,70 €
Arbeitslosenversicherung	1,3 %	1,3 %
	37,70 €	37,70 €
Summe:	578,55 €	585,80 €

Bei Abführung der Sozialversicherungsbeiträge wird wie folgt gebucht:

Voraussichtliche Beitragsschuld gegenüber Sozialversicherungsträgern (3759)	an	Bank (1800)	1.164,35 €

◀

9.1.3 Steuerliche Abzüge

Bezüge aus nichtselbstständiger Arbeit unterliegen in Deutschland der Lohnsteuer. Die **Lohnsteuer** wird vom Bruttoarbeitsentgelt einbehalten und durch den Arbeitgeber bis spätestens zum 10. Tag des folgenden Monats an das Finanzamt abgeführt.[1] Die Ermittlung des Lohnsteuersatzes geschieht auf Basis der persönlichen Verhältnisse als Spiegel der wirtschaftlichen Leistungsfähigkeit des Arbeitnehmers. Dazu werden Geburtsdatum, Familienstand, Kinder, Lohnsteuerklasse und bestimmte Freibeträge auf der (inzwischen elektronisch geführten) Lohnsteuerkarte festgehalten. Auf Basis dieser Angaben ermittelt das Unternehmen anhand von Lohnsteuertabellen den monatlichen Lohnsteuerbetrag des Arbeitnehmers.

---

[1] Zusätzlich zur Lohnsteuer wurde bis 2021 regelmäßig auch ein so genannter Solidaritätszuschlag einbehalten und an das Finanzamt abgeführt. Dieser ist jedoch aufgrund einer Anhebung der Freibetragsgrenzen 2021 für die meisten Arbeitnehmer nicht mehr relevant. (Bundesfinanzministerium (2024))

Darüber hinaus sind für Angehörige der meisten Glaubensgemeinschaften **Kirchensteuern** abzuführen. Diese wird von der Einkommensteuer ermittelt und beträgt je nach Bundesland 8 % oder 9 % der Steuerschuld. Sie wird gemeinsam mit der Lohnsteuer an das Finanzamt abgeführt.

Die Verbuchung der einbehaltenen Lohnsteuer erfolgt im Soll auf den Aufwandskonten Löhne und Gehälter, da sie als Teil des Arbeitslohns einbehalten wird. Im Haben erfolgt die Einbuchung einer Verbindlichkeit gegenüber dem Finanzamt auf dem Konto „Verbindlichkeiten aus Lohn- und Kirchensteuer".

Beispiel

Die Angestellte Paulus erhält laut Arbeitsvertrag ein monatliches Bruttoentgelt in Höhe von 6900 €. Sie hat zwei Kinder und ist verheiratet. Ihr individueller Lohnsteuersatz liegt bei 18,3 %. Frau Paulus ist evangelisch und wohnt in Bayern (Kirchensteuer 8 %).

Zunächst erfolgt die Ermittlung der Lohnsteuer:

6900 € * 18,3 % = 1.262,70 €

Auf Basis des Lohnsteuerbetrages wird die Kirchensteuer ermittelt:

1.262,70 € * 8 % = 101,02 €

Die steuerlichen Abzüge betragen damit in Summe 1.363,72 €. Verbucht werden die steuerlichen Abzüge von Frau Paulus wie folgt:

Gehälter (6020)	an	Verbindlichkeiten aus Lohn- und Kirchensteuern (3730)	1.363,72 €

Bei Abführung an das Finanzamt wird diese Verbindlichkeit ausgeglichen:

Verbindlichkeiten aus Lohn- und Kirchensteuern (3730)	an	Bank (1800)	1.363,72 €

9.2 Verbuchung von Aufwendungen für bezogene Leistungen

Zur Erbringung der betrieblichen Leistung kann neben eingesetztem Personal und Material auch der Bezug fremder Leistungen notwendig sein. Typische Beispiele sind:

- Einsatz von fremden Personal im eigenen Unternehmen (zum Beispiel Zeitarbeiter) oder
- Durchführung einzelner Fertigungsschritte bei einem anderen Unternehmen (zum Beispiel Lohnbearbeitung).

Die Verbuchung des Aufwandes für bezogene Leistungen erfolgt im Soll auf den Aufwandskonten „Fremdleistungen" und im Haben der Aktivkonten „Bank", „Kasse" oder „Verbindlichkeiten aus Lieferungen und Leistungen" je nach gewählter Zahlart. Bezogene Leistungen unterliegen ebenso wie bezogene Waren der Umsatzsteuer.

Beispiel

Ein Spielzeughersteller lässt einen Teil der von ihm produzierten Bausteine von einem Lackierbetrieb mit ungiftiger, speichelechter Farbe lackieren und erhält darüber eine Rechnung in Höhe von 400 € zuzüglich Umsatzsteuer. Die Rechnung ist zahlbar nach 90 Tagen.

Fremdleistungen (5900)	400 €	an	Verbindlichkeiten aus Lieferungen und Leistungen (3300)	476 €
Abziehbare Vorsteuer 19 % (1406)	76 €			

9.3 Verbuchung weiterer betrieblicher Aufwendungen

Neben den Aufwendungen für den Personaleinsatz, das Material und die bezogenen Leistungen fallen vor allem Aufwendungen für die Nutzung von Sachanlagen an. Diese können weiter unterteilt werden in Instandhaltungsaufwendungen und Abschreibungen. Für die Behandlung der Abschreibungen wird an dieser Stelle auf Abschn. 7.5 verwiesen. **Instandhaltungsaufwendungen** werden im Soll direkt dem entsprechenden Aufwandskonto belastet, zum Beispiel (nach Kontenrahmen SKR04):

- Reparaturen und Instandhaltung von Bauten (6450),
- Reparaturen und Instandhaltung von technischen Anlagen und Maschinen (6460),
- Reparaturen und Instandhaltung von anderen Anlagen sowie Betriebs- und Geschäftsausstattung (6470),
- sonstige Reparaturen und Instandhaltung (6490),
- Wartungskosten für Hard- und Software (6495).

Darüber hinaus fallen je nach Unternehmen regelmäßig weitere Aufwendungen zum Beispiel für Räume (6305), Versicherungen (6400), Fahrzeugkosten (6500 und folgende), Werbekosten (6600 und folgende) an. Weitere Aufwendungen zum Beispiel für Telekommunikation, Bürobedarf, Prüfungskosten werden nach dem SKR04 auf den entsprechenden Konten mit den Nummern 6800 und folgende verbucht.

Unternehmen, die das Umsatzkostenverfahren anwenden, untergliedern die anfallenden Aufwendungen in Herstellungskosten (6990), Verwaltungskosten (6992) und Vertriebskosten (6994). In der Praxis wird auch in diesen Unternehmen meist zunächst eine Verbuchung auf den detaillierten Aufwandskonten erfolgen, um eine interne Kosten- und Leistungsrechnung zu ermöglichen. In Folge der Aufstellung von Periodenabschlüssen werden diese dann zu den oben genannten Gruppen zusammengefasst.

9.4 Verbuchung weiterer Aufwendungen

Über den betrieblichen Leistungsprozess hinaus fallen in Unternehmen weitere Aufwendungen, allen voran für die Bereitstellung für Kapital oder Steuern, an. Die Verbuchung der Aufwendungen für die Kapitalbereitstellung wird in Kap. 10 jeweils unter Bezug auf die entsprechende Finanzierungsmaßnahme dargestellt.

Steuern fallen im Geschäftsbetrieb in den unterschiedlichsten Vorgängen an. Eine detaillierte Betrachtung der steuerlichen Behandlung in Einkaufs- und Umsatzprozessen (Abschn. 8.3.4) sowie im Rahmen des Personaleinsatzes (Abschn. 9.1.3) erfolgte bereits. Darüber hinaus können weitere Steuern im laufenden Geschäftsbetrieb anfallen, wie beispielsweise Einfuhrsteuern, Kfz-Steuern und ähnliche laufende Steuerzahlungen. Während Einfuhrsteuern als Anschaffungsnebenkosten zu verbuchen sind (Abschn. 8.1.1), sind Kfz-Steuern als Aufwendungen auf dem Konto „Kfz-Steuer" im Soll zu verbuchen. Auch für Grundsteuern oder sonstige Betriebssteuern hält der SKR04 entsprechende Aufwandskonten bereit (7650 bis 7685).

Steuern vom Einkommen und Ertrag sind steuerlich nicht abzugsfähig und werden deshalb gesondert erfasst. In der Gewinn- und Verlustrechnung werden sie erst nach dem steuerpflichtigen Gewinn ausgewiesen. Steuern vom Einkommen und Ertrag lassen sich untergliedern in:

- die Körperschaftssteuer,
- die Gewerbesteuer und
- eventuell gezahlte Kapitalertragsteuern auf Kapitalanlagen.

Die Gewinne der Kapitalgesellschaften unterliegen der Körperschaftssteuer. Diese Steuer wird auf das Jahresergebnis berechnet. Häufig werden bereits unterjährig hochgerechnete Vorauszahlungen fällig. Auf die Körperschaftssteuer ist zusätzlich ein Solidaritätszuschlag zu rechnen. Die Verbuchung erfolgt im Soll auf den Konten „Körperschaftssteuer" sowie „Solidaritätszuschlag" und im Haben auf dem Konto „Bank".

9.5 Zusammenfassung und Aufgaben

Falls das Unternehmen als Gewerbebetrieb gilt, sind weiterhin Gewerbesteuern an die Gemeinde abzuführen, in welcher der Gewerbebetrieb ansässig ist. Auch bei Gewerbesteuern sind häufig unterjährig bereits Vorauszahlungen an die Gemeinden zu leisten. Die Verbuchung der Gewerbesteuer erfolgt im Soll auf dem Konto „Gewerbesteuer" und im Haben auf dem Konto „Bank".

9.5 Zusammenfassung und Aufgaben

Personalaufwendungen haben regelmäßig einen überwiegenden Anteil an den gesamten Aufwendungen eines Unternehmens. Gleichzeitig unterliegen Personalaufwendungen einigen gesetzlichen Bestimmungen, wie beispielsweise den Pflichtbeiträgen zur Sozialversicherung oder dem Lohnsteuereinbehalt. Personalaufwendungen werden unterteilt in Geldbezüge und Sachbezüge. Neben den Material- und Personalaufwendungen fallen im Unternehmensalltag weitere Aufwendungen an. Auf die Verbuchung von bezogenen Leistungen sowie anderen betrieblichen und nicht betrieblichen Aufwendungen wurde in diesem Kapitel eingegangen.

9.5.1 Lernkontrollfragen zu Kap. 9

- Was ist der Unterschied zwischen Löhnen und Gehältern? Abschn. 9.1.1
- Welche Beispiele für variable Geldbezüge gibt es? Abschn. 9.1.1.1
- Was sind Sachbezüge? Nennen Sie bitte zwei Beispiele. Abschn. 9.1.1.1
- Bitte beschreiben Sie das Vorgehen bei Anwendung der 1 %-Regelung zur Ermittlung des geldwerten Vorteils aus der privaten Nutzung eines Dienstfahrzeuges. Abschn. 9.1.1.1
- Zu welchen Sozialversicherungen besteht eine grundsätzliche Beitragspflicht? Welche Bemessungsgrenzen bestehen? Abschn. 9.1.2
- Wie und an welche Institution wird die Lohnsteuer abgeführt? Abschn. 9.1.3
- Welche Kriterien spielen bei der Festlegung des individuellen Steuersatzes eine Rolle? Wo werden diese Informationen gespeichert? Abschn. 9.1.3
- Nennen Sie bitte zwei Beispiele für bezogene Leistungen. Abschn. 9.2
- Welche Konten werden von Unternehmen, die das Umsatzkostenverfahren anwenden, für die Abbildung der betrieblichen Aufwendungen genutzt? Abschn. 9.3

9.5.2 Aufgaben

Aufgabe 1: Sachbezüge
Eine Angestellte kauft im unternehmenseigenen Outlet ein. Auf den Outletpreis von 845 € zuzüglich Umsatzsteuer wird ein Mitarbeiterrabatt in Höhe von 20 % eingeräumt.

Der jährliche Freibetrag für geldwerte Vorteile wurde von der Mitarbeiterin bereits voll ausgeschöpft. Bitte ermitteln und verbuchen Sie den geldwerten Vorteil.

Aufgabe 2: Zusammenfassende Übung Personalaufwendungen
Die leitende Angestellte Frau Stäblein (34) ist verheiratet und hat zwei Kinder. Sie erhält ein monatliches Gehalt in Höhe von brutto 15.600 €. Ihr individueller Steuersatz bei Steuerklasse IV und ohne eingetragene Freibeträge beträgt 31 %. Frau Stäblein ist katholisch und wohnt in Bayern (Kirchensteuer 8 %). Frau Stäblein ist freiwillig gesetzlich krankenversichert. Der Zusatzbeitrag ihrer Krankenkasse liegt bei 1,2 %. Zusätzlich zu ihrem Gehalt erhält sie einen Beitrag von 14 € zu ihren vermögenswirksamen Leistungen von 40 € im Monat, die an einen Investmentfond überwiesen werden. Frau Stäblein nutzt ein Dienstfahrzeug. Anhand des elektronischen Fahrtenbuches betrug der Anteil der privaten Nutzung im vergangenen Monat 25 %. Die gesamten Kosten des Dienstfahrzeuges beliefen sich inkl. Abschreibungen auf 730 € in diesem Monat.

Bitte führen Sie die Lohn- und Gehaltsabrechnung für Frau Stäblein durch und verbuchen Sie diese.

9.5.3 Lösungen

Aufgabe 1: Sachbezüge
Der geldwerte Vorteil wird ermittelt:
Endverbraucherpreis abzgl. 4 %: 845 € abzgl. 4 % = 811,20 €
Mitarbeiterpreis: 845 € abzgl. 20 % = 676 €
Ergibt einen geldwerten Vorteil von 811,20 €./. 676 € = 135,20 €

Gehälter (6020)	an	Sachbezüge (Waren) (4945)	135,20 €

Aufgabe 2: Zusammenfassende Übung Personalaufwendungen
Der Bruttoarbeitslohn erhöht sich durch die Sachbezüge (Dienstfahrzeug) auf 15.600 € + 182,50 € = 15.782,50 €.
Die einzubehaltende Lohnsteuer beläuft sich auf 15.782,50 € * 31 % = 4.892,58 €.
Die Kirchensteuer beträgt: 4.892,58 € * 8 % = 391,41 €.

Gehälter (6020)	an	Verbindlichkeiten aus Lohn- und Kirchensteuern (3730)	5.283,99 €

Bei der Ermittlung der Sozialversicherungsbeiträge sind Beitragsbemessungsgrenzen zu beachten (Tab. 9.3).

9.5 Zusammenfassung und Aufgaben

Tab. 9.3 Ermittlung der Sozialversicherungsbeiträge Aufgabe 2

	Arbeitnehmeranteil	Arbeitgeberanteil
Krankenversicherung	7,3 % zzgl. 0,6 % auf Beitragsbemessungsgrenze von 5512,50 €	7,3 % zzgl. 0,6 % auf Beitragsbemessungsgrenze von 5512,50 €
	435,49 €	435,49 €
Pflegeversicherung	1,525 % auf Beitragsbemessungsgrenze von 5512,50 €	1,7 % auf Beitragsbemessungsgrenze von 5512,50 €
	84,07 €	93,71 €
Rentenversicherung	9,3 % auf Beitragsbemessungsgrenze von 8050 €	9,3 % auf Beitragsbemessungsgrenze von 8050 €
	748,65 €	748,65 €
Arbeitslosenversicherung	1,3 % auf Beitragsbemessungsgrenze von 8050 €	1,3 % auf Beitragsbemessungsgrenze von 8050 €
	104,65 €	104,65 €
Summe:	1.372,86 €	1.382,50 €

Die Verbuchung des Arbeitnehmeranteils erfolgt durch den Buchungssatz:

| Gehälter (6020) | an | Voraussichtliche Beitragsschuld ggü. Sozialversicherungsträgern (3759) | 1.372,86 € |

Die Verbuchung des Arbeitgeberanteils erfolgt durch:

| Gesetzliche soziale Aufwendungen (6110) | an | Voraussichtliche Beitragsschuld ggü. Sozialversicherungsträgern (3759) | 1.382,50 € |

Die Verbuchung der Sachbezüge erfolgt anhand des Buchungssatzes:

| Gehälter (6020) | an | Verrechnete sonstige Sachbezüge 19 % USt (4947) | 182,50 € |

Zunächst erfolgt die Umbuchung des Anteils der Mitarbeiterin an den vermögenswirksamen Leistungen (als direkter Einbehalt vom Lohn):

| Gehälter (6020) | an | Verbindlichkeiten aus Vermögensbildung (3770) | 26 € |

Die Buchung des Arbeitgeberanteils erfolgt dann mittels:

Vermögenswirksame Leistungen (6080)	an	Verbindlichkeiten aus Vermögensbildung (3770)	14 €

Vor der Verbuchung der Gehaltszahlung an die Mitarbeiterin muss zunächst das verbleibende Nettogehalt ermittelt werden:

Bruttolohn	15.600 €
Einbehaltene Lohn- und Kirchensteuer	./. 5.283,99 €
Einbehaltene Sozialversicherungsbeiträge	./. 1.372,86 €
Einbehaltene Vermögenswirksame Leistungen	./. 26 €
= Nettolohn	= 8.918,15 €

Gehälter (6020)	an	Verbindlichkeiten aus Lohn und Gehalt (3720)	8.917,15 €

Literatur

Bundesfinanzministerium (2024). Sie haben was gut. https://www.bundesfinanzministerium.de/Content/DE/Standardartikel/Themen/Steuern/Mehr-Ausgleich/mehr-ausgleich.html. Zugegriffen: 25. Jan. 2025.

Bundesministerium für Arbeit und Soziales (2025). Sozialversicherungsrechengrößen-Verordnung 2025. https://www.bmas.de/DE/Service/Gesetze-und-Gesetzesvorhaben/sozialversicherungs-rechengroessenverordnung-2025.html. Zugegriffen: 25. Jan. 2025.

Hausen, C. (2023). *Crashkurs Lohn und Gehalt: Grundlagen der Lohnabrechnung, Sozialversicherung und Lohnsteuer* (4. Aufl.). Haufe.

Lohnsteuerrichtlinie (2025). https://lsth.bundesfinanzministerium.de/lsth/2025/A-Einkommensteuergesetz/inhalt.html. Zugegriffen: 25. Jan. 2025.

Schäfer-Kunz, J. (2019). *Buchführung und Jahresabschluss*. Schäffer-Poeschel.

Sozialversicherungsentgeltverordnung (2025). https://www.gesetze-im-internet.de/svev/SvEV.pdf. Zugegriffen: 25. Jan. 2025.

Wöhe, G., & Kussmaul, H. (2022). *Grundzüge der Buchführung und Bilanztechnik*. Vahlen.

10 Buchungen in Finanzierungsprozessen

> **Lernziele**
> - Möglichkeiten der Unternehmensfinanzierung kennen lernen.
> - Finanzierungen in Bilanzpositionen darstellen.
> - Mehr erfahren zu Aufgabe, Besonderheiten und Gliederung des Eigenkapitals.
> - Wie lässt sich Fremdkapital vom Eigenkapital abgrenzen?
> - Wie werden Bestandteile des Fremdkapitals in der Bilanz abgebildet?
> - Typische Buchungen in Eigen- und Fremdkapital durchführen.

Nicht nur Personal und Material werden für die betriebliche Leistungserstellung benötigt. Auch Kapital ist ein wesentlicher Produktionsfaktor. Die Beschaffung von Kapital wird als Finanzierung bezeichnet.

▶ **Finanzierung** = Alle Aktivitäten, die sich auf den Umfang und die Zusammensetzung des auf der Passiv-Seite der Bilanz ausgewiesenen Kapitals von Unternehmen auswirken.

Der Finanzierungsbedarf ergibt sich dabei aus den Mitteln, die auf der Aktiv-Seite der Bilanz im Anlage- und im Umlaufvermögen gebunden sind (zum Beispiel Maschinen oder Vorräte).

Finanzierungsprozesse werden nach der Herkunft des Kapitals unterschieden in (vgl. auch Abb. 10.1):

- Innenfinanzierung und
- Außenfinanzierung.

Abb. 10.1 Formen der Finanzierung

Weiterhin kann nach der rechtlichen Stellung der Kapitalgeber unterschieden werden in:

- Eigenfinanzierung und
- Fremdfinanzierung.

10.1 Eigenkapital

Das **Eigenkapital** stellt die Essenz des Unternehmens dar, da es sich als Residualgröße aus allen Vermögensgegenständen abzüglich aller Schulden rechnerisch ermitteln lässt. Daher wird das Eigenkapital auch als **Reinvermögen** bezeichnet. Es gibt Aufschluss über die Überlebensfähigkeit eines Unternehmens, stellt die Basis für den Bezug von Fremdkapital dar und dient als Puffer für wirtschaftlich schwächere Perioden. Das Eigenkapital wird von den Eignern bzw. Anteilseignern eines Unternehmens zeitlich unbefristet zur Verfügung gestellt und haftet für Verbindlichkeiten des Unternehmens.[1]

▶ **Eigenkapital** = Kapital, welches von den (Anteils-)Eignern eines Unternehmens zeitlich unbefristet in haftender Weise zur Verfügung gestellt wird.

10.1.1 Gliederung des Eigenkapitals

Das Eigenkapital wird in der Bilanz auf der Passiv-Seite dargestellt. Nach § 266 Abs. 3 HGB ist das Eigenkapital wie folgt zu untergliedern:

---

[1] Falls ein Unternehmen zahlungsunfähig (insolvent) wird und die Rückzahlung von fälligen Verbindlichkeiten des Unternehmens nicht mehr aus Unternehmensmitteln erfolgen kann, wird das Eigenkapital zur Bedienung dieser Verbindlichkeiten herangezogen werden.

A. Eigenkapital
I. Gezeichnetes Kapital;
II. Kapitalrücklage;
III. Gewinnrücklagen:
   1. gesetzliche Rücklage;
   2. Rücklage für Anteile an einem herrschenden oder mehrheitlich beteiligten Unternehmen;
   3. satzungsmäßige Rücklagen;
   4. andere Gewinnrücklagen;
IV. Gewinnvortrag/ Verlustvortrag;
V. Jahresüberschuss/ Jahresfehlbetrag.

Als **gezeichnetes Kapital** werden jene Mittel bezeichnet, die von den Eigentümern eines Unternehmens bzw. den (Anteils-)Eignern einer Kapitalgesellschaft bei Firmengründung oder bei Ausgabe neuer Aktien in die Gesellschaft eingebracht werden. Bei Kapitalgesellschaften wie beispielsweise einer AG oder GmbH haften die Gesellschafter durch diese Einlage nicht mehr mit ihrem persönlichen Vermögen. Diese Einlagen dienen unter anderem als Sicherheit für die Gläubiger, falls das Unternehmen insolvent gehen sollte. Das gezeichnete Kapital entspricht bei Personengesellschaften wie beispielsweise einer KG oder OHG dem sogenannten **Festkapital.**

Das gezeichnete Kapital und das Festkapital sind relativ fixe Kapitalbestandteile, sie können nur durch Beschluss der Unternehmerversammlung verändert werden.

Die **Rücklagen** sind eine Art „variables Eigenkapital", die dazu dienen, auftretende Verluste abzufedern, ohne das gezeichnete Kapital anzugreifen. Die Rücklagen können sich von Jahr zu Jahr durch Auflösungen oder Erhöhungen ändern. Zu den offenen Rücklagen gehören die aus Zahlungen der Anteilseigener stammenden **Kapitalrücklagen** und die aus zurückbehaltenen Gewinnen gebildeten **Gewinnrücklagen.**

Das Ergebnis der Erfolgsermittlung (Abschn. 11.2.2), welches sich aus der Differenz zwischen den kumulierten Erträgen und den kumulierten Aufwendungen einer Geschäftsperiode ergibt, stellt den Jahresüberschuss bzw. den Jahresfehlbetrag dar und wird vor Verwendung unter der Position **Jahresüberschuss/ Jahresfehlbetrag** ausgewiesen. Die Verwendung des Vorjahresgewinns wird in der Hauptversammlung oder der Gesellschafterversammlung beschlossen und teilweise an die Eigner ausgezahlt (= Ausschüttungen). Der im Unternehmen verbleibende Rest des Ergebnisses ergibt den **Gewinnvortrag.** Ein Jahresfehlbetrag wird im Folgejahr vom Gewinn abgezogen. Dazu wird ein **Verlustvortrag** eingestellt.

Abb. 10.2 zeigt beispielhaft den Ausweis des Eigenkapitals in der Bilanz der Hapag Lloyd AG auf. Das erwirtschaftete Eigenkapital beinhaltet die Gewinnrücklagen sowie das Konzernergebnis.

In den folgenden Abschnitten werden einige typische Buchungen im Zusammenhang mit dem Eigenkapital erläutert. Da dieses Feld wie aufgezeigt rechtsformabhängig ist und umfangreiche Sonderregelungen bestehen, kann hier nur auf einige Beispiele eingegangen werden.

PASSIVA		
Mio. EUR	Anhang	31.12.2022
Gezeichnetes Kapital	(18)	175,8
Kapitalrücklagen	(18)	2.637,4
Erwirtschaftetes Konzerneigenkapital	(19)	23.447,3
Kumuliertes übriges Eigenkapital	(20)	1.632,9
Eigenkapital der Aktionäre der Hapag-Lloyd AG		**27.893,4**
Anteile nicht beherrschender Gesellschafter	(21)	17,7
Eigenkapital		**27.911,1**

Abb. 10.2 Eigenkapital der Hapag Lloyd AG (2022)

10.1.2 Buchungen im Eigenkapital von Kapitalgesellschaften

10.1.2.1 Verbuchung von Beteiligungsfinanzierungen bei Kapitalgesellschaften

Durch Einlagen von Gesellschaftern einer Kapitalgesellschaft kommt es zur Bildung (im Fall einer Unternehmensgründung oder eines Rechtsformwechsels) oder Erhöhung der Position **„Gezeichnetes Kapital"** und damit zu einer Erhöhung des Eigenkapitals.

Wird eine solche Einlage vollständig geleistet (also dem Unternehmen in voller Höhe zur Verfügung gestellt, in der Regel durch Banküberweisung), so wird dies durch eine Haben-Buchung auf dem Passivkonto „Gezeichnetes Kapital" festgehalten.

> **Beispiel**
>
> Ein Unternehmer gründet eine neue GmbH mit einem Stammkapital in Höhe von 25.000 € (gesetzliches Mindestkapital). Im Rahmen der Gründung werden 25.000 € auf das Bankkonto der neuen GmbH überwiesen. Die Verbuchung erfolgt:
>
> | Bank (1800) | an | Gezeichnetes Kapital (2900) | 25.000 € |
>
>

Es kann vorkommen, dass zunächst lediglich ein Teil der im Gesellschaftervertrag vereinbarten Summe eingezahlt wird. In diesem Fall erfolgt die Buchung des ausstehenden Teils im Soll auf dem Passivkonto „Ausstehende Einlagen auf das gezeichnete Kapital".

> **Beispiel**
>
> Ein Unternehmer gründet eine neue GmbH mit einem Stammkapital in Höhe von 25 000 € (gesetzliches Mindestkapital). Im Rahmen der Gründung werden zunächst 20.000 € auf das Bankkonto der neuen GmbH überwiesen. Die Verbuchung erfolgt:

10.1 Eigenkapital

Bank (1800)	20.000 €	an	Gezeichnetes Kapital (2900)	25.000 €
Ausstehende Einlagen auf das gezeichnete Kapital (2910)	5000 €			

◄

Bei der Ausgabe neuer **Aktien** (bei Gründung oder Kapitalerhöhung einer Aktiengesellschaft) kommt es regelmäßig dazu, dass Anteile zu einem Betrag ausgegeben werden, der über dem Nennbetrag liegt. Nach § 8 Aktiengesetz muss der Nennwert einer Aktie mindestens 1 € betragen. Viele Aktiengesellschaften geben Aktien mit einem Nennwert von 1 € aus. Der **Ausgabepreis** der Aktie liegt aber oft deutlich höher. Dieser **Aufschlag** (Agio) wird nicht im gezeichneten Kapital ausgewiesen, sondern unter der Position „Kapitalrücklage". Der Hintergrund dieses Vorgehens liegt in der Flexibilität für die Aktiengesellschaft: Während gezeichnetes Kapital nur durch Ausgabe bzw. Rückkauf von Aktien verändert werden kann, können Kapitalrücklagen im Rahmen der Ergebnisverwendung teilweise aufgelöst werden.

> **Beispiel**
>
> Die Osram Licht AG ist als Tochtergesellschaft der Siemens AG im Jahr 2013 abgespalten und in eine Aktiengesellschaft umgewandelt worden. In diesem Zuge wurden 104.000.000 Aktien zu einem Nennwert von 1 € ausgegeben. Der Ausgabepreis betrug 24 € je Aktie. (Aus Vereinfachungsgründen wird unterstellt, dass der Gesamterlös aus der Ausgabe neuer Aktien auf dem Bankkonto eingegangen ist.)
>
> Durch diese Transaktion wurde das gezeichnete Kapital um 104.000.000 € erhöht. Auf dem Bankkonto wurde eine Gutschrift in Höhe von 2.496.000.000 € verzeichnet. Das Agio in Höhe von 23 € je Aktie (2.392.000.000 €) wird in die Kapitalrücklage eingestellt.

Bank (1800)	2.496.000.000 €	an	Gezeichnetes Kapital (2900)	104.000.000 €
			Kapitalrücklage (2910)	2.392.000.000 €

◄

10.1.2.2 Verbuchung der Ergebnisverwendung bei Kapitalgesellschaften

Basis der Ergebnisverwendung ist die Erfolgsermittlung der abgelaufenen Geschäftsperiode (Abschn. 11.2.1), in deren Rahmen der **Jahresüberschuss bzw. der Jahresfehlbetrag** ermittelt wurde. Dieses Ergebnis wird in der Regel noch im Geschäftsjahr teilweise verwendet, zum einen um Gewinn- und Verlustvorträge aus Vorjahren auszugleichen und zum anderen um Rücklagen (vor allem gesetzlich und satzungsmäßig vorgeschriebene) zu bilden. Das verbleibende Ergebnis wird dann auf das nächste Jahr vorgetragen. Denn in der Regel findet erst im Folgejahr eine Hauptversammlung aller Aktionäre statt, auf der über die weitere **Gewinnverwendung** entschieden wird.

Die Ergebnisverwendung lässt sich wie folgt darstellen:

Jahresüberschuss bzw. Jahresfehlbetrag
+ Gewinnvortrag
./. Verlustvortrag
= **Ergebnis vor Verwendung**
+ Entnahmen aus der Kapitalrücklage
+ Entnahmen aus der Gewinnrücklage
./. Einstellungen in die Gewinnrücklage
= **Bilanzgewinn/ Bilanzverlust**
./. Ausschüttungen
./. weitere Einstellungen in die Gewinnrücklagen
= **± Vortrag des Ergebnisses ins Folgejahr**

Der **Jahresüberschuss bzw. der Jahresfehlbetrag** ergibt sich als Residualgröße aller Aufwendungen und Erträge eines Geschäftsjahres. Dieses Ergebnis wird als Saldo auf dem Konto „Gewinn- und Verlustrechnung" ausgewiesen. In der Regel gibt es kein eigenes Konto für das Jahresergebnis.

Im ersten Schritt der Ergebnisverwendung werden eventuelle **Gewinn- oder Verlustvorträge** aus dem Vorjahr verrechnet. Gewinnvorträge sind ähnlich wie Erträge zu verbuchen: Es erfolgen eine Soll-Buchung auf dem Passivkonto „Gewinnvortrag vor Verwendung" und eine Haben-Buchung auf dem Erfolgskonto „Gewinnvortrag nach Verwendung". Auflösungen von Verlustvorträgen sind ähnlich wie Aufwendungen zu buchen. Es erfolgen eine Soll-Buchung auf dem Erfolgskonto „Verlustvortrag nach Verwendung" und eine Haben-Buchung auf dem Passivkonto „Verlustvortrag vor Verwendung".

Die Summe aus Jahresergebnis und Ergebnisvorträgen wird als **Ergebnis vor Verwendung** bezeichnet.

In der Satzung bzw.- im Gesellschaftervertrag sind Regelungen getroffen, wie mit diesem Ergebnis weiter verfahren wird, also wie das Ergebnis verwendet wird, bevor eine Gesellschafterversammlung die weitere Verwendung beschließt.

Gerade zum Ausgleich von Fehlbeträgen können unter bestimmten Voraussetzungen **Entnahmen aus der Gewinnrücklage bzw. aus der Kapitalrücklage** beschlossen werden. Während Entnahmen aus der gesetzlichen Rücklage (Teil der Gewinnrücklage) und der Kapitalrücklage den Regelungen des § 150 Abs. 3 und 4 Aktiengesetz unterliegen, unterliegen Entnahmen aus den satzungsmäßigen Rücklagen bestimmten, in der Satzung oder dem Gesellschaftervertrag festgelegten Regelungen. Entnahmen aus den anderen Gewinnrücklagen sind grundsätzlich weniger beschränkt und können auch aus politischen Gründen erfolgen, wie beispielsweise hohe Ausschüttungen auch in wirtschaftlich schwachen Jahren zu ermöglichen, um Eigenkapitalgeber an das Unternehmen zu binden. Entnahmen aus den Rücklagen werden wie Erträge gebucht: im Soll der Passivkonten „Kapitalrücklage" bzw. „Gesetzliche Rücklage" oder „Satzungsmäßige Rücklage", im Haben auf den entsprechenden Entnahmekonten der jeweiligen Rücklagen.

10.1 Eigenkapital

Bei ausgewiesenen Jahresüberschüssen sind zudem gewisse **Einstellungen in die Gewinnrücklagen** vorzunehmen. Einstellungen in die gesetzliche Rücklage sind bis zu einer bestimmten Höhe nach den Vorgaben des § 150 Aktiengesetz für Aktien- und Kommanditgesellschaften verpflichtend. Weiterhin gibt die Satzung bzw. der Gesellschaftervertrag einer Kapitalgesellschaft vor, inwieweit Teile des Jahresüberschusses in satzungsgemäße Rücklagen für bestimmte Zwecke, wie beispielsweise der Absicherung bestimmter Risiken, Instandhaltung o. Ä., einzustellen sind. Einstellungen in die jeweiligen Rücklagen werden wie Aufwand verbucht, im Soll der Erfolgskonten „Veränderungen der Gewinnrücklage" und im Haben der entsprechenden passiven Rücklagekonten.

Damit wäre die teilweise Ergebnisverwendung abgeschlossen. Das verbleibende Jahresergebnis ist nun in der Bilanz auszuweisen. Dies geschieht durch einen Vortrag ins Folgejahr, indem der verbleibende Gewinnvortrag bzw. Verlustvortrag gegen das Eröffnungsbilanzkonto gebucht wird. In der Bilanz wird dieses Ergebnis jetzt als Bilanzgewinn/Bilanzverlust ausgewiesen. Ein **Übertrag des Bilanzgewinnes bzw. -verlustes** wird durch die Buchung „Eröffnungsbilanzkonto" an „Gewinnvortrag bzw. Verlustvortrag" bzw. „Gewinnvortrag bzw. Verlustvortrag" an „Eröffnungsbilanzkonto" abgebildet.

Beispiel

Eine Aktiengesellschaft erwirtschaftet einen Jahresüberschuss von 300.000 € (nach Steuern vom Einkommen und Ertrag). Aus dem Vorjahr ist ein Verlustvortrag in Höhe von 50.000 € vorhanden. In die gesetzlichen Rücklagen sind auf Basis der Regelungen des § 150 Aktiengesetz 22.000 € einzustellen, die Regelungen der Satzung sehen eine weitere Einstellung in die satzungsmäßigen Rücklagen in Höhe von 5000 € vor. Der verbleibende Bilanzgewinn ist vollständig auf das Folgejahr zu übertragen. Folgende Buchungen sind durchzuführen:

Auflösung des Verlustvortrages:

Verlustvortrag nach Verwendung (7720)	an	Verlustvortrag vor Verwendung (2978)	50.000 €

Einstellung in die Gewinnrücklagen:

Einstellungen in die gesetzliche Rücklage (7765)	an	Gesetzliche Rücklage (2930)	22.000 €
Einstellungen in die satzungsmäßige Rücklage (7775)	an	Satzungsmäßige Rücklage (2950)	5000 €

Vortrag des Ergebnisses ins Folgejahr:

Eröffnungsbilanzkonto (9030)	an	Gewinnvortrag vor Verwendung (2970)	223.000 €

◀

Über die Verwendung des Bilanzgewinns bzw. Bilanzverlustes entscheidet die Gesellschafterversammlung bzw. die Hauptversammlung. Es können entweder **Ausschüttungen** an die Gesellschafter oder Aktionäre (siehe nachfolgender Abschnitt) vorgenommen und/oder Teile des **Ergebnisses ins Folgejahr** übertragen werden. Darüber hinaus gehend können auf Basis von Gesellschafterbeschlüssen Anteile des Jahresüberschusses in **die anderen Gewinnrücklagen** eingestellt werden.

10.1.2.3 Verbuchung von Ausschüttungen an Gesellschafter

Für die Bereitstellung von Eigenkapital erhalten die Kapitalgeber nach den Beschlüssen der Gesellschafterversammlung **Ausschüttungen** aus dem Jahresergebnis. Die Ausschüttungen (**Dividenden**) stellen Kapitalerträge dar und sind damit kapitalertragssteuerpflichtig. Das ausschüttende Unternehmen behält Pauschalbeträge für Kapitalertragsteuern (25 %) und den Solidaritätszuschlag (5,5 % auf Kapitalertragssteuer) ein und führt diese an das Finanzamt ab.

An die Kapitaleigner wird die Nettodividende ausgeschüttet:

Ausschüttung (Bardividende)
./. Kapitalertragsteuer (25 % der Ausschüttung)
./. Solidaritätszuschlag (5,5 % der Kapitalertragsteuer)
= **Nettodividende**

Die Verbuchung der Ausschüttung erfolgt zunächst als reiner Passivtausch: Im Soll wird das Passivkonto „Gewinnvortrag vor Verwendung" in Höhe der Bardividende belastet. Die Gegenbuchung im Haben erfolgt auf dem Passivkonto „Verbindlichkeiten aus Einbehaltungen (KapESt und SolZ, KiSt auf KapESt)" in Höhe der Kapitalertragsteuer und des Solidaritätszuschlags sowie im Haben der Passivkonten „Verbindlichkeiten gegenüber Gesellschaftern" in Höhe der verbleibenden Nettodividende.

Beispiel

Für das Geschäftsjahr 2022 zahlt die Hapag Lloyd AG eine Dividende von 63 € pro Aktie. Es wurden 175.760.293 Aktien ausgegeben.

	Pro Aktie	Gesamt
Dividende	63,00 €	11.072.898.459,00 €
Kapitalertragsteuer	15,75 €	2.768.224.614,75 €
Soli	0,87 €	152.252.3535,81 €
Nettodividende	46,38 €	8.152.421.490,44 €

Gewinnvortrag vor Verwendung (2970)	11.072.898.459 €	an	Verbindlichkeiten aus Einbehaltungen (KapESt, SolZ) (3760)	2.920.475.968,56 €
			Verbindlichkeiten gegenüber Gesellschaftern (3510)	8.152.421.490,44 €

◄

10.1.3 Buchungen im Eigenkapital von Einzelkaufleuten oder Personenhandelsgesellschaften

10.1.3.1 Verbuchung von Eigenfinanzierungen bei Einzelkaufleuten und Personenhandelsgesellschaften

Bei Einzelkaufleuten und Personenhandelsgesellschaften besteht im Gegensatz zu den Kapitalgesellschaften kein gesetzlich vorgeschriebenes Kapital. Dafür haften Einzelkaufleute und Vollhafter bei Personenhandelsgesellschaften nicht nur mit dem eingelegten Kapital, sondern auch mit ihrem Privatvermögen. Vollhafter sind neben den Einzelkaufleuten auch Gesellschafter von Offenen Handelsgesellschaften und Komplementäre von Kommanditgesellschaften (KG).

Bei Unternehmensgründung wird vertraglich vereinbart, in welcher Höhe Kapital der Vollhafter eingebracht wird. Dieses wird als **Festkapital** eingebucht („Bank" an „Festkapital"). Daneben wird im Eigenkapital der Einzelkaufleute und Personenhandelsgesellschaften **variables Kapital** ausgewiesen, welches vergleichbare Funktionen wie die Gewinnrücklage bei Kapitalgesellschaften hat.

Kommanditisten einer KG sind dagegen Teilhafter und haften lediglich mit einer vorher vereinbarten Haftsumme. Einlagen von Teilhaftern werden bei Einzahlung im Soll auf dem Konto „Bank" und im Haben auf dem Konto „Kommandit-Kapital" verbucht.

Die Buchführung führt für jeden Voll- und Teilhafter separate Eigenkapitalkonten.

Beispiel

Bei der Gründung einer Kommanditgesellschaft wird im Rahmen des Gesellschaftsvertrages vereinbart, dass die alleinige geschäftsführende Komplementärin 20.000 € einlegt. Darüber hinaus gibt es zwei Kommanditisten, die jeweils Kapital in Höhe von 10.000 € einbringen.

Bank (1800)	an	Festkapital (2000)	20.000 €
Bank (1800)	an	Kommandit-Kapital (2050)	10.000 €

| Bank (1800) | an | Kommandit-Kapital (2050) | 10.000 € |

◂

10.1.3.2 Verbuchung der Ergebnisverwendung

Das erzielte Ergebnis einer Personenhandelsgesellschaft wird anteilig auf Vollhafter und Teilhafter aufgesplittet. Der Anteil des Jahresüberschusses, der auf die Einlagen der Vollhafter entfällt, wird dem variablen Kapital zugerechnet. Ein Jahresfehlbetrag würde entsprechend anteilig abgezogen werden. Die Verbuchung eines Jahresüberschusses erfolgt im Soll auf dem Konto „Jahresüberschuss" und im Haben auf dem Konto „Variables Kapital".

Die den Teilhaftern zustehenden Anteile des Jahresüberschusses werden komplett ausgeschüttet. Die Verbuchung erfolgt im Soll auf dem Konto „Jahresüberschuss" und im Haben auf dem Konto „Verbindlichkeiten gegenüber Gesellschaftern". Bei Auszahlung der Ausschüttungsbeträge an die Gesellschafter wird die Verbindlichkeit gegen das Konto „Bank" gebucht und erlischt.

Beispiel

Eine Kommanditgesellschaft erzielt einen Jahresüberschuss von 45.000 €. Dieser wird zu 2/3 dem Komplementär und zu 1/3 dem Kommanditisten gutgeschrieben. Die Verbuchung des Jahresüberschusses erfolgt anhand des Buchungssatzes:

| Jahresüberschuss (2979) | 45.000 € | an | Variables Kapital (2010) | 30.000 € |
| | | | Verbindlichkeiten gegenüber Gesellschaftern (3510) | 15.000 € |

10.1.3.3 Verbuchung von Privatentnahmen

Während der anteilige Jahresüberschuss bei Teilhaftern von Personenhandelsgesellschaften direkt ausgeschüttet wird, werden die Ergebnisanteile der Vollhafter zunächst dem **variablen Kapital** zugeschrieben. Eine Ausschüttung an den Vollhafter erfolgt erst auf dessen Anweisung und stellt eine Privatentnahme dar. Privatentnahmen sind maximal in Höhe des variablen Kapitals möglich. Eine (teilweise) Auflösung des Festkapitals kann nur mittels Gesellschafterbeschluss durch eine Kapitalherabsetzung oder im Falle der Liquidation des Unternehmens erfolgen.

Die Verbuchung einer Privatentnahme erfolgt im Soll der Privatkonten „Privatentnahmen allgemein" (= Unterkonto des Kontos „Variables Kapital") und wird im Haben dem Bankkonto als aktives Bestandskonto belastet.

10.2 Fremdkapital

Unter Verbindlichkeiten werden allgemein Verpflichtungen zu Zahlungen gegenüber Unternehmensexternen verstanden. Verbindlichkeiten werden daher als Fremdkapital betrachtet. Sie sind in der Regel mit einem festen Rückzahlungsanspruch ausgestattet und zeitlich befristet. Fremdkapital haftet im Gegensatz zu Eigenkapital nicht im Insolvenzfall und wird vorrangig bedient.[2]

▶ **Fremdkapital** = Kapital, das Unternehmen von ihren Gläubigern zeitlich befristet mit festem Rückzahlungsanspruch in nicht haftender Weise zur Verfügung gestellt wird.

10.2.1 Gliederung des Fremdkapitals

Das Fremdkapital teilt sich auf in Rückstellungen und Verbindlichkeiten. Es wird auf der Passiv-Seite der Bilanz dem Eigenkapital nachfolgend abgebildet. Das Fremdkapital wird nach § 266 Abs. 3 HGB wie folgt untergliedert:

Fremdkapital
B. Rückstellungen
C. Verbindlichkeiten:

1. Anleihen (davon konvertibel);
2. Verbindlichkeiten gegenüber Kreditinstituten;
3. erhaltene Anzahlungen auf Bestellungen;
4. Verbindlichkeiten aus Lieferungen und Leistungen;
5. Verbindlichkeiten aus Wechselgeschäften;
6. Verbindlichkeiten gegenüber verbundenen Unternehmen;
7. Verbindlichkeiten gegenüber beteiligten Unternehmen;
8. sonstige Verbindlichkeiten, (davon aus Steuern, davon im Rahmen der sozialen Sicherheit).

Unter der Position **Anleihen** werden Verbindlichkeiten aus der Begebung von Wertpapieren aufgelistet. **Verbindlichkeiten gegenüber Kreditinstituten** sind typischerweise

---

[2] Einen Spezialfall des Fremdkapitals stellt dabei nachrangiges Fremdkapital dar. Dieses tritt aufgrund einzelvertraglicher Regelungen im Falle der Liquidation oder Insolvenz im Rang hinter die Forderungen anderer Gläubiger zurück (zum Beispiel Mezzanine-Kapital).

klassische Bankdarlehen, Leasingverbindlichkeiten oder Kontokorrentkredite. **Verbindlichkeiten aus Lieferungen und Leistungen** betreffen in der Regel offene Rechnungen gegenüber Lieferanten oder Dienstleistern. **Verbindlichkeiten gegenüber verbundenen oder beteiligten Unternehmen** werden gesondert ausgewiesen. **Verbindlichkeiten aus Wechselgeschäften** – sofern sie heute noch auftreten – werden ebenfalls aufgeführt. Darüber hinaus werden **Sonstige Verbindlichkeiten** wie zum Beispiel Sozialversicherungsbeiträge oder Steuereinbehalte aufgelistet.

Rückstellungen gehören zum Fremdkapital, da diese Leistungsverpflichtungen darstellen, die zum Bilanzstichtag als rechtlich bzw. wirtschaftlich verursacht gelten, die aber dem Grunde und/oder der Höhe nach ungewiss sind.

10.2.2 Buchungen im Zusammenhang mit Verbindlichkeiten

10.2.2.1 Buchungen im Zusammenhang mit ausgegebenen Anleihen

Große Kapitalgesellschaften haben häufig einen enormen Kapitalbedarf beispielsweise für Investitionen oder Unternehmensübernahmen. Dieser Kapitalbedarf kann einerseits durch Eigenkapital (Ausgabe neuer Aktien Abschn. 10.1.2.1) oder andererseits am Kapitalmarkt durch die Ausgabe von Anleihen gedeckt werden. **Anleihen** (auch Schuldverschreibungen, Obligationen oder Bonds genannt) stellen verbriefte Kreditverbindlichkeiten dar, die in der Regel mittel- bis langfristig sind und häufig auch während der Laufzeit über Börsen gehandelt werden. Eine Anleihe wird zu einem bestimmten Nennbetrag ausgegeben, zum Beispiel 100.000 €. Dieser Nennbetrag (auch **Nominalbetrag** genannt) bestimmt die nominale Höhe der Anleihe und dient als Berechnungsgrundlage der Zinsen, die dem Anleihegläubiger zustehen. Jedoch kann der Betrag, den das Unternehmen ausgezahlt bekommt, von dem Nominalbetrag abweichen. Bekommt das ausgebende Unternehmen einen Betrag ausgezahlt, der kleiner ist als der Nennbetrag, wird die Differenz als sogenanntes **Disagio** bezeichnet. Zurückzuzahlen ist am Laufzeitende jedoch der Nominalbetrag. Das Disagio bietet als weiterer Vergütungsbestandteil (neben den Zinsen) Anreize für Investoren, dem Unternehmen Geld zur Verfügung zu stellen. Anderseits ist es auch möglich, dass eine Anleihe ein **Agio** aufweist, also der Auszahlungsbetrag höher ist als der Nominalbetrag. Ein Agio würde die Vergütung der Kapitalgeber mindern, da die Rückzahlung zum Nominalbetrag erfolgt. Agio und Disagio dienen dazu, bei der initialen Preisfindung einer mit einem festen Nominalzins ausgestatteten Anleihe eine marktgerechte Rendite für die Anleihegläubiger abzubilden.

Die Verbuchung einer Anleihebegebung erfolgt im Haben auf dem Passivkonto „Anleihen", während die Gegenbuchung im Soll des Kontos „Bank" erfolgt. Ein Disagio ist steuerrechtlich obligatorisch zu aktivieren und über die Laufzeit des Darlehens abzuschreiben. Das Disagio wird dabei auf dem aktiven Bestandskonto „Damnum/ Disagio" eingebucht. Handelsrechtlich bestünde grundsätzlich ebenfalls die Möglichkeit, ein Disagio bei Begebung der Anleihe sofort als Einmalaufwand abzuschreiben. In diesem Fall wird das Disagio in voller Höhe als Aufwand auf dem Konto „Zinsen und ähnliche Aufwendungen" verbucht.

Die Zahlungen des vereinbarten Zinskupons (in der Regel jährlich, aber auch vierteljährlich oder monatlich möglich) werden im Soll auf dem Aufwandskonto „Zinsen und ähnliche Aufwendungen" verbucht, während die Gegenbuchung im Haben auf dem Konto „Bank" erfolgt.

Während der Laufzeit der Anleihe wird das aktivierte Disagio pro rata temporis abgeschrieben. Die Verbuchung der Abschreibung erfolgt im Soll auf dem Aufwandskonto „Zinsen und ähnliche Aufwendungen" und im Haben auf dem aktiven Bestandskonto „Disagio/ Damnum".

Beispiel

Ein Unternehmen begibt eine Anleihe mit einer Laufzeit von 5 Jahren und einem Nominalvolumen von 10.000.000 €. Der Zinskupon ist mit 5,5 % fix jährlich vereinbart. Der Auszahlungskurs lag bei 99,8 % des Nominalvolumens.

Die Begebung der Anleihe wird wie folgt verbucht (inklusive Aktivierung des Agios):

Bank (1800)	9.980.000 €	an	Anleihen (3100)	10.000.000 €
Disagio/ Damnum (1940)	20.000 €			

Hat sich das Unternehmen für eine (nur handelsrechtlich zulässige) Sofortabschreibung des Disagios entschieden, wird die Anleihebegebung wie folgt verbucht:

Bank (1800)	9.980.000 €	an	Anleihen (3100)	10.000.000 €
Abschreibungen auf ein Agio oder Disagio/Damnum zur Finanzierung (7323)	20.000 €			

Während der Laufzeit sind jährlich zunächst die Zahlungen der Zinsen zu verbuchen:

Zinsen und ähnliche Aufwendungen (7300)		an	Bank (1800)	550.000 €

Wurde das Disagio aktiviert, ist es jährlich mit einem Betrag von 20.000 €: 5 Jahre = 4000 € abzuschreiben:

Abschreibungen auf ein Agio oder Disagio/Damnum zur Finanzierung (7323)		an	Disagio/ Damnum (1940)	4000 €

Am Ende der Laufzeit wird der Nominalbetrag der Anleihe vom Unternehmen an die Anleihegläubiger zurückgezahlt:

| Anleihen (3100) | an | Bank (1800) | 10.000.000 € |

◄

10.2.2.2 Buchungen im Zusammenhang mit Darlehen

Im Rahmen der Finanzierung bei kleineren und mittleren Unternehmen findet das klassische Bankdarlehen am häufigsten Verwendung. Im Gegensatz zu einer Anleihe werden die finanziellen Mittel hier nicht am Kapitalmarkt eingeworben, sondern von (in der Regel) lediglich einer Bank oder einem anderen Finanzierungspartner, wie beispielsweise einem verbundenen Unternehmen, zur Verfügung gestellt. Es findet kein öffentlicher Handel mit Anteilen an dem Darlehen statt. Oftmals sind Bankdarlehen im Gegensatz zu Anleihen besichert.

Mit der Aufnahme eines Darlehens entsteht für das Unternehmen eine Verbindlichkeit gegenüber der kreditgebenden Stelle (in der Regel einem Kreditinstitut). Diese Verbindlichkeiten werden in der Bilanz (und damit auch bei den zu bebuchenden Konten) nach ihrer Restlaufzeit unterteilt in:

- Kurzfristige Verbindlichkeiten: bis 1 Jahr Restlaufzeit.
- Mittelfristige Verbindlichkeiten: Restlaufzeit 1 bis 5 Jahre.
- Langfristige Verbindlichkeiten: Restlaufzeit mehr als 5 Jahre.

Die Einbuchung der Darlehensaufnahme erfolgt im Haben auf dem entsprechenden passiven Bestandskonto (zum Beispiel „Verbindlichkeiten gegenüber Kreditinstituten mit einer Laufzeit von mehr als 5 Jahren"). Die Auszahlung des Darlehensbetrages wird im Soll auf dem Konto „Bank" verbucht.

Auch bei klassischen Bankdarlehen können bei der Auszahlung des Darlehens Abschläge von der Bank einbehalten werden, die zur Deckung initialer Kosten der Darlehensvergabe bei der Bank dienen. Die Verbindlichkeit zur Rückzahlung besteht jedoch in voller Höhe des Darlehensbetrages. Dieser Abschlag wird wie das Disagio bei Anleihen behandelt, kann also handelsrechtlich direkt abgeschrieben werden, muss steuerrechtlich aber aktiviert und pro rata temporis abgeschrieben werden (Abschn. 10.2.2.1).

In den Kreditverträgen werden Vereinbarungen zu Rückzahlungsmodalitäten festgehalten. Neben den **endfälligen Darlehen,** die wie die meisten begebenen Anleihen in einer Summe am Ende der Laufzeit zurückzuzahlen sind, werden häufiger Vereinbarungen getroffen, bei denen während der Laufzeit bereits eine Tilgung stattfindet. Diese Tilgung kann zum einen in gleichbleibenden, monatlichen, vierteljährlichen oder jährlichen Tilgungsraten erfolgen (= **Tilgungsdarlehen**). Die Zinsen werden dabei immer auf den Restbetrag erhoben. Der laufende Zahlungsbetrag sinkt dadurch mit fortschreitender Darlehenslaufzeit. Es kann aber auch eine gleichbleibende (monatliche,

10.2 Fremdkapital

vierteljährliche oder jährliche) Rate vereinbart werden, die Zins und Tilgung enthält (= **Annuitätendarlehen**). Dabei nimmt im Laufe der Zeit der Anteil der Tilgung innerhalb der Rate zu, während der Anteil der Zinsen sinkt. Annuitätendarlehen werden häufiger bei kleineren Unternehmen und Verbrauchern eingesetzt.

Die Verbuchung der Tilgung erfolgt unabhängig von der vereinbarten Tilgungsart im Soll bestandsmindernd auf den Passivkonten „Verbindlichkeiten gegenüber Kreditinstituten" und im Haben auf dem Bankkonto, das mit den Tilgungsbeträgen belastet wird.

Beispiel

Ein Unternehmen hat vor zwei Jahren ein Bankdarlehen in Höhe von 10.000 € aufgenommen. Die aktuelle jährliche Tilgungsrate beläuft sich auf 2000 €. Die Zinsen auf den Restbetrag belaufen sich auf 320 €.

Die Tilgungsleistung wird wie folgt verbucht:

Verbindlichkeiten gegenüber Kreditinstituten – Restlaufzeit 1 bis 5 Jahre (3160)	an	Bank (1800)	2000 €

Die Verbuchung der Zinsen erfolgt anhand:

Zinsen und ähnliche Aufwendungen (7300)	an	Bank (1800)	320 €

Beispiel

Ein Unternehmen hat vor zwei Jahren ein Bankdarlehen in Höhe von 10.000 aufgenommen. Es wurde eine jährliche Annuitätenrate in Höhe von 2400 € vereinbart. Der Zinssatz des Darlehens liegt bei 4 % p. a. Die Anteile von Zins und Tilgung innerhalb der Annuitätenrate entwickeln sich wie folgt:

	Restbetrag	Zinsanteil	Tilgungsanteil	Annuitätenrate
1. Jahr	10.000 €	400 €	2000 €	2400 €
2. Jahr	8000 €	320 €	2080 €	2400 €

Die Tilgungsleistung wird wie folgt verbucht:

Verbindlichkeiten gegenüber Kreditinstituten – Restlaufzeit 1 bis 5 Jahre (3160)	an	Bank (1800)	2080 €

Die Verbuchung der Zinsen erfolgt anhand:

| Zinsen und ähnliche Aufwendungen (7300) | an | Bank (1800) | 320 € |

10.2.3 Finanzierung durch Rückstellungen

Rückstellungen werden dem Fremdkapital zugerechnet. Nach § 266 HGB sind Rückstellungen wie folgt zu untergliedern:

B. Rückstellungen
1. Rückstellungen für Pensionen und ähnliche Verpflichtungen;
2. Steuerrückstellungen;
3. sonstige Rückstellungen.

Rückstellungen werden im Rahmen der Aufstellung des Jahresabschlusses für in späteren Perioden wahrscheinliche Auszahlungen oder geminderte Einzahlungen, deren Ursache im abgeschlossenen Geschäftsjahr lag, gebildet. Die Bildung und Auflösung von Rückstellungen erfolgen im Rahmen der vorbereitenden Jahresabschlussarbeiten (vgl. Abschn. 13.1.4).

Die Finanzierung aus Rückstellungen ist eine Art der Innenfinanzierung, da keine Zuflüsse von außen erfolgen. Sie stellt jedoch eine Fremdfinanzierung dar, da auf Mittel zurückgegriffen wird, die wahrscheinlich zu einem späteren Zeitpunkt einem externen Dritten zugeführt werden müssen. Bis zum Zeitpunkt ihrer Auszahlung stehen die zurückgestellten Beträge zur Finanzierung zur Verfügung.

10.3 Zusammenfassung und Aufgaben

Der Kapitalbedarf eines Unternehmens muss durch Eigenkapital oder durch Fremdkapital gedeckt werden. Eigenkapital kann dem Unternehmen durch Einlagen haftender Gesellschafter oder Anteile nicht haftender Gesellschafter zugeführt bzw. aus dem erzielten Jahresergebnis einbehalten werden. Bei die Verbuchung der jeweiligen Einlagen und auch des Ergebniseinbehaltes gibt es rechtsformspezifische Unterschiede. Fremdkapital wird im Gegensatz zum Eigenkapital zeitlich befristet und in der Regel in nicht haftender Weise zur Verfügung gestellt. Unter Fremdkapital werden Anleihen, Bankdarlehen, aber auch Verbindlichkeiten aus Lieferungen und Leistungen sowie gegenüber anderen Gläubigern subsumiert. Auch Rückstellungen zählen zum Fremdkapital.

10.3 Zusammenfassung und Aufgaben

10.3.1 Lernkontrollfragen zu Kap. 10

- Was verstehen Sie unter dem Begriff Finanzierung? Kap. 10
- Welche 4 grundsätzlichen Möglichkeiten der Finanzierung lassen sich nach Herkunft des Kapitals und nach rechtlicher Stellung des Kapitalgebers unterscheiden? Kap. 10
- Wie ist der Begriff Eigenkapital definiert? Abschn. 10.1
- Wie ist die Ausgabe neuer Aktien zu verbuchen? Abschn. 10.1.2.1
- Wie erfolgt die Verbuchung des erzielten Jahresergebnisses bei Kapitalgesellschaften? Abschn. 10.1.2.2
- Welche Buchungen sind bei Ausschüttungen an Gesellschafter vorzunehmen? Abschn. 10.1.2.3
- Wie erfolgt die Verbuchung von Festkapital? Was ist der Unterschied zu variablem Kapital? Abschn. 10.1.3.1
- Wie erfolgt die Verbuchung des erzielten Jahresergebnisses bei Personengesellschaften? Abschn. 10.1.3.2
- Wie werden Privatentnahmen buchhalterisch behandelt? Abschn. 10.1.3.3
- Wie lässt sich Fremdkapital vom Eigenkapital abgrenzen? Abschn. 10.2
- Wie wird die Begebung einer Anleihe verbucht? Abschn. 10.2.2.1
- Welche Möglichkeiten bestehen, mit einem Disagio bei einer Anleihebegebung umzugehen? Abschn. 10.2.2.1
- Auf welchen Betrag wird bei einer Anleihe der zu zahlende Anleihezins berechnet? Abschn. 10.2.2.1
- Welche Rückzahlungsmodalitäten können bei einem Darlehen unterschieden werden? Abschn. 10.2.2.2
- Welche Art der Finanzierungsform stellen Rückstellungen dar? Abschn. 10.2.3

10.3.2 Aufgaben

Aufgabe 1: Verbuchung Jahresergebnis einer GmbH
Die Eigenkapitalkonten einer GmbH weisen zum Abschlussstichtag folgende Werte aus:

- Gezeichnetes Kapital: 100.000 €
- Gewinnrücklage: 30.000 €
- Verlustvortrag Vorjahr: 5000 €

Die GmbH erzielt einen Jahresüberschuss nach Steuern in Höhe von 8000 €. Der Gesellschaftervertrag sieht vor, jährlich 25 % des Jahresüberschusses in die Gewinnrücklagen einzustellen.
Nehmen Sie bitte die Verbuchung der teilweisen Ergebnisverwendung vor.
Wie hoch ist der ausgewiesene Bilanzgewinn?

Aufgabe 2: Aufnahme eines Bankdarlehens

Ein Unternehmen nimmt ein endfälliges Bankdarlehen in Höhe von 15.000 € mit einer Laufzeit von 10 Jahren auf. Der Auszahlungsbetrag beträgt 14.500 €. Es wird eine Verzinsung von 4 % p. a. vereinbart.

1) Bitte verbuchen Sie die Auszahlung des Darlehens sowohl bei Sofortabschreibung als auch Aktivierung des Disagios. Welche der Vorgehensweisen ist steuerrechtlich zulässig?
2) Nehmen die bitte die Verbuchung der Vorgänge im zweiten Jahr der Darlehenslaufzeit vor (jeweils für beide Fälle aktiviertes und nicht aktiviertes Disagio).
3) Wie ist die Rückzahlung des Darlehens am Laufzeitende zu verbuchen?

10.3.3 Lösungen

Aufgabe 1: Verbuchung Jahresergebnis einer GmbH

Auflösung des Verlustvortrages:

Verlustvortrag nach Verwendung (7720)	an	Verlustvortrag vor Verwendung (2978)	5000 €

Einstellung in die Gewinnrücklagen:

Einstellungen in die satzungsmäßige Rücklage (7775)	an	Satzungsmäßige Rücklage (2950)	2000 €

Vortrag des Ergebnisses ins Folgejahr:

Eröffnungsbilanzkonto (9030)	an	Gewinnvortrag vor Verwendung (2970)	1000 €

Der ausgewiesene Bilanzgewinn beträgt 1000 €.

Aufgabe 2: Aufnahme eines Bankdarlehens

1) Aufnahme des Darlehens mit sofortiger Verbuchung des Disagios als Aufwand:

Bank (1800)	14.500 €	an	Verbindlichkeiten gegenüber Kreditinstituten – Restlaufzeit größer 5 Jahre (3170)	15.000 €
Abschreibungen auf ein Agio oder Disagio/Damnum zur Finanzierung (7323)	500 €			

Aufnahme des Darlehens mit Aktivierung des Disagios:

Bank (1800)	14.500 €	an	Verbindlichkeiten gegenüber Kreditinstituten – Restlaufzeit größer 5 Jahre (3170)	15.000 €
Disagio/ Damnum (1940)	500 €			

Steuerrechtlich ist ausschließlich die Aktivierung des Disagios zulässig.

2) Verbuchung der Vorgänge im zweiten Jahr der Darlehenslaufzeit – nicht aktiviertes Disagio:

Zinsen und ähnliche Aufwendungen (7300)		an	Bank (1800)	600 €

Verbuchung der Vorgänge im zweiten Jahr der Darlehenslaufzeit – aktiviertes Disagio:

Abschreibungen auf ein Agio oder Disagio/Damnum zur Finanzierung (7323)		an	Disagio/ Damnum (1940)	50 €
Zinsen und ähnliche Aufwendungen (7300)		an	Bank (1800)	600 €

3) Wie ist die Rückzahlung des Darlehens am Laufzeitende zu verbuchen?

Verbindlichkeiten gegenüber Kreditinstituten – Restlaufzeit kleiner 1 Jahr (3151)[3]		an	Bank (1800)	15.000 €

Literatur

Bieg, H., & Waschbusch, G. (2021). *Buchführung*. NWB.
Hapag Lloyd AG. (2022). Geschäftsbericht 2022. https://hlag-2022.corporate-report.net/. Zugegriffen: 14. Febr. 2024.
Grill, W., & Percyznski, H. (2021). *Wirtschaftslehre des Kreditwesens* (55. Aufl.). Köln: Westermann.

---

[3] Mit abnehmender Restlaufzeit erfolgt eine Umbuchung auf den Konten, welche die Fristigkeit der Verbindlichkeit anzeigen. Im letzten Jahr der Laufzeit des Darlehens ist dieses dann auf dem Konto „Verbindlichkeiten gegenüber Kreditinstituten – Restlaufzeit bis 1 Jahr" eingebucht.

Perridon, L., Steiner, M., & Rathgeber. A. (2022). *Finanzwirtschaft der Unternehmung* (18. Aufl.). Vahlen.

Riepolt, J. (2021). *Buchung der Ergebnisverwendung bei der Jahresabschlusserstellung von Kapitalgesellschaften.* In: BBK Nr. 10/ 2021, S. 466–472.

Steuergesetze. (2024). 31. Aufl., dtv.

Erfolgsermittlung 11

> **Lernziele**
> - Wie wird der Erfolg eines Unternehmens ermittelt?
> - Welche Größen sind für die Erfolgsermittlung relevant und wie lassen sich diese von anderen Begriffen abgrenzen?
> - Welche Arten von Aufwendungen und Erträgen gibt es?
> - Wie läuft die Erfolgsermittlung für ein Unternehmen systematisch ab?
> - Wie werden Erfolgskonten abgeschlossen?
> - Wie wird eine Gewinn- und Verlustrechnung aufgestellt?
> - Welchen Zusammenhang gibt es zwischen Periodenerfolg und der Bilanz?

In unserem Einführungsbeispiel (Abschn. 1.1) haben wir die Veränderung des Reinvermögens zwischen zwei Geschäftsperioden als Größe für den Erfolg eines Unternehmens kennen gelernt. Um die Ursachen für die Veränderung des Eigenkapitals aufzuzeigen, wird eine gesonderte Erfolgsermittlung durchgeführt. Dabei wird der Erfolg als Differenz zwischen Ertrag und Aufwand verstanden:

- **Gewinn (Verlust)** = Differenz zwischen Aufwand und Ertrag

Als Erfolg wird dabei nicht nur ein positives Ergebnis (also ein Gewinn) bezeichnet, sondern auch ein möglicher Verlust.

Um abzugrenzen, bei welchen Geschäftsvorfällen es sich um Aufwand bzw. Ertrag handelt, sind vorweg einige elementare Begriffe voneinander abzugrenzen.

11.1 Abgrenzung der Erfolgsbegriffe

Für die Erfolgsermittlung ist abzugrenzen, ob sich ein Geschäftsvorfall tatsächlich auf das Ergebnis eines Unternehmens auswirkt (erfolgswirksam ist) oder nicht. In die Erfolgsermittlung dürfen lediglich Geschäftsvorfälle eingehen, die eine Reinvermögensänderung bewirken. Dies ist ausschließlich bei Aufwendungen und Erträgen der Fall.

Umgangssprachlich werden die Begriffe Einnahmen, Einzahlungen und Erträge häufig synonym behandelt, ebenso wie die Begriffe Auszahlungen, Ausgaben und Aufwendungen. Für die Erfolgsermittlung ist es jedoch unerlässlich, die genauen Abgrenzungskriterien zu kennen und Geschäftsvorfälle entsprechend kategorisieren zu können.

Alle genannten Begriffe stellen Wertbewegungen innerhalb einer Periode dar, sind also **Stromgrößen** (im Gegensatz zu **Bestandsgrößen** wie beispielsweise der Bestand im Sachanlagevermögen). Diese Stromgrößen treten während einer Geschäftsperiode auf. Sie verändern die Bestandsgrößen. Einnahmen, Einzahlungen und Erträge erhöhen die Bestände am Ende des Geschäftsjahres, während Auszahlungen, Ausgaben und Aufwendungen sie verringern. Während aber **Einnahmen** das Geldvermögen verändern (Saldo aus finanziellen Vermögenswerten und Schulden), verändern **Einzahlungen** den Zahlungsmittelbestand. **Erträge** dagegen ändern das Reinvermögen (bzw. Nettovermögen auch Eigenkapital genannt). Genau anhand ebendieser Bestandsgrößen, auf die sich die Stromgrößen beziehen, erfolgt die Abgrenzung der einzelnen Begrifflichkeiten. Bei den Ausgaben, Auszahlungen und Aufwendungen verhält es sich ähnlich. **Ausgaben** verringern das Geldvermögen, während **Auszahlungen** den Zahlungsmittelbestand reduzieren. **Aufwendungen** mindern dagegen das Reinvermögen.

Abgrenzung der veränderlichen Bestandsgrößen
Um die Abgrenzung deutlicher zu machen, werden hier die Bestandsgrößen, auf die sich die Stromgrößen beziehen, definiert:

- **Zahlungsmittelbestand** = Kassenbestände + Kontokorrentguthaben
- **Geldvermögen** = Zahlungsmittelbestände + sonstige finanzielle Guthaben abzgl. Geldschulden
- **Reinvermögen** (Nettovermögen, Eigenkapital) = alle Vermögensgegenstände abzgl. Schulden

Zusammengefasst zeigt Tab. 11.1 das Zusammenspiel zwischen Bestands- und Stromgrößen.

Tab. 11.1 Überblick über das Zusammenspiel zwischen Bestands- und Stromgrößen

Bestandsgrößen	Stromgrößen	
	Zufluss	Abfluss
Zahlungsmittelbestand	Einzahlung	Auszahlung
Geldvermögen	Einnahme	Ausgabe
Reinvermögen	Ertrag (erfolgswirksam)	Aufwand (erfolgswirksam)
	Einlage (erfolgsunwirksam)	Entnahme (erfolgsunwirksam)

11.1 Abgrenzung der Erfolgsbegriffe

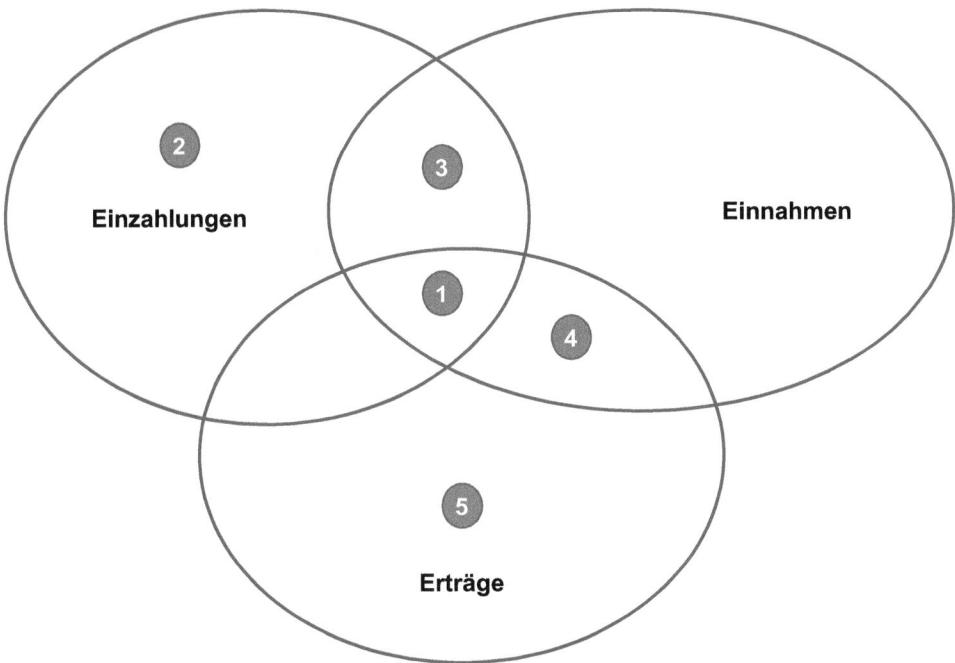

Abb. 11.1 Einzahlungen, Einnahmen und Erträge

Erschwert wird die Abgrenzung der Begriffe dadurch, dass in der Regel Geschäftsvorfälle auftreten, bei denen sich die jeweiligen Fälle überschneiden. Schauen wir uns dies zunächst in Abb. 11.1 für die Zuflüsse an.

Häufig treten Fälle auf, in denen Einzahlungen auch gleichermaßen Einnahmen sind und sich in gleicher Höhe auch positiv auf das Ergebnis eines Unternehmens auswirken (Nr. 1 in Abb. 11.1). Das klassische Beispiel hierfür sind Umsatzerlöse, die bar oder via Banküberweisung/ Kartenzahlung bezahlt werden.

Daneben gibt es jedoch auch Fälle, in denen Einzahlungen keine Einnahmen sind, also der Zahlungsmittelbestand erhöht wird, aber das Geldvermögen nicht (Nr. 2). Ein Beispiel für einen solchen Fall ist die Begleichung einer offenen Rechnung durch einen Kunden. Dadurch würde sich zwar der Zahlungsmittelbestand erhöhen, das Geldvermögen aber nicht, da die Forderungen aus Lieferungen und Leistungen (sonstige finanzielle Guthaben) entsprechend reduziert werden. Das Reinvermögen würde in diesem Beispiel keine Änderung erfahren.

Weiterhin sind auch Einzahlungen möglich, die Einnahmen sind, aber das Reinvermögen unverändert lassen, wie beispielsweise der Verkauf einer Maschine aus dem Anlagevermögen zum Buchwert (Nr. 3).

Zudem treten Geschäftsvorfälle auf, in denen das Geldvermögen und das Reinvermögen vermehrt werden, jedoch der Zahlungsmittelbestand unverändert bleibt (Nr. 4). Das typische Beispiel für einen solchen Geschäftsvorfall ist ein Warenverkauf auf Rechnung mit einem Zahlungsziel. Der Bestand an Zahlungsmitteln bleibt dadurch zunächst unverändert, das Geldvermögen mehrt sich durch die Zunahme von Forderungen aus Lieferungen und Leistungen. Die Erlöse aus dem Warenverkauf sind erfolgswirksam und erhöhen das Reinvermögen.

In einigen Fällen entstehen aber auch Erträge, ohne dass das Geldvermögen oder die Zahlungsmittel berührt werden. Ein Beispiel hierfür wären Wertzuwächse im Anlagevermögen, die den aktuellen Buchwert übersteigen (Nr. 5).

Auch für die Abflüsse eines Unternehmens ergibt sich eine ähnlich komplexe Situation. Abb. 11.2 fasst die entsprechenden Fälle zusammen, die im Folgenden besprochen werden.

Im Rahmen der Abflüsse aus einem Unternehmen treten häufig Geschäftsvorfälle auf, die gleichermaßen zu einer Auszahlung, Ausgabe und Aufwendung führen (Nr. 1 in Abb. 11.2). Ein Beispiel hierfür wäre die Banküberweisung von Personalkosten aus dem Kontokorrentguthaben.

Jedoch können auch Auszahlungen auftreten, die sowohl das Geldvermögen als auch das Reinvermögen unverändert lassen (Nr. 2). Ein Beispiel hierfür ist die Zahlung der Tilgungsrate eines Bankkredites aus dem Kontokorrentguthaben. Dadurch vermindert

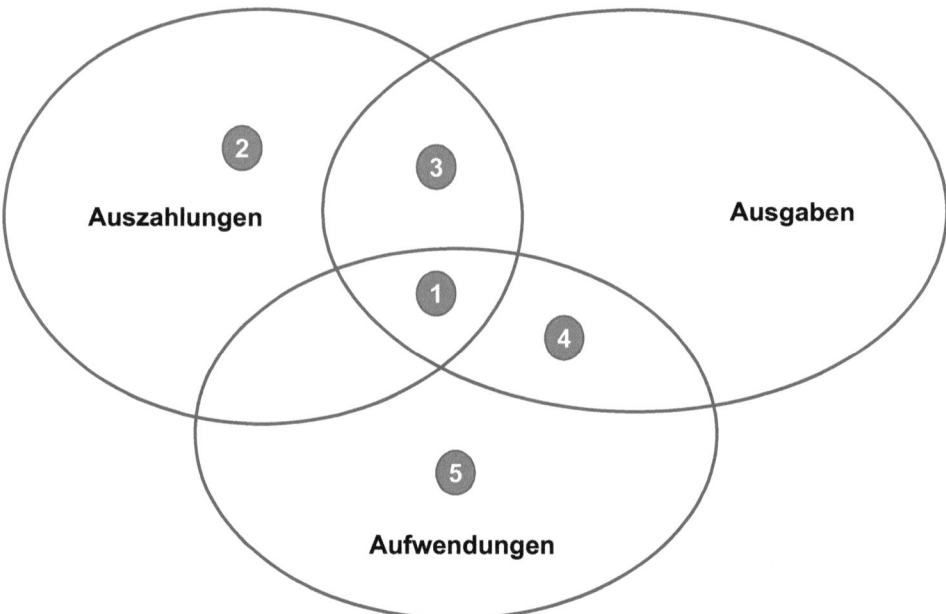

Abb. 11.2 Auszahlungen, Ausgaben, Aufwendungen

sich der Bestand an Zahlungsmitteln, gleichzeitig reduziert sich jedoch der Bestand an Geldschulden, wodurch das Geldvermögen unverändert bleibt. Eine Wertveränderung ergibt sich aus diesem Geschäftsvorfall nicht, wodurch das Reinvermögen unverändert bleibt.

Zudem sind Geschäftsvorfälle denkbar, bei denen eine Veränderung des Zahlungsmittelbestandes und des Geldvermögens eintritt, das Reinvermögen jedoch unverändert bleibt (Nr. 3). Zum Beispiel löst der Einkauf von Waren gegen Barzahlung eine Verringerung des Zahlungsmittelbestandes aus, ebenso wird das Geldvermögen vermindert. Da die Waren zu ihrem Wert jedoch in das Umlaufvermögen der Bilanz als Aktivposten eingebucht werden[1], ändert sich das Reinvermögen durch diesen Geschäftsvorfall nicht.

Weiterhin lassen sich Ausgaben feststellen, die gleichermaßen Aufwendungen sind, aber den Zahlungsmittelbestand unverändert lassen (Nr. 4). Ein Beispiel hierfür wäre der Bezug externer Leistungen, für die eine Rechnung mit einem Zahlungsziel ausgestellt wird. Die Kosten der externen Leistung wären als Aufwand zu verbuchen und reduzieren so das Reinvermögen. Der Zahlungsmittelbestand bliebe zunächst unverändert, da die Rechnung für die bezogene Leistung erst nach Erreichen des Zahlungsziels zu begleichen ist. Jedoch reduziert sich das Geldvermögen, da die Verbindlichkeit aus Lieferungen und Leistungen zu den Geldschulden gehört und damit das Geldvermögen mindert.

Aufwendungen, die zu keiner Auszahlung oder Ausgabe führen (Nr. 5), sind beispielsweise Verbräuche von Rohstoffen im Produktionsprozess[2], Abschreibungen auf Gebäude oder Wertgegenstände sowie Wertberichtigungen von Forderungen.

Wichtig für die Gewinnermittlung ist nun, genau abzugrenzen, ob bei dem jeweiligen Geschäftsvorfall tatsächlich ein Aufwand oder Ertrag vorliegt. Nur diese Größen finden Eingang in die Gewinnermittlung eines Unternehmens.

▶ **Ertrag** = Wertzuwachs einer Periode (Erhöhung des Reinvermögens). Dieser entsteht durch die Leistung eines Unternehmens, insbesondere die Herstellung von Vermögensgegenständen oder die Einnahmen aus dem Verkauf oder der Bereitstellung von Gütern. Beispiele sind Umsatzerlöse und sonstige betriebliche Erträge.

▶ **Aufwand** = Wertverzehr einer Periode (Verringerung des Reinvermögens). Dieser entsteht durch den Verbrauch bzw. die Nutzung von Gütern und Dienstleistungen, durch Steuern und sonstige Abgaben. Beispiele sind Löhne bzw. Gehälter, Mieten, Steuern, der Verbrauch von Rohstoffen, Betriebsstoffen und Hilfsstoffen.

---

[1] Hier wird eine bestandsorientierte Verbuchung unterstellt (Abschn. 8.1.2.2).
[2] Hier wird eine bestandsorientierte Verbuchung unterstellt (Abschn. 8.1.2.2).

Zu beachten ist, dass es neben den Aufwendungen und Erträgen Geschäftsvorfälle gibt, die das Reinvermögen verändern, aber keinen Wertverzehr oder Wertzuwachs darstellen. Zum Beispiel kann das Reinvermögen eines Unternehmens durch die Einlage eines Unternehmers erhöht oder durch eine Entnahme vermindert werden. Solche Vorfälle werden nicht in der Erfolgsermittlung eines Unternehmens betrachtet. Sie werden im Rahmen der Bilanzerstellung abgebildet.

11.2 Gliederung der Gewinn- und Verlustrechnung

Im Rahmen der Erfolgsermittlung am Periodenende werden die Aufwendungen (Werteverzehr, Reduzierung des Reinvermögens) und die Erträge (Wertezuwachs, Erhöhung des Reinvermögens) kategorisiert. So lassen sich anhand der aufzustellenden Gewinn- und Verlustrechnung Ursachen der Wertentwicklung ableiten.

Um dies zu gewährleisten, wird die Gewinn- und Verlustrechnung zunächst in folgende Teilrechnungen untergliedert:

Betriebsergebnis
+ Finanzergebnis
./. Steuern vom Einkommen und Ertrag
./. Sonstige Steuern
= **Jahresüberschuss/ Jahresfehlbetrag**

Abb. 11.3 zeigt die Gewinn- und Verlustrechnung der Hapag Lloyd AG.

11.2.1 Ermittlung des Betriebsergebnisses

Das Betriebsergebnis bildet den Erfolg des gewöhnlichen Geschäftsbetriebes eines Unternehmens ab. Es stellt die Rendite des im Unternehmen selbst genutzten Vermögens dar. Zur Ermittlung des Betriebsergebnisses gibt es zwei mögliche Verfahren. Zum einen das Umsatzkostenverfahren und das Gesamtkostenverfahren (§ 275 Abs. 1 HGB). Eine gesetzliche Pflicht zur Verwendung des einen oder anderen Verfahrens besteht nicht, jedoch ist das Umsatzkostenverfahren international gebräuchlicher. Für Kleinstunternehmern hält das HGB weiterhin eine vereinfachte Darstellung der Gewinn- und Verlustrechnung bereit (§ 275 Abs. 5 HGB).

11.2 Gliederung der Gewinn- und Verlustrechnung

KONZERN-GEWINN- UND VERLUSTRECHNUNG

der Hapag-Lloyd AG für die Zeit vom 1. Januar bis 31. Dezember 2022

Mio. EUR	Anhang	1.1.–31.12.2022
Umsatzerlöse	(1)	34.542,7
Transportaufwendungen	(2)	13.730,7
Personalaufwendungen	(3)	982,0
Abschreibungen auf immaterielle Vermögenswerte und Sachanlagen	(4)	1.904,2
Sonstiges betriebliches Ergebnis	(5)	−491,3
Ergebnis der betrieblichen Tätigkeit		**17.434,6**
Ergebnis aus nach der Equity-Methode einbezogenen Unternehmen	(12)	90,0
Ergebnis aus Beteiligungen	(12)	–
Ergebnis von Zinsen und Steuern (EBIT)		**17.524,5**
Zinserträge und sonstige Finanzerträge	(6)	252,3
Zinsaufwendungen und sonstige Finanzaufwendungen	(6)	229,7
Übrige Finanzposten	(7)	−303,9
Ergebnis vor Steuern		**17.243,2**
Ertragsteuern	(8)	200,6
Konzernergebnis		**17.042,6**

Abb. 11.3 Gewinn- und Verlustrechnung Hapag Lloyd AG

11.2.1.1 Gesamtkostenverfahren

Das Gesamtkostenverfahren Abb. 11.4 zeichnet sich dadurch aus, dass es den erzielten Erträgen nicht nur alle Aufwendungen gegenübergestellt, sondern auch Veränderungen im Bestand fertiger und unfertiger Erzeugnisse ergebnistechnisch berücksichtigt werden. Für ein produzierendes Unternehmen stellt das Gesamtkostenverfahren damit das präzisere Verfahren dar, um die Leistungsfähigkeit des Unternehmens zu beurteilen, da auch die selbst erbrachten Leistungen berücksichtigt werden.

Die folgenden Positionen sind dabei zu unterscheiden (Gliederung und Nummerierung nach HGB § 275 Abs. 2):

Ermittlung des Betriebsergebnisses nach dem Gesamtkostenverfahren

1. + Umsatzerlöse
2. +/- Erhöhung oder Verminderung des Bestands an fertigen und unfertigen Erzeugnissen
3. + andere aktivierte Eigenleistungen
4. + sonstige betriebliche Erträge
5. - Materialaufwand:
    a) Aufwendungen für Roh-, Hilfs- und Betriebsstoffe und für bezogene Waren
    b) Aufwendungen für bezogene Leistungen
6. - Personalaufwand:
    a) Löhne und Gehälter
    b) soziale Abgaben und Aufwendungen für Altersversorgung und für Unterstützung
7. - Abschreibungen:
    a) auf immaterielle Vermögensgegenstände des Anlagevermögens und Sachanlagen
    b) auf Vermögensgegenstände des Umlaufvermögens
8. - sonstige betriebliche Aufwendungen
= **Betriebsergebnis**

Abb. 11.4 Betriebsergebnis nach dem Gesamtkostenverfahrennach (§ 275 HGB)

1. **Umsatzerlöse** sind diejenigen Erlöse, die sich durch den Verkauf oder die Leistungserbringung eines Unternehmens ergeben. Beispielsweise können dies die Umsätze für den Verkauf von Waren sein, aber auch die Einnahmen aus Vermietung oder Verpachtung sowie die Erbringung von Dienstleistungen, wenn dies der Geschäftszweck der Unternehmung ist.
2. **Erhöhung oder Verminderung des Bestands an fertigen und unfertigen Erzeugnissen** entsteht durch den jeweiligen Verbrauch oder die Herstellung von fertigen und unfertigen eigenen Erzeugnissen im Rahmen des Produktions- oder Leistungsprozesses des Unternehmens.
3. **Andere aktivierte Eigenleistungen** können als weitere Erträge für ein Unternehmen verbucht werden, wenn ein Unternehmen ein Anlagegut, welches im Sachanlagevermögen des Unternehmens aktiviert wird, selbst erstellt. Zum Beispiel könnte ein Bauunternehmen eine Halle zur Unterbringung von Baumaschinen selbst errichten.
4. **Sonstige betriebliche Erträge** sind meist Erträge, die nicht dem regulären Geschäftsbetrieb entstammen. Hierunter fallen beispielsweise Gewinne, die aus einem Verkauf von Anlagegütern zu einem Wert, der über dem Buchwert liegt, entstehen. Unter diesem Sammelposten werden alle übrigen Erträge, die sich keiner der ersten drei Positionen zurechnen lassen, gesammelt erfasst.
5. **Materialaufwand,** der insbesondere in der Fertigung durch den Verbrauch von Roh-, Hilfs- und Betriebsstoffen entsteht oder in dem Verbrauch von Waren bei der Erbringung von Dienstleistungen. Kurz gesagt, werden in dieser Position alle Aufwendungen erfasst, die Verbräuche darstellen, welche zur Erbringung der Unternehmensleistung notwendig sind.

6. **Personalaufwand** enthält die Aufwendungen für das im Unternehmen eingesetzte Personal. Unter dieser Position werden alle Löhne, Gehälter sowie sozialen Aufwendungen (Arbeitgeberanteile an Sozialversicherungsbeiträgen) erfasst. Auch Urlaubs- oder Sonderzahlungen, Tantiemen oder andere Arten der Leistungsvergütung werden unter dieser Position erfasst.
7. **Abschreibungen** bilden den Wertverlust des im Unternehmen eingesetzten Sachanlagevermögens ab. So werden jährliche Aufwendungen für die Abnutzung und Alterung von Maschinen, Fahrzeugen, Gebäuden und anderen aktivierten und abnutzbaren Vermögensgegenständen erfasst.
8. **Sonstige betriebliche Aufwendungen** erfassen alle weiteren, bisher nicht im Gliederungsschema erfassten Aufwendungen, die im Unternehmen anfallen. Beispiele hierfür sind Aufwendungen für Versicherung, Kommunikation, Büromaterial, Beratungsleistungen, Marketing, Reinigungsleistungen etc.

11.2.1.2 Umsatzkostenverfahren

Während das Gesamtkostenverfahren alle angefallenen Kosten der Periode ansetzt, werden im Umsatzkostenverfahren Abb. 11.5 nur die tatsächlichen Umsatzerlöse und sonstigen Erträge sowie die Aufwendungen, die für die erzielten Umsätze angefallen sind, berücksichtigt. Trotz dieser unterschiedlichen Vorgehensweise ergibt sich bei der Anwendung des einen oder anderen Verfahrens grundsätzlich das gleiche Jahresergebnis, lediglich die Gliederung und die Summen auf dem GuV-Konto können abweichen. Alle Aufwendungen werden beim Umsatzkostenverfahren nach den Bereichen gegliedert, in denen sie entstanden sind. Dabei werden die Funktionsbereiche Herstellung, Vertrieb und Verwaltung unterschieden und in jeweiligen Zwischenergebnissen separat dargestellt. Um diese jeweiligen Aufwendungen für die verschiedenen Produktionsbereiche zu ermitteln, ist unterjährig eine laufende Kostenstellenrechnung oder eine anderweitige Kostenermittlungsmethode erforderlich.

Ermittlung des Betriebsergebnisses nach dem Umsatzkostenverfahren

1. + Umsatzerlöse
2. - Herstellungskosten der zur Erzielung der Umsatzerlöse erbrachten Leistungen
3. = Bruttoergebnis vom Umsatz
4. - Vertriebskosten
5. - allgemeine Verwaltungskosten
6. - sonstige betriebliche Erträge
7. - sonstige betriebliche Aufwendungen
= **Betriebsergebnis**

Abb. 11.5 Betriebsergebnis nach dem Umsatzkostenverfahren

1. **Umsatzerlöse** stellen die Erträge für die Leistungserbringung dar und werden analog dem Gesamtkostenverfahren erfasst.
2. **Herstellungskosten** der zur Erzielung der Umsatzerlöse erbrachten Leistungen ergeben sich aus den Aufwendungen zur Produktion bzw. Leistungserstellung der Periode. Dabei werden Verbräuche von unfertigen und fertigen Erzeugnissen (Bestandsminderungen) aufwandserhöhend berücksichtigt. Im Gegenzug dazu werden Bestandserhöhungen von fertigen und unfertigen Erzeugnissen sowie aktivierte Eigenleistungen in dieser Position aufwandsmindernd verbucht. Für die Anwendung des Umsatzkostenverfahrens ist aufgrund der gesonderten Behandlung der Aufwendungen für fertige und unfertige Erzeugnisse eine unterjährige Verbuchung dieser Bestände bei jeder einzelnen Veränderung notwendig, während beim Gesamtkostenverfahren am Periodenende lediglich festgestellt wird, ob sich eine Bestandsveränderung ergeben hat oder nicht.
3. **Bruttoergebnis vom Umsatz** stellt ein Zwischenergebnis für den reinen Leistungsprozess dar.
4. **Vertriebskosten** erfassen alle Aufwendungen, die für den Vertrieb der erzeugten Produkte oder Leistungen angefallen sind, wie beispielsweise Kosten für Marketing, Vertriebskanäle, Vertriebsmitarbeiter, Versand etc.
5. **Allgemeine Verwaltungskosten** erfassen alle Aufwendungen, die für die Unternehmensverwaltung angefallen sind. Darunter fallen Kosten für die Geschäftsführung, die Personalkosten für die Personalabteilung, das Sekretariat oder Ähnliches.
6. **Sonstige betriebliche Erträge** werden analog zum Gesamtkostenverfahren erfasst.
7. **Sonstige betriebliche Aufwendungen** werden ebenfalls analog zum Gesamtkostenverfahren erfasst.

11.2.2 Ermittlung des Finanzergebnisses

Die Ermittlung des Finanzergebnisses erfolgt für das Umsatzkostenverfahren wie auch für das Gesamtkostenverfahren gleich. Das Finanzergebnis bildet das Ergebnis aus Kapitalgeschäften außerhalb des eigenen Unternehmens sowie Finanzierungsgeschäften des Unternehmens ab.

Dabei werden folgende Positionen berücksichtigt (die Nummerierung ist aufgrund der abweichenden Anzahl der Positionen zur Ermittlung des Betriebsergebnisses unterschiedlich, je nachdem, ob das Gesamtkostenverfahren oder Umsatzkostenverfahren angewandt wurde, daher wird in der folgenden Aufstellung auf eine Nummerierung verzichtet).

- **Erträge aus Beteiligungen** ergeben sich aus der Bereitstellung von Kapital für beteiligte Unternehmen. Entsprechende Erträge werden in Form von Dividenden gezahlt. Aber auch Veräußerungsgewinne von Beteiligungen können zu Erträgen führen.

11.2 Gliederung der Gewinn- und Verlustrechnung

- **Erträge aus anderen Wertpapieren und Ausleihungen des Finanzanlagevermögens** resultieren aus Kapitalanlagen des Unternehmens in Form von Wertpapieren oder Ausleihungen. Hierfür können Dividenden, Zinsen oder auch Veräußerungsgewinne anfallen.
- **Sonstige Zinsen und ähnliche Erträge** stellen einen Sammelposten für alle finanziellen Erträge dar, die in den ersten beiden Positionen nicht einzuordnen sind. Beispiele hierfür können Zinsen auf Forderungen aus Lieferungen und Leistungen sein.
- **Abschreibungen auf Finanzanlagen und auf Wertpapiere des Umlaufvermögens** können durch Wertverluste der Finanzanlagen entstehen, zum Beispiel wenn der Kurs eines Wertpapiers oder einer Aktie gefallen ist und der Buchwert durch eine Abschreibung angepasst werden muss.
- **Zinsen und ähnliche Aufwendungen** werden vom Unternehmen für das überlassene Kapital gezahlt. Beispiele sind Zinsen für die Inanspruchnahme von Bankdarlehen, Zinsen an Anleihegläubiger oder Zinsen für Lieferantenkredite oder Leasingverträge.

11.2.3 Ermittlung von Jahresüberschuss oder Jahresfehlbetrag

Die beiden ermittelten Teilergebnisse **Betriebsergebnis** und **Finanzergebnis** werden zunächst addiert. Um zum endgültigen Jahresergebnis zu gelangen, werden weitere steuerlich induzierte Posten abzogen. Dabei handelt es sich um:

- **Steuern vom Einkommen und Ertrag** erfassen alle Steuern, die auf das Einkommen oder den Ertrag eines Unternehmens erhoben werden. Darunter fallen Körperschaftssteuer und Gewerbesteuer, aber auch Kapitalertragssteuer und Solidaritätszuschlag.
- **Sonstige Steuern** stellen einen Sammelposten für weitere vom Unternehmen zu zahlende Steuern dar. Hier werden beispielsweise Kfz-Steuern, Grundsteuern oder auch Ausfuhrzölle zusammengefasst.

Damit ergibt sich:

Betriebsergebnis
± Finanzergebnis
./. Steuern vom Einkommen und Ertrag
./. Sonstige Steuern
= **Jahresüberschuss bzw. Jahresfehlbetrag**

Übersteigt die Summe aller Erträge die Summe aller Aufwendungen, liegt ein Jahresüberschuss, also ein Wertzuwachs, vor. Sind jedoch die gesamten Aufwendungen einer Periode höher als die Erträge, wird ein Jahresfehlbetrag (auch Verlust genannt) ausgewiesen, der einen Werteverzehr darstellt.

11.3 Buchungstechnischer Ablauf der Erfolgsermittlung

Zur korrekten Ermittlung des Periodenergebnisses eines Unternehmens ist es elementar, eine systematische Reihenfolge in der buchungstechnischen Behandlung der Erfolgsermittlung einzuhalten. Die Arbeiten zur Erfolgsermittlung werden auch als *vorbereitende Abschlussarbeiten* bezeichnet, da sie zwar am Periodenende durchgeführt werden, aber noch vor den eigentlichen Abschlussbuchungen erfolgen.

Die Buchungen zur Erfolgsermittlung starten mit der **Ermittlung der Salden auf allen Ertrags- und Aufwandskonten zum Periodenende.** Wichtig ist dabei zu beachten, welche Aufwendungen und Erträge dabei nach ihrem Zeitpunkt der Entstehung für das Ergebnis einer Periode zu berücksichtigen sind. Bei Aufwendungen und Erträgen im Rahmen der Beschaffung oder des Verkaufs werden in der Regel die Zeitpunkte der Lieferung und Leistung als Abgrenzungsmerkmal herangezogen. Bei kontinuierlichen Aufwendungen, wie beispielsweise Miete oder Personalaufwendungen, wird in der Regel der vereinbarte Zahlungstermin zugrunde gelegt. Nach Buchung aller relevanten Sachverhalte und erfolgter Periodenabgrenzung wird der Saldo der einzelnen Erfolgskonten ermittelt. Ein Ertragskonto weist dabei in der Regel einen Saldo im Soll auf, während ein Aufwandskonto einen Haben-Saldo zeigt.

Im nächsten Schritt werden alle **Ertragskonten abgeschlossen,** indem der jeweilige Saldo gegen das Gewinn- und Verlustkonto gebucht wird. Aus diesem kann die **Gewinn- und Verlustrechnung abgeleitet** werden. Nun wird der **Saldo des Gewinn- und Verlustkontos ermittelt.** Er stellt den Jahresüberschuss bzw. Jahresfehlbetrag einer Periode dar. Anschließend können Gewinnverwendungsbuchungen durchgeführt werden (Abschn. 10.1.2.2 und Abschn. 10.1.3.2), bevor das Periodenergebnis als Bilanzgewinn/ Bilanzverlust Eingang in die Bilanz findet.

11.3.1 Abschluss von Erfolgskonten

Am Ende jeder Geschäftsperiode sind die Aufwands- und Ertragskonten abzuschließen. Dabei wird für jedes Konto (also für jede Aufwands- bzw. Ertragsart) der Saldo ermittelt. Dazu wird die Differenz aus der Soll-Seite und der Haben-Seite des jeweiligen Kontos gezogen. Bei den Aufwandskonten wird die Soll-Seite in der Regel (Ausnahmen größere Korrekturen aus vergangenen Perioden) größer als die Haben-Seite sein. Daher wird bei Aufwandskonten der Saldo wie folgt ermittelt:

Soll-Kontosumme
./. Haben-Kontosumme
= **Saldo (Soll)**

11.3 Buchungstechnischer Ablauf der Erfolgsermittlung

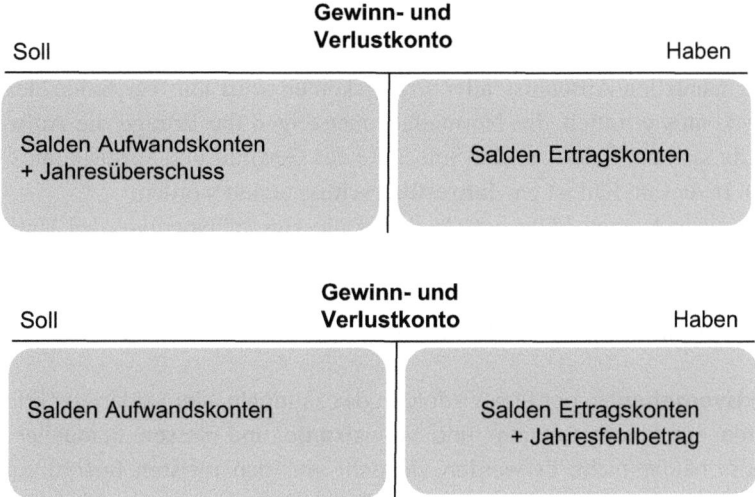

Abb. 11.6 Abschluss des Gewinn- und Verlustkontos

Dieser Saldo wird auf der Kontoseite mit der kleineren Kontosumme, also bei Aufwandskonten der Haben-Seite eingebucht. Die entsprechende Gegenbuchung erfolgt auf dem „Gewinn- und Verlustkonto", einem Hilfskonto, welches eigens zum Zwecke des Kontenabschlusses der Erfolgskonten besteht. Der Buchungssatz zum Abschluss eines Aufwandskontos lautet:

Gewinn- und Verlustkonto (9020)   an   Entsprechendes Aufwandskonto

Bei Ertragskonten ist regelmäßig die Haben-Seite größer als die Soll-Seite. Bei diesen Konten ermittelt sich der Saldo wie folgt:

Haben-Kontosumme
./. Soll-Kontosumme
= Saldo (Haben)

Der Saldo wird auch hier auf der Seite mit der kleineren Kontosumme eingebucht, in diesem Fall der Soll-Seite. Die Gegenbuchung erfolgt ebenfalls über das Gewinn- und Verlustkonto mit dem Buchungssatz:

Entsprechendes Ertragskonto   an   Gewinn- und Verlustkonto (9020)

11.3.2 Abschluss des Gewinn- und Verlustkontos

Nach dem manuellen Abschluss aller Erfolgskonten wird nun der Saldo des Gewinn- und Verlustkontos ermittelt. Im Normalfall übersteigen die Erträge die Aufwendungen und es ergibt sich ein Saldo auf der Soll-Seite des Gewinn- und Verlustkontos (Fall 1 in Abb. 11.6). In diesem Fall ist ein **Jahresüberschuss** erzielt worden.

Es treten jedoch auch Fälle auf, in denen die Geschäftsperiode des Unternehmens nicht erfolgreich verlief und die Aufwendungen höher waren als die Erträge. Damit ergibt sich auf dem Gewinn- und Verlustkonto ein Saldo auf der Habenseite (Fall 2 in Abb. 11.6) und damit ein **Jahresfehlbetrag**.

▶ **Praxisvorgehen** In der Praxis erfolgen das Sammeln aller Salden der Erfolgskonten auf einem Gewinn- und Verlustkonto und dessen manueller Abschluss häufig nicht. Es werden vielmehr von den meisten Buchführungssoftwaresystemen alle Ertragskonten und Aufwandskonten einander lediglich gegenübergestellt, um den Jahresüberschuss bzw. den Jahresfehlbetrag zu ermitteln. Im Rahmen der Ergebnisverwendung (Abschn. 10.1.2.2 und Abschn. 10.1.3.2) werden Erträge und Aufwendungen dann ausgeglichen.

Nichtsdestotrotz ist die Kenntnis dieses Vorgehens für das tiefere Verständnis der Vorgänge und damit der Ergebnisinterpretation hilfreich.

11.3.3 Überführung des Jahresergebnisses in die Bilanz

Das erzielte Ergebnis wird bei Kapitalgesellschaften im Rahmen der Ergebnisverwendung teilweise ausgeschüttet und auf verschiedene Positionen im Eigenkapital (wie Rücklagen oder Ergebnisvorträge) verteilt. In Personengesellschaften wird das nicht ausgeschüttete Ergebnis dem variablen Kapital als Eigenkapitalposition zugeschrieben. Ein positives, nicht ausgeschüttetes Ergebnis erhöht demnach das in der Bilanz ausgewiesene Eigenkapital.

Ein ermittelter Jahresfehlbetrag reduziert dagegen das ausgewiesene Eigenkapital. Es sind vorhandene Rücklagen oder bestehendes variables Kapital aufzulösen, um den Fehlbetrag zu decken (ggf. kann ein Verlustvortrag für das folgende Geschäftsjahr gebildet werden).

Führen Fehlbeträge dazu, dass das Eigenkapital vollständig aufgezehrt und „negativ" wird, wechselt das Eigenkapitalkonto auf die Aktiv-Seite. Dort wird es unter der Position „Nicht durch Eigenkapital gedeckter Fehlbetrag" ausgewiesen (§ 268 Abs. 3 HGB). In diesen Fällen spricht man von einer bilanziellen Überschuldung des Unternehmens. Eine Überschuldung stellt einen Insolvenztatbestand dar (§ 19 Insolvenzordnung).

11.4 Zusammenfassung und Aufgaben

Die Ergebnisermittlung fasst den wirtschaftlichen Erfolg eines Unternehmens der abgelaufenen Geschäftsperiode zusammen. Durch die Gegenüberstellung aller Aufwendungen und Erträge wird der Jahresüberschuss bzw. Jahresfehlbetrag ermittelt. Das HGB schreibt Gliederungsformen zur Aufstellung der Gewinn- und Verlustrechnung vor, entweder das Gesamtkostenverfahren oder das Umsatzkostenverfahren. Das ermittelte Ergebnis wirkt sich auf das in der Bilanz ausgewiesene Eigenkapital aus.

11.4.1 Lernkontrollfragen zu Kap. 11

- Wie wird Gewinn definiert? Kap. 11
- Was verstehen Sie unter den Begriffen Aufwand und Ertrag? Grenzen Sie die beiden Begriffe von den Begriffen Auszahlung und Einzahlung ab. Abschn. 11.1
- Was ist eine Gewinn- und Verlustrechnung? Abschn. 11.2
- Welche beiden Möglichkeiten zur Ermittlung des Betriebsergebnisses sind im HGB geregelt? Abschn. 11.2.1
- Welche Besonderheit kennzeichnet das Umsatzkostenverfahren? Abschn. 11.2.1.2
- Wie sieht der typische buchungstechnische Ablauf der Erfolgsermittlung aus? Abschn. 11.3
- Wie werden Erfolgskonten abgeschlossen? Abschn. 11.3.1
- Wie erfolgt der Abschluss des GuV-Kontos? Abschn. 11.3.2
- Welcher Zusammenhang besteht zwischen der Gewinnermittlung und der Bilanz? Abschn. 11.3.3

11.4.2 Aufgaben

Aufgabe 1: Abgrenzung von Stromgrößen
Entscheiden Sie für die folgenden Geschäftsvorfälle, ob diese erfolgswirksam sind. Erstellen Sie für die erfolgswirksamen Vorfälle die entsprechenden Buchungssätze. Stellen Sie anschließend ein Gewinn- und Verlustkonto auf und schließen Sie dieses ab. Wie hoch ist das erzielte Ergebnis?

1. Warenverkauf in bar: 22.000 €
2. Kundenüberweisung zum Ausgleich einer Forderung: 6000 €
3. Zahlung Löhne und Gehälter per Banküberweisung: 4400 €
4. Wareneinkauf auf Ziel: 5000 € (bestandsorientierte Verbuchung)
5. Auslieferung von Waren an den Kunden; Warenwert: 16.000 €
6. Verbuchung von Abschreibungen auf Maschinen: 1800 €

Aufgabe 2: Aufstellung einer Gewinn- und Verlustrechnung nach dem Gesamtkostenverfahren

Bitte erstellen Sie eine Gewinn- und Verlustrechnung nach dem Gesamtkostenverfahren, in der Sie die folgenden Geschäftsvorfälle berücksichtigen. Unterstellen Sie eine bestandsorientierte Verbuchung. Bitte beachten Sie, dass sich nur Aufwendungen und Erträge auf die Gewinn- und Verlustrechnung auswirken:

a. Privatentnahme eines Gesellschafters in Höhe von 5000 €
b. Umsätze in Höhe von 83.000 € auf Rechnung
c. Teilweiser Ausgleich der Verbindlichkeiten aus b) in Höhe von 76.000 €
d. Kauf von Rohstoffen in den Bestand im Wert von 38.500 €, Bezahlung per EC-Karte
e. Kauf von Maschinen gegen Rechnung: 5000 €
f. Abschreibung der Maschinen planmäßig: 500 €
g. Verbrauch von Rohstoffen für die Fertigung: 18.000 €
h. Barabhebung vom Bankkonto in die Kasse: 5300 €
i. Zahlung von Löhnen in bar: 4000 €
j. Einzug der Telefonrechnung vom Bankkonto: 600 €
k. Zahlung von Zinsen für den kurzfristigen Kredit per Banküberweisung: 800 €
l. Durch die Fertigung wird ein zusätzlicher Bestand von Waren im Wert von 44.000 € hergestellt
m. Entnahme von fertigen Waren für den Verkauf im Wert von 16.000 €
n. Rückzahlung des kurzfristigen Bankkredites 10.000 €

Aufgabe 3: Erfolgsermittlung nach dem Umsatzkostenverfahren

Verbuchen Sie bitte die erfolgswirksamen der folgenden Geschäftsvorfälle, indem Sie die jeweiligen Buchungssätze erstellen (die Beschaffung wird aufwandsorientiert verbucht). Führen Sie systematisch alle Schritte zur Erfolgsermittlung durch. Stellen Sie abschließend bitte eine Gewinn- und Verlustrechnung nach dem Umsatzkostenverfahren auf.

a. Einkauf von Rohstoffen im Wert von 80.000 € auf Rechnung
b. Verbrauch von Rohstoffen zur Herstellung von Halb- und Fertigfabrikaten in Höhe von 30.000 €
c. Verkauf Waren auf Rechnung im Wert von 160.000 €
d. Überweisung Lohnkosten für die Fertigung: 18.000 €
e. Rechnung eines Dienstleisters für Porto- und Versandkosten: 2000 €
f. Telefonkosten Verwaltungsbüro per Überweisung: 30 €
g. Überweisung der Personalkosten Verwaltungsbüro: 1100 €

11.4 Zusammenfassung und Aufgaben

11.4.3 Lösungen

Aufgabe 1: Abgrenzung von Stromgrößen

1. Erfolgswirksam

Kasse (1600)	an	Umsatzerlöse (4000)	22.000 €

2. Nicht erfolgswirksam
3. Erfolgswirksam

Löhne und Gehälter (6000)	an	Bank (1800)	4400 €

4. Nicht erfolgswirksam
5. Erfolgswirksam

Aufwendungen für RHB und bezogene Waren (5000)	an	Waren (Bestand) (1140)	16.000 €

6. Erfolgswirksam

Abschreibungen auf Sachanlagen (6220)	an	Technische Anlagen und Maschinen (0400)	1800 €

Soll	Gewinn- und Verlustrechnung		Haben
Gehaltszahlungen	4400 €	Umsätze	22.000 €
Warenauslieferung	16.000 €	Saldo	200 €
Abschreibungen	1800 €		
Summe	22.200 €	Summe	22.200 €

Das Gewinn- und Verlustkonto weist einen Soll-Saldo in Höhe von 200 € auf. Es ist ein Jahresfehlbetrag in Höhe von 200 € festgestellt worden.

Aufgabe 2: Aufstellung einer Gewinn- und Verlustrechnung nach dem Gesamtkostenverfahren

1. Umsatzerlöse	+83.000 €
2. Erhöhung oder Verminderung des Bestands an fertigen und unfertigen Erzeugnissen	+44.000 € ./. 16.000 €
3. andere aktivierte Eigenleistungen	
4. sonstige betriebliche Erträge	
5. Materialaufwand	./. 18.000 €
6. Personalaufwand	./. 4000 €
7. Abschreibungen	./. 500 €
8. sonstige betriebliche Aufwendungen	./. 600 €
Betriebsergebnis	87.900 €
Finanzergebnis	./. 800 €
Steuern vom Einkommen und Ertrag	
Jahresüberschuss	= 87.100 €

Aufgabe 3: Erfolgsermittlung nach dem Umsatzkostenverfahren
Buchungssätze:

a) Einkauf von Rohstoffen im Wert von 80.000 € auf Rechnung

Aufwendungen für Rohstoffe (5010)	an	Verbindlichkeiten aus Lieferungen und Leistungen (3300)	80.000 €

b) Nicht erfolgswirksam

c) Verkauf von Waren auf Rechnung im Wert von 160.000 €

Forderungen aus Lieferungen und Leistungen (1200)	an	Umsatzerlöse (4000)	160.000 €

d) Überweisung Lohnkosten für die Fertigung 18.000 €

Löhne und Gehälter (6000)	an	Bank (1800)	18.000 €

e) Rechnung eines Dienstleisters für Porto- und Versandkosten 2.000 €

Porto (6800)	an	Verbindlichkeiten aus Lieferungen und Leistungen (3300)	2000 €

11.4 Zusammenfassung und Aufgaben

f) Telefonkosten Verwaltungsbüro per Überweisung 30 €

| Telefon (6805) | an | Bank (1800) | 30 € |

g) Überweisung der Personalkosten Verwaltungsbüro 1100 €

| Löhne und Gehälter (6000) | an | Bank (1800) | 1100 € |

Die Ermittlung der Salden auf allen Ertrags- und Aufwandskonten zum Periodenende wird in Abb. 11.7 dargestellt.

Buchungen zum Abschluss aller Erfolgskonten:

Umsatzerlöse (4000)	an	Gewinn- und Verlustkonto (9020)	160.000 €
Gewinn- und Verlustkonto (9020)	an	Aufwendungen für Rohstoffe (5010)	80.000 €
Gewinn- und Verlustkonto (9020)	an	Löhne und Gehälter (6000)	19.100 €
Gewinn- und Verlustkonto (9020)	an	Porto (6800)	2000 €
Gewinn- und Verlustkonto (9020)	an	Telefon (6805)	30 €

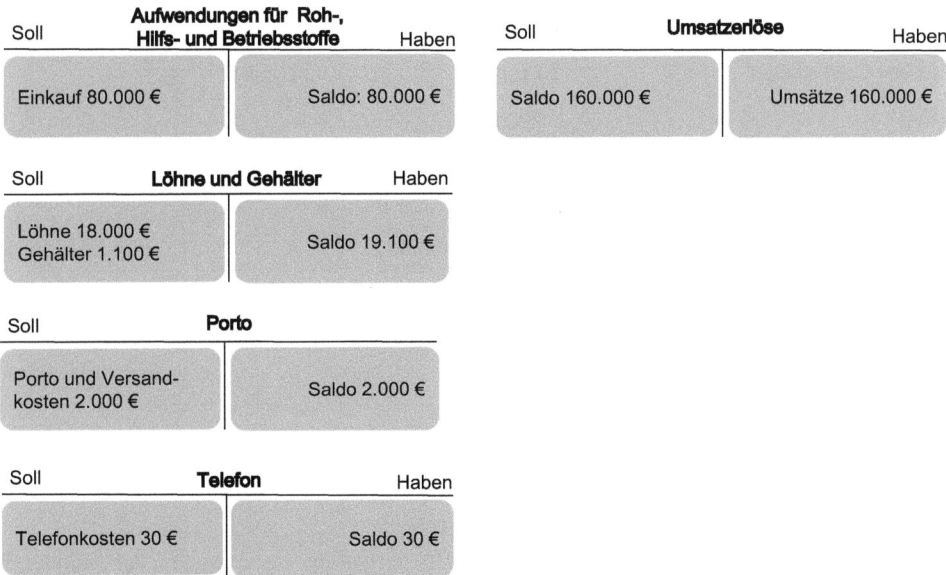

Abb. 11.7 Ermittlung der Salden auf den Aufwands- und Ertragskonten

Tab. 11.2 Aufstellung der Gewinn- und Verlustrechnung nach dem Umsatzkostenverfahren

Umsatzerlöse	+160.000 €
Herstellungskosten der zur Erzielung der Umsatzerlöse erbrachten Leistungen	./. 80.000 €
	./. 18.000 €
3. Bruttoergebnis vom Umsatz	= 62.000 €
4. Vertriebskosten	./. 2000 €
5. allgemeine Verwaltungskosten	./. 1100 €
	./. 30 €
6. sonstige betriebliche Erträge	
7. sonstige betriebliche Aufwendungen	
Betriebsergebnis	= 58.870 €
Finanzergebnis	
Steuern vom Einkommen und Ertrag	
Jahresüberschuss	= 58.870 €

Gewinn- und Verlustkonto:

Soll	Gewinn- und Verlustrechnung		Haben
Rohstoffaufwand	80.000 €	Umsätze	160.000 €
Löhne und Gehälter	19.100 €		
Porto	2000 €		
Telefon	30 €		
Saldo	58.870 €		
Summe	160.000 €	Summe	160.000 €

Die Aufstellung der Gewinn- und Verlustrechnung nach dem Umsatzkostenverfahren zeigt Tab. 11.2.

Literatur

Bieg, H., & Waschbusch, G. (2021). *Buchführung*. NWB.

Engelhardt, W., Raffée, H., & Wischermann, B. (2020). *Grundzüge der doppelten Buchhaltung* (9. Aufl.). Springer Gabler.

Hapag Lloyd AG. (2022). Geschäftsbericht 2022. https://hlag-2022.corporate-report.net/. Zugegriffen: 14. Febr. 2024.

Schäfer-Kunz, J. (2019). *Buchführung und Jahresabschluss*. Schäffer-Poeschel.

Wöhe, G., & Kussmaul, H. (2022). *Grundzüge der Buchführung und Bilanztechnik*. Vahlen.

Inventur und Inventar 12

> **Lernziele**
> - Differenzierung zwischen den Begriffen Inventur und Inventar.
> - Zielsetzung und Anlässe einer Inventur kennen lernen.
> - Abgrenzung der wichtigsten Inventurarten und wie sie durchgeführt werden.
> - Wozu wird ein Inventar benötigt und wie wird es aufgebaut?
> - Kennenlernen von Bewertungsarten bei der Aufstellung eines Inventars.
> - Wie werden Inventurdifferenzen verbucht?

12.1 Inventur

Die Verbuchung aller Geschäftsvorfälle, die im laufenden Geschäftsjahr anfallen, sollte bei richtiger und vollständiger Erfassung aller Transaktionen am Ende des Geschäftsjahres ein genaues Abbild der tatsächlichen Verhältnisse darstellen. Doch trotz aller Sorgfalt bestehen hier häufig Differenzen, sei es durch Verlust, Diebstahl oder zwischenzeitliche Wertschwankungen. Um diese Differenzen aufzudecken und beheben zu können, bedient man sich eines besonderen Verfahrens, der sogenannten **Inventur.** Eine Inventur ist eine zielgerichtete und geordnete Bestandsaufnahme aller in der Bilanz anzusetzender Vermögensgegenstände und Schulden zum Bilanzstichtag. Die jeweiligen Positionen werden nach ihrer Art und Menge durch Zählen, Messen, Wiegen und Schätzen erfasst und bewertet. Unser Eingangsbeispiel in Abschn. 1.1, bei dem wir unsere privaten Vermögensgegenstände und Guthaben erfasst haben, stellt eine solche Inventur dar.

Eine Inventur wird aber nicht nur zum Ende eines Geschäftsjahres durchgeführt. Auch zu anderen Anlässen, wie bei der Geschäftseröffnung (zur Aufstellung einer Anfangsbilanz), bei der Veräußerung von Unternehmen (als Grundlage zur Findung eines Kaufpreises und Festsetzung von anfallenden Steuern) sowie bei der Auflösung von Unternehmen (hauptsächlich ebenfalls als Steuerbemessungsgrundlage aber ggf. auch aus Gründen des Gläubigerschutzes) ist die Durchführung einer Inventur vorgeschrieben (§ 240 HGB).

Die Hauptzielsetzung einer Inventur liegt in der Identifikation von Abweichungen zwischen den Ergebnissen der Buchführung und den tatsächlich vorhandenen Vermögenswerten und Schulden. Dabei sind alle Positionen grundsätzlich einzeln zu bewerten (§ 240 Abs. 1 HGB).

12.1.1 Inventurarten

Inventuren werden nicht nur wie im vorherigen Absatz beschrieben nach der Art des Anlasses, sondern auch nach dem Umfang, des Zeitpunktes der Durchführung sowie der Art der eingesetzten Erhebungstechnik unterschieden. Abb. 12.1 gibt einen Überblick über die Arten einer Inventur.

12.1.1.1 Erhebungstechniken einer Inventur

Eine Inventur kann als **körperliche Inventur** durchgeführt werden. Dies wird vor allem für Güter angewandt, die eine physische Substanz aufweisen, wie beispielsweise Sachanlagen oder Vorräte. Bei einer körperlichen Inventur werden die Bestände durch Zählen, Messen oder Wiegen erfasst.

Andererseits werden durch eine **Buchinventur** alle Positionen erfasst, die keine physische Substanz aufweisen, wie beispielsweise Kontoguthaben, Bankverbindlichkeiten

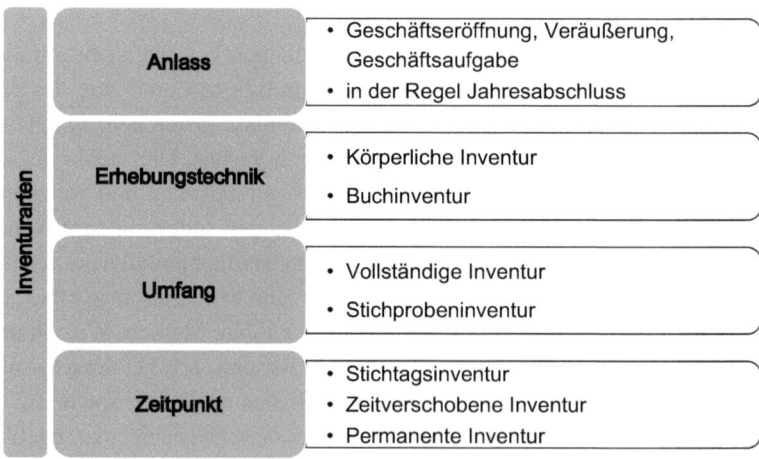

Abb. 12.1 Inventurarten

oder andere Verbindlichkeiten und Forderungen. Dabei werden vor allem Belege wie Kontoauszüge oder Saldenbestätigungen zum Abgleich herangezogen.

12.1.1.2 Umfang einer Inventur

Zudem kann eine Inventur aus einer **vollständigen Erhebung** bestehen oder es kann bei einigen Positionen vereinfacht eine **Stichprobeninventur** durchgeführt werden. Eine vollständige Inventur erfasst alle Vermögensgegenstände und Schulden jeweils einzeln.

Eine Stichprobeninventur dagegen ermittelt den Bestand einzelner Positionen durch das Ziehen von Stichproben und anschließender Hochrechnung. Eine Stichprobeninventur muss auf anerkannten mathematisch statistischen Verfahren basieren, sodass deren Ergebnis die gleiche Aussagekraft hat wie eine vollständige Inventur. Nur so kann ein solches Vereinfachungsverfahren und damit das aufgestellte Inventar den GoB entsprechen. Stichprobenverfahren finden hauptsächlich bei großzahligen Positionen des Vorratsvermögens Anwendung. Zum Beispiel könnte ein Maschinenbauer die Anzahl der vorhandenen Schrauben einer Art schätzen, in dem er die Anzahl der entsprechenden Schrauben auf 1 kg Schrauben zählt und dann auf die Gesamtkilozahl der Schrauben hochrechnet.

Weitere Vereinfachungsmöglichkeiten und damit Reduzierung des Umfangs der Inventur stellt die **Festwertbildung** dar. In diesem Fall ist nur noch alle drei Jahre eine aufwendige Einzelermittlung durch körperliche Bestandsaufnahme durchzuführen (Abschn. 12.2.2).

12.1.1.3 Inventurarten nach dem Zeitpunkt der Durchführung

Im Normalfall ist eine Inventur zum Bilanzstichtag durchzuführen (§ 240 Abs. 2 HGB). Dies wird als **Stichtagsinventur** bezeichnet. Eine Stichtagsinventur muss nicht zwingend genau am Bilanzstichtag (in der Regel dem 31.12. eines Jahres) durchgeführt werden, aber sie muss zeitnah erfolgen. Unter zeitnah wird unter normalen Umständen eine Frist von 10 Tagen verstanden.

Darüber hinaus erlaubt das HGB eine **zeitlich verschobene Inventur** (§ 241 Abs. 3 HGB) auf einen Zeitpunkt, der innerhalb von 3 Monaten vor bzw. 2 Monaten nach dem Bilanzstichtag liegt, wenn eine Inventur zum Bilanzstichtag selbst Schwierigkeiten bereitet oder den laufenden Geschäftsbetrieb übermäßig stört. Dabei muss jedoch eine Fortschreibung bzw. eine Rückrechnung der Bestände auf den Bilanzstichtag möglich sein.

Darüber hinaus wird auch eine **permanente Inventur** (§ 241 Abs. 2 HGB) ermöglicht, bei der der Zeitpunkt der Inventur im Jahr für eine Vermögensposition frei wählbar ist, sofern durch ordnungsgemäße Bestandsfortschreibung Art, Menge und Wert der Vermögensposition festgestellt werden können. Dadurch kann der Zeitpunkt der Inventur beispielsweise für Warenbestände im Einzelhandel für jede Filiale unterschiedlich gelegt werden, um zum einen nicht die komplette Einzelhandelskette für die Inventur schließen zu müssen und zum anderen ein Spezialistenteam zur Unterstützung der Durchführung der Inventur von Standort zu Standort schicken zu können.

12.2 Inventar

Ein Inventar ist das schriftlich niedergelegte Ergebnis der Inventur. Es ist eine vollständige und detaillierte Aufstellung über das Vermögen und die Schulden eines Unternehmens, geordnet nach ihrer Art unter anzahlmäßiger Auflistung sowie Bewertung der jeweiligen Positionen.

12.2.1 Aufbau des Inventars

Der Aufbau eines Inventars (welches auch Bestandsverzeichnis genannt wird) orientiert sich am Aufbau der Bilanz (§ 266 Abs. 2 HGB). Das Inventar wird jedoch nicht wie die Bilanz in Kontenform, sondern in Staffelform aufgestellt. Dabei werden auch hier die Posten des Vermögens nach ihrer Liquidierbarkeit aufsteigend sortiert, während die Schulden (inkl. Rückstellungen und Rechnungsabgrenzungsposten) nach ihrer Fälligkeit angeordnet werden. Entgegen der Bilanz sind jedoch alle vorhandenen Vermögensgegenstände, einschließlich bereits vollständig abgeschriebener Positionen, anzugeben. Für jede einzelne Position sind im Inventar folgende Angaben festzuhalten:

- *Bezeichnung* (aussagekräftige Bezeichnung, die es einem sachverständigen Dritten ermöglicht, die Position bzw. den Gegenstand zu identifizieren; zum Beispiel: Art, Artikelnummer, Adresse (bei Grundstücken und Gebäuden), Größe bzw. Ausführung bei Waren),
- *Menge der vorhandenen Einheiten* (Anzahl, Gewicht oder Volumen),
- *Einzelwert einer Einheit der Position* und
- *Gesamtwert der Position* (Einzelwert mal Menge).

Tab. 12.1 zeigt ein beispielhaftes Inventar.

12.2.2 Bewertung

Die Durchführung einer Inventur liefert überall dort, wo eine physische Bestandsaufnahme erfolgt, als Ergebnis zunächst ein mengenmäßiges Gerüst der vorhandenen Positionen. Für die Aufstellung des Inventars ist dieses Mengengerüst um die entsprechenden Werte zu ergänzen. Dabei werden für die Positionen des Vorratsvermögens die sogenannten Verbrauchsfolgeverfahren angewandt. Abschn. 13.1.1.

Die Positionen des Anlagevermögens sind mit den jeweiligen Restbuchwerten (nach Abschreibungen) anzusetzen, die zuvor gegebenenfalls durch den Vergleich mit aktuellen Wiederbeschaffungswerten auf notwendige außerplanmäßige Abschreibungen überprüft wurden. Abschn. 7.5.

Vereinfachungsregelungen bietet das HGB mit der Möglichkeit **Festwerte** anzusetzen oder eine **Gruppenbildung** vorzunehmen. Für Gegenstände des Anlagevermögens oder

12.2 Inventar

Tab. 12.1 Beispielhaftes Inventar per 31.12.20xx

Pos.	Bezeichnung	Menge	Einheit	Einzelwert	Gesamtwert
I	**Vermögen**				
1	Anlagevermögen				
1.1	Grundstücke und Gebäude				
	Geschäftsgebäude				240.000 €
1.2	Technische Anlagen und Maschinen				
	Gemäß Anlagenverzeichnis 01				34.500 €
1.3	Betriebs- und Geschäftsausstattung				
	Gemäß Anlagenverzeichnis 02				3700 €
1.4	Wertpapiere des Anlagevermögens				15.000 €
	Gemäß Depotverzeichnis				
2	Umlaufvermögen				
2.1	Roh-, Hilfs- und Betriebsstoffe				
	Holzrohlinge	3600	Stück	0,50 €	1800 €
	Kunststoffteile	2600	Stück	0,10 €	260 €
	Farbe	112	Liter	16 €	1792 €
2.2	Fertige Erzeugnisse	1300	Stück	1,50 €	1950 €
2.3	Forderungen aus Lieferungen und Leistungen				
	Gemäß Debitorenliste				2960 €
2.4	Kassenbestand				670 €
2.5	Guthaben bei Kreditinstituten				5897 €
Summe der Vermögenswerte					**308.529 €**
II	**Schulden**				
1	Rückstellungen				
	Rückstellung für Gewerbesteuer				378 €
2	Verbindlichkeiten				
2.1	Verbindlichkeiten gegenüber Kreditinstituten				
	Bankdarlehen				193.000 €
2.2	Verbindlichkeiten aus Lieferungen und Leistungen				
	Gemäß Kreditorenliste				2590 €
2.3	Sonstige Verbindlichkeiten				
	Verbindlichkeiten aus Umsatzsteuer				14.576 €

(Fortsetzung)

Tab. 12.1 (Fortsetzung)

Pos.	Bezeichnung	Menge	Einheit	Einzelwert	Gesamtwert
Summe der Schulden					**210.544 €**
III	**Eigenkapital**				
	Summe der Vermögenswerte				308.529 €
./.	Summe der Schulden				210.544 €
= Eigenkapital					**97.985 €**

Roh-, Hilfs- und Betriebsstoffe können Festwerte angesetzt werden, wenn davon auszugehen ist, dass sich der Bestand kaum verändert. Die Voraussetzungen für ein solches Vorgehen sind nach § 240 Abs. 3 HGB:

- nachrangige Bedeutung des Gesamtwertes für das Unternehmen,
- regelmäßiger Ersatz der Gegenstände und
- geringfügige Änderung des Bestandes nach Wert, Menge und Zusammensetzung.

Ein Beispiel für eine solche Position könnte der Bestand an Bettwäsche in einem Hotel sein.

Nach § 240 Abs. 4 HGB können gleichartige Vermögensgegenstände des Vorratsvermögens sowie andere gleichartige bewegliche Gegenstände zu Gruppen zusammengefasst und mit einem zu ermittelnden gewogenen Durchschnittswert bewertet werden.

12.3 Einbindung der Inventur in den Jahresabschlussprozess

Mit der Durchführung einer Inventur liegt als Ergebnis das Inventar zum Bilanzstichtag vor, also eine detaillierte Übersicht über sämtliche Vermögenswerte und Schulden, wie sie zum Abschlussstichtag bestanden. Die Werte des Inventars werden nun mit den entsprechenden Werten der unterjährigen Buchführung verglichen. Sind Differenzen festzustellen, müssen diese verbucht werden, um die Werte der Buchführung an die tatsächlichen Verhältnisse anzupassen. Die Korrekturbuchungen können Einfluss auf das Betriebsergebnis und damit den Jahresabschluss haben. Die korrigierten Positionen (und damit indirekt das Inventar) bilden abschließend die Grundlage der Bilanz.

12.3.1 Auswirkungen der Inventur auf den Jahresabschluss

Die Ergebnisse einer Inventur haben Einfluss auf das Betriebsergebnis und die Bilanz.

Theoretisch könnten alle Bilanzpositionen von Inventurdifferenzen betroffen sein. In der Praxis sind Inventurdifferenzen am häufigsten im Umlaufvermögen (Vorräte, Warenbestände und Kasse) sowie im Anlagevermögen festzustellen.

12.3 Einbindung der Inventur in den Jahresabschlussprozess

Inventurdifferenzen beeinflussen aber nicht nur die Aktivpositionen einer Bilanz. Dadurch, dass sich Differenzen auch auf das Betriebsergebnis niederschlagen, wird ebenfalls die Passivposition Eigenkapital, in der das Betriebsergebnis aufgeht, indirekt beeinflusst. In der Gewinn- und Verlustrechnung (Abschn. 11.2) können folgenden Position vom Ergebnis einer Inventur beeinflusst werden:

- **(3) Erhöhung oder Verminderung des Bestands an fertigen und unfertigen Erzeugnissen:** Hierunter werden Inventurdifferenzen bei fertigen und unfertigen Erzeugnissen verbucht.
- **(4) Sonstige betriebliche Erträge:** Unter dieser Position werden, neben anderen Geschäftsvorfällen, positive Inventurdifferenzen bei Sachanlagen und im Kassenbestand verbucht.
- **(5.a) Aufwendungen für Roh-, Hilfs- und Betriebsstoffe und für bezogene Waren:** Unter dieser Position der Gewinn- und Verlustrechnung werden die Bestandskorrekturen bei aufwandsorientiert verbuchten Wareneinkäufen bzw. die Inventurdifferenzen bei Roh-, Hilfs- und Betriebsstoffe sowie bei Waren verbucht.
- **(8) Sonstige betriebliche Aufwendungen:** Als Pendant zu den sonstigen betrieblichen Erträgen werden hierunter negative Inventurdifferenzen bei Sachanlagen und im Kassenbestand erfasst.

Die konkrete Verbuchung von Inventurdifferenzen wird im folgenden Abschnitt dargestellt.

12.3.2 Verbuchung von Inventurdifferenzen

12.3.2.1 Inventurdifferenzen im Umlaufvermögen

Wird durch die Inventur eine Abweichung zu den Beständen in den Buchführungsunterlagen festgestellt, ist eine entsprechende Korrekturbuchung vorzunehmen. Dazu ist zunächst die zu verbuchende Differenz zu ermitteln:

Endbestand laut Buchführungsunterlagen
− Endbestand laut Inventur
= **Positive Bestandsdifferenz/ negative Bestandsdifferenz**

Wird eine **negative Differenz** festgestellt, ist zum einen der Bestand zu korrigieren. Zum anderen wird aber auch das Ergebnis beeinflusst, denn der fehlende Bestand mindert letztlich den Erfolg des Unternehmens.

Tritt die Bestandsdifferenz im Bereich der **Vorräte** auf, so wird eine negative Abweichung wie ein regulärer Vorratsverbrauch gebucht: Zum einen gilt es, die Bestände auf dem Aktivkonto „Vorräte" mittels einer Haben-Buchung zu reduzieren. Die Gegenbuchung im Soll erfolgt auf einem der Erfolgskonten „Aufwendungen für Roh-, Hilfs- und Betriebsstoffe und für bezogene Waren" oder „Bestandsveränderungen" (je nachdem, ob es sich um Roh-, Hilfs- und Betriebsstoffe und bezogene Waren oder selbsterstellte Erzeugnisse handelt).

Wird die Bestandsdifferenz bei **Vermögensgegenständen außerhalb der Vorräte** festgestellt, erfolgt gleichermaßen eine Verbuchung der Bestandsminderung auf dem entsprechenden Aktivkonto (zum Beispiel „Kasse") im Haben, die Sollbuchung erfolgt dagegen auf dem Aufwandskonto „Sonstige betriebliche Aufwendungen".

> **Beispiel**
>
> Bei der Inventur eines Buchladens wird festgestellt, dass der Kassenbestand um 47 € niedriger ist, als er laut Buchhaltung sein sollte.
> Die Korrekturbuchung erfolgt mittels des Buchungssatzes:
>
> | Sonstige betriebliche Aufwendungen (6300) | an | Kasse (1600) | 47 € |
> |---|---|---|---|
>
> ◀

Positive Bestandsdifferenzen werden im Bereich der **Vorräte** als Korrektur von normalen Verbräuchen gebucht. Der höhere Bestand wird mittels einer Sollbuchung auf dem entsprechenden Aktivkonto vermerkt. Im Haben werden die Erfolgskonten „Aufwendungen für Roh-, Hilfs- und Betriebsstoffe und für bezogene Waren" bzw. das Konto „Bestandsveränderungen" angesprochen und so die jeweilig verbuchten Aufwendungen gekürzt.

Treten positive Bestandsveränderungen bei Aktivposten **außerhalb der Vorräte** auf, wird mittels einer Sollbuchung auf dem entsprechenden Aktivkonto der Bestand gemäß der ermittelten Differenz erhöht. Die Haben-Buchung erfolgt dagegen auf dem Ertragskonto „Sonstige betriebliche Erträge" und erhöht den Gewinn des Unternehmens.

Eine Besonderheit stellt das Verfahren der **aufwandsorientierten Verbuchung** von Materialeinkäufen dar. Dabei wird grundsätzlich angenommen, dass bezogenes Material sofort verbraucht wird (Verbrauchsfiktion). Abweichungen von dieser Annahme führen zu Inventurdifferenzen, die sich wie folgt ermitteln lassen:

Anfangsbestand laut Inventur
− Endbestand laut Inventur
= **Bestandserhöhung/-minderung**

Eine während der Inventur festgestellte Differenz verändert den Materialeinsatz und muss erfolgswirksam verbucht werden, um den während eines Geschäftsjahres verbuchten Aufwand für Waren bzw. Werkstoffe zu korrigieren.

Wird durch die Inventur ein **höherer Endbestand** an Werkstoffen oder Waren festgestellt (Bestandserhöhung), ist zum einen der Bestand auf den Aktivkonten „Roh-, Hilfs- und

12.3 Einbindung der Inventur in den Jahresabschlussprozess

Betriebsstoffe (Bestand)" bzw. „Waren (Bestand)" durch eine Sollbuchung zu erhöhen. Anderseits sind die Aufwendungen für eingesetzte Materialien um die ermittelte Differenz zu kürzen, da die entsprechenden Stoffe ja nicht verbraucht worden sind. Die Korrektur des Rohstoff- bzw. Warenverbrauchs erfolgt durch eine Haben-Buchung auf den Aufwandskonten „Einkauf Roh-, Hilfs- und Betriebsstoffe" bzw. „Wareneingang".

Beispiel

Bei der Inventur in einer großen Schneiderei wird festgestellt, dass sich der Bestand an Nähgarn, dessen Beschaffung aufwandsorientiert verbucht wurde, um 760 € erhöht hat. Die Korrekturbuchung erfolgt mit dem Buchungssatz:

| Hilfsstoffe (Bestand) (1020) | an | Aufwendungen für Hilfsstoffe (5020) | 760 € |

Wird anderseits durch die Inventur ein gegenüber dem Anfangsbestand **verminderter Endbestand** festgestellt, ist zum einen der Bestand an Roh-, Hilfs- und Betriebsstoffen bzw. der Warenbestand mittels einer Haben-Buchung auf den entsprechenden Aktivkonten zu vermindern, während zum anderen die Aufwendungen für den Verbrauch von Roh-, Hilfs- und Betriebsstoffen bzw. Waren durch eine Soll-Buchung auf den entsprechenden Aufwandskonten erhöht werden.

Beispiel

Im Rahmen der Inventur eines Getränkehändlers, der seine Waren aufwandsorientiert verbucht, wird zum Jahresende festgestellt, dass sich der Bestand an Getränken um 230 € verringert hat. Die Korrekturbuchung erfolgt über die Buchung:

| Wareneingang (5200) | an | Waren (Bestand) (1140) | 230 € |

12.3.2.2 Verbuchung von Inventurdifferenzen im Anlagevermögen

Sicherlich nicht ganz so häufig treten auch Inventurdifferenzen im Anlagevermögen auf. Diese können entweder daraus resultieren, dass ein Geschäftsvorfall nicht verbucht wurde, weil bislang keine Kenntnis über diesen vorlag (wie beispielsweise Verlust oder Diebstahl) oder ein Geschäftsvorfall einen anderen als den bisher angenommenen Umfang hat (wie beispielsweise eine erhöhte Wertminderung). Letztendlich kann es auch passieren, dass unterjährig schlicht vergessen wurde, einen Geschäftsvorfall zu verbuchen.

Diese Differenzen müssen nach der Aufstellung der Inventur selbstverständlich korrigiert werden, um ein möglichst realistisches Abbild der Unternehmenssituation zu schaffen.

Negative Differenzen im Anlagevermögen treten dann auf, wenn bei der Inventur festgestellt wird, dass sich weniger Gegenstände im Anlagevermögen befinden, als der Stand der Buchführung erwarten lässt. Solche Differenzen sind wie Abgänge aus dem Anlagevermögen im Haben auf dem jeweiligen Konto zu buchen. Die entsprechende Soll-Buchung erfolgt auf dem Aufwandskonto „Anlagenabgänge Sachanlagen (Restbuchwert bei Buchverlust)". Positive Differenzen im Anlagevermögen treten dagegen kaum auf.

12.4 Zusammenfassung und Aufgaben

Eine Inventur ist nach dem Handelsgesetzbuch vorgeschrieben, um die tatsächlichen Bestände mit den Buchführungsunterlagen abzugleichen. Dabei werden alle Vermögenswerte und Schulden nach Art und Menge erfasst. Das Ergebnis ist ein Inventar. Nach Durchführung der Inventur sind die Ergebnisse mit den Buchführungsunterlagen zu vergleichen und eventuelle Differenzen buchhalterisch zu korrigieren.

12.4.1 Lernkontrollfragen zu Kap. 12

- Was verstehen Sie unter dem Begriff Inventur? Was verstehen Sie unter dem Begriff Inventar? Kap. 12
- Welches ist die Hauptzielsetzung einer Inventur? Abschn. 12.1
- Zu welchen Anlässen wird eine Inventur durchgeführt? Abschn. 12.1
- Nach welchen Kriterien können Inventurarten unterschieden werden? Nennen Sie bitte je zwei Beispiele. Abschn. 12.1.1
- Was kennzeichnet eine permanente Inventur? Abschn. 12.1.1.3
- Wird das Inventar in Staffel- oder in Kontenform aufgestellt? Abschn. 12.2.1
- Welche Bewertungsvereinfachungen bei der Erstellung des Inventars kennen Sie? Abschn. 12.2.2
- Wie erfolgt die Ableitung der Bilanz aus dem Inventar? Abschn. 12.3
- Wie werden Inventurdifferenzen buchhalterisch behandelt? Abschn. 12.3.2

12.4.2 Aufgaben

Aufgabe 1: Verbuchung von Inventurdifferenzen

Während der Durchführung einer Inventur ergibt sich eine Differenz zwischen dem tatsächlichen Warenbestand (1200 €) und dem in den Büchern ausgewiesenen Wert (300 €). Das Unternehmen bucht bestandsorientiert.

12.4 Zusammenfassung und Aufgaben

1. Welche Buchungen sind durchzuführen? Bilden Sie bitte die entsprechenden Buchungssätze.
2. Welche Auswirkungen hat diese Differenz auf die Bilanz und welche auf das Betriebsergebnis?

Aufgabe 2: Aufstellung eines Inventars

Die Inventur einer Buchhandlung hat folgende Posten ermittelt:

- Warenbestand (Bücher): 147.000 €
- Geschäftseinrichtung (Restbuchwert) Regale, Verkaufstresen, Leseecke: 14.000 €
- Dienstfahrzeug „Bücherbus" (Restbuchwert): 11.600 €
- 2 Kassencomputer, 1 Laptop des Geschäftsführers gemeinsam bewertet mit 2200 € (Restbuchwert)
- Bargeld in der Kasse: 724 €

Die Buchhandlung ist Eigentümerin des Gebäudes, in dem sie ansässig ist. Das Gebäude mit zugehörigem Grundstück weist einen Restbuchwert von 230.000 € auf. Ein Grund, außerplanmäßige Abschreibungen vorzunehmen, liegt nicht vor.

Die Durchsicht der Geschäftsunterlagen des Unternehmens bestätigt folgende Angaben der Buchführung:

- Bankdarlehen: 285.000 €
- Offene Rechnungen gegenüber Verlagen: 3400 €
- Kontostand des Girokontos: 4920 €
- Offene Forderungen gegenüber Kunden: 410 €
- Umsatzsteuerverbindlichkeiten gegenüber dem Finanzamt in Höhe von 5764 €

Erstellen Sie bitte aus den Angaben ein vollständiges Inventar zum 31.12.2024.

12.4.3 Lösungen

Aufgabe 1

Waren (Bestand) (1140)	an	Aufwendungen für Roh-, Hilfs- und Betriebsstoffe und für bezogene Waren (5000)	900 €

Der Warenbestand erhöht sich um 900 €. Die Aufwendungen für bezogene Waren werden um 900 € korrigiert, dadurch erhöht sich das Betriebsergebnis um 900 €.

Aufgabe 2

Das Inventar zum 31.12.2024 wird in Tab. 12.2 dargestellt.

Tab. 12.2 Inventar der Buchhandlung zum 31.12.2024

Pos	Bezeichnung	Menge	Einheit	Einzelwert	Gesamtwert
I	Vermögen				
1	Anlagevermögen				
1.1	Grundstücke und Gebäude				
	Geschäftsgebäude				230.000 €
1.2	Betriebs- und Geschäftsausstattung				
	Geschäftseinrichtung				14.000 €
	Kfz				11.600 €
	IT				2200 €
2	Umlaufvermögen				
2.1	Waren				
	Gemäß Warenverzeichnis				147.000 €
2.2	Forderungen aus Lieferungen und Leistungen				
	Gemäß Debitorenliste				410 €
2.3	Kassenbestand				724 €
2.4	Guthaben bei Kreditinstituten				4920 €
	Summe der Vermögenswerte				410.854 €
II	Schulden				
1	Verbindlichkeiten				
1.1	Verbindlichkeiten gegenüber Kreditinstituten				
	Bankdarlehen				285.000 €
1.2	Verbindlichkeiten aus Lieferungen und Leistungen				
	Offene Rechnungen Verlage				3400 €
1.3	Sonstige Verbindlichkeiten				
	Verbindlichkeiten aus Umsatzsteuer				5764 €
	Summe der Schulden				294.164 €
III	Eigenkapital				
	Summe der Vermögenswerte				410.854 €
./.	Summe der Schulden				294.164 €
=	Eigenkapital				116.690 €

Literatur

Bieg, H., & Waschbusch, G. (2021). *Buchführung* (10. Aufl.). Herne.
Burger, A., & Burger-Stieber, S. (2021). *Grundlagen der Buchführung* (2. Aufl.). Springer Gabler.
Eisele, W., & Knobloch, A. (2019). *Technik des betrieblichen Rechnungswesens* (9. Aufl.). Verlag Franz Vahlen.
Wöltje, J. (2021). *Buchführung Schritt für Schritt*. utb.

Aufstellung des Jahresabschlusses 13

> **Lernziele**
> - Was gehört zu den vorbereitenden Abschlusstätigkeiten?
> - Folgebewertungen der Positionen des Umlaufvermögens unter Berücksichtigung verschiedener Bewertungsverfahren durchführen und verbuchen.
> - Folgebewertungen von Forderungen vornehmen und buchen.
> - Rechnungsabgrenzungsposten bilden und buchen.
> - Was sind latente Steuern?
> - Durchführung der Buchungen zum Jahresabschluss.
> - Weitere Jahresabschlussunterlagen kennen lernen.

Im Rahmen der Aufstellung des Jahresabschlusses werden auf Basis der Zahlen aus der unterjährigen Buchführung die vorhandenen Bestände an Schulden und Vermögensgegenständen ermittelt. Zudem werden den Erträgen der abgeschlossenen Periode die entsprechenden Aufwendungen gegenübergestellt und so der Periodenerfolg ermittelt (Kap. 11).

Bevor die finale Aufstellung der Gewinn- und Verlustrechnung und der Bilanz erfolgen kann, sind zunächst einige Korrekturen vorzunehmen. Dies betrifft nicht nur die physischen Bestände, die durch die Ergebnisse einer Inventur ggf. zu korrigieren sind (Kap. 12), es sind häufig auch Korrekturen an den Bewertungen der Vermögensgegenstände vorzunehmen. Weiterhin müssen auch Aufwendungen und Erträge um die Vorfälle korrigiert werden, die wirtschaftlich ein anderes Geschäftsjahr betreffen (Periodenabgrenzung).

Übersicht über die wesentlichen vorbereitenden Abschlussarbeiten

1. • Durchführen einer Inventur, Verbuchung von Inventurdifferenzen
2. • Ermittlung und Buchung planmäßiger Abschreibungen
3. • Durchführung von Folgebewertungen von Vermögensgegenständen und Schulden, Verbuchung außerplanmäßiger Ab- und Zuschreibungen
4. • Periodenabgrenzungen ermitteln und verbuchen
5. • Rückstellungen ermitteln und verbuchen
6. • Erstellung der Umsatzsteuermeldung für das gesamte Geschäftsjahr, Abschluss der Umsatzsteuerkonten
7. • Ermittlung und Einbuchung latenter Steuern
8. • Korrektur von Erfolgskonten
9. • Abschluss von Unterkonten

Abb. 13.1 Vorbereitende Abschlussarbeiten

13.1 Vorbereitende Jahresabschlussarbeiten

Abb. 13.1 zeigt eine Übersicht über die im Rahmen der Jahresabschlussvorbereitung durchzuführenden Arbeitsschritte. Die Abschlussarbeiten starten in der Regel mit der Durchführung einer Inventur mit anschließender Verbuchung der Ergebnisse (Kap. 12). Im nächsten Schritt werden planmäßige Abschreibungen des Anlagevermögens ermittelt und verbucht (Abschn. 7.5). Die sich daran anschließende Bewertungsüberprüfung des Umlaufvermögens werden wir uns im nachfolgenden Abschnitt näher anschauen (Abschn. 13.1.1). Die periodengerechte Abgrenzung von Aufwendungen und Erträgen ist Gegenstand des Abschn. 13.1.3. Die Bildung und Auflösung von Rückstellungen werden in Abschn. 13.1.4 beleuchtet, bevor der Abschn. 13.1.5 einen kurzen Abriss zur Thematik latenter Steuern gibt. Im Rahmen der vorbereitenden Abschlussarbeiten ist ebenfalls die Umsatzsteueranmeldung für das gesamte Geschäftsjahr durchzuführen und die Umsatzsteuerkonten sind abzuschließen (Abschn. 8.4.2). Zu den letzten vorbereitenden Arbeiten des Jahresabschlusses gehören die Verbuchung gegebenenfalls noch nötiger Korrekturen auf den Erfolgskonten sowie der Abschluss von Unterkonten (beispielsweise Zusammenfassung der Personenkonten auf übergeordnete Konten wie „Verbindlichkeiten aus Lieferungen und Leistungen" bzw. „Forderungen aus Lieferungen und Leistungen").

13.1.1 Folgebewertungen von Positionen des Umlaufvermögens

Anders als Güter des Anlagevermögens, die durch Abnutzung planmäßig an Wert verlieren, unterliegen weder Vorräte noch Forderungen diesem regelmäßigen Wertverzehr. Dennoch können Wertänderungen auftreten.

13.1.1.1 Folgebewertung von Vorräten
Vorräte gehen als Werkstoffe in den Produktionsprozess ein oder werden im Rahmen des Umsatzprozesses am Markt abgesetzt. Es erfolgt keine laufende Nutzung. Dennoch kann der Wert der Vorräte im Zeitablauf schwanken, sodass dieser nicht mehr den **Anschaffungs- oder Herstellungskosten (AHK)** entspricht. Zum Stichtag des Jahresabschlusses erfolgt eine Bewertung der Vorräte mit den **Wiederbeschaffungs- bzw. Wiederherstellungskosten.** Diese werden mit den jeweiligen Anschaffungs- und Herstellungskosten verglichen. Liegt eine Wertminderung vor, erfolgt eine Abschreibung (= **Niederstwertprinzip**).

Um diesen Vergleich durchzuführen, ist zunächst eine Ermittlung der Anschaffungs- und Herstellungskosten (AHK) über die gesamte jeweilige Vorratsposition nötig. § 256 HGB erlaubt eine Abweichung vom Einzelbewertungsgebot für gleichartige Positionen und gibt vereinfachende Verfahren zur Ermittlung der historischen Anschaffungs- und Herstellungskosten der Endbestände dieser Positionen vor.

Durchschnittsverfahren

Durchschnittsverfahren bewerten den Bestand an Vorräten mittels des gewogenen durchschnittlichen Wertes des Anfangsbestandes und des gewogenen Wertes der in dem betrachteten Zeitraum erfolgten Zugänge. Durchschnittsverfahren sind sowohl handels- als auch steuerrechtlich zulässig.

> **Beispiel**
>
> Ein Unternehmen hat zu Jahresbeginn 40 Stück eines Rohlings zur Weiterbearbeitung im Bestand. Der Wert belief sich auf 35 € je Stück. Im Jahresverlauf wurden 60 Stück zu 32 €, 80 Stück zu 31 € und 40 Stück zu 36 € eingekauft.
>
> Die historischen Anschaffungs- und Herstellungskosten (AHK) nach dem Durchschnittsverfahren lassen sich wie folgt ermitteln:
>
> $$\text{AHK} = \frac{40*35\,\text{€} + 60*32\,\text{€} + 80*31\,\text{€} + 40*36\,\text{€}}{40+60+80+40} = \frac{7.240\,\text{€}}{220} = 32{,}91\,\text{€} \blacktriangleleft$$

Neben dem **periodischen Durchschnittsverfahren,** bei dem die gesamten Zugänge einer Periode in die Ermittlung einfließen, die zwischenzeitlichen Abgänge aber unberücksichtigt bleiben, kann auch die **permanente Durchschnittsermittlung** angewandt werden, bei der die zwischenzeitlichen Abgänge mit den entsprechenden AHK berücksichtigt werden.

> **Beispiel**
>
> In dem fortgeführten Beispiel werden nun auch die Verbräuche berücksichtigt. Folgende Tabelle gibt Aufschluss über die Bestandsveränderungen:
>
> | Menge | AHK |
> |---|---|
> | AB 40 | 35 € |
> | 60 | 32 € |
> | -70 | |
> | 80 | 31 € |
> | -90 | |
> | 40 | 36 € |
>
> Für den ersten Abgang werden die Anschaffungs- und Herstellungskosten ermittelt:
> $$AHK = \frac{40*35\,€ + 60*32\,€}{40+60} = \frac{3320\,€}{100} = 33{,}20\,€$$
> Nach dem Abgang von 70 Stück liegen 30 Stück zu einem Wert von 33,20 € auf Lager.
>
> Für den zweiten Abgang werden die Anschaffungs- und Herstellungskosten ermittelt:
> $$AHK = \frac{30*33{,}20\,€ + 80*31\,€}{30+80} = \frac{3476\,€}{110} = 31{,}60\,€$$
> Nach dem Abgang von 90 Stück liegen 20 Stück zu einem Wert von 31,60 € auf Lager.
>
> Die Anschaffungs- und Herstellungskosten des Endbestandes werden wie folgt ermittelt:
> $$AHK = \frac{20*31{,}60\,€ + 40*36\,€}{20+40} = \frac{2072\,€}{60} = 34{,}53\,€$$
> Am Jahresende liegen 60 Rohlinge zu einem Wert von 34,53 € auf Lager. ◄

Last-In-First-Out-Verfahren

Last-In-First-Out-Verfahren (auch LiFo-Verfahren genannt) sind ebenfalls handelsrechtlich und steuerrechtlich zulässig (§ 256 HGB; § 6 ESTG Abs. 1). LiFo-Verfahren gehören zu den Verbrauchsfolgeverfahren und gehen davon aus, dass die zuletzt angeschafften bzw. hergestellten Vorräte als Erstes wieder verbraucht werden. Bei dem **periodischen LiFo-Verfahren** werden lediglich der Anfangsbestand und die Zugänge betrachtet. Da unterstellt wird, dass zuletzt erfolgte Zugänge zuerst verbraucht werden, ergibt sich der Endbestand aus dem Anfangsbestand und, falls der Endbestand größer ist als der Anfangsbestand, aus den nachfolgenden Zugängen, die erfolgten, bis der Endbestand erreicht ist. (Ist der Endbestand geringer als der Anfangsbestand, so wird der Endbestand mit den Anschaffungs- oder Herstellungskosten des Anfangsbestandes bewertet.)

13.1 Vorbereitende Jahresabschlussarbeiten

> **Beispiel**
>
> Es sollen für das bereits betrachtete Beispiel die Anschaffungs- und Herstellungskosten (AHK) nach dem periodischen LiFo-Verfahren ermittelt werden. Der Endbestand von 60 Stück liegt um 20 Stück höher als der Anfangsbestand. Also gehen in die Ermittlung der AHK des Endbestandes die AHK des Anfangsbestandes gewichtet mit 40 Stück und die AHK der 1. Anschaffung mit den AHK in Höhe von 32 € und einem Mengwicht von 20 Stück ein.
>
> Die AHK lassen sich damit wie folgt ermitteln:
>
> $$AHK = \frac{40*35\,€ + 20*32\,€}{20+40} = \frac{2040\,€}{60} = 34\,€ \blacktriangleleft$$

Auch bei den **LiFo-Verfahren** kann alternativ eine **permanente** Fortschreibung und Bewertung der Abgänge und der Endbestände erfolgen. Dazu werden für jeden Verbrauch und den verbleibenden Restbestand zunächst die Anschaffungs- und Herstellungskosten ermittelt, die dann am Ende in die Ermittlung der Anschaffungs- und Herstellungskosten des Endbestandes eingehen.

> **Beispiel**
>
> Unserem Beispiel folgend sollen nun die Anschaffungs- und Herstellungskosten der einzelnen Verbräuche und Restbestände nach dem permanenten LiFo-Verfahren ermittelt werden:
>
> Für den ersten Abgang von 70 Stück werden 60 Stück des Zugangs zu 32 € und 10 Stück des Anfangsbestandes eingesetzt. Die AHK des 1. Abgangs lassen sich damit wie folgt ermitteln:
>
> $$AHK = \frac{10*35\,€ + 60*32\,€}{10+60} = \frac{2270\,€}{70} = 32{,}43\,€$$
>
> Nach dem Abgang von 70 Stück liegen 30 Stück zu einem Wert von 35 € (aus dem Anfangsbestand) auf Lager.
>
> Für den zweiten Abgang von 90 Stück werden 80 Stück aus dem vorangegangenen Zugang zu 31 € und 10 Stück des Anfangsbestandes eingesetzt. Damit werden die AHK des 2. Abgangs wie folgt ermittelt:
>
> $$AHK = \frac{80*31\,€ + 10*35\,€}{80+10} = \frac{2830\,€}{90} = 31{,}44\,€$$
>
> Nach dem Abgang von 90 Stück verbleiben 20 Stück aus dem Anfangsbestand zu 35 € im Lager.
>
> Die AHK des Endbestandes von 60 Stück werden dann wie folgt ermittelt:
>
> $$AHK = \frac{20*35\,€ + 40*36\,€}{20+40} = \frac{2140\,€}{60} = 35{,}67\,€ \blacktriangleleft$$

First-In-First-Out-Verfahren

Auch bei den First-In-First-Out-Verfahren handelt es sich um Verbrauchfolgeverfahren. Hier wird jedoch unterstellt, dass die zuerst zugegangenen Güter auch zuerst verbraucht werden. FiFo-Verfahren sind nur handelsrechtlich (§ 256 HGB), aber nicht steuerrechtlich zulässig.

Auch bei den FiFo-Verfahren werden eine periodische Ermittlung und ein permanent angewandtes FiFo-Verfahren unterschieden.

Bei der **periodischen** Ermittlung der Anschaffungs- und Herstellungskosten des Endbestandes nach dem **FiFo-Verfahren** setzt sich der Endbestand aus dem letzten Zugang der Periode und (falls der Endbestand größer als dieser ist) aus den zeitlich vorangegangenen Zugängen zusammen, bis die Höhe des Endbestandes abgedeckt ist.

> **Beispiel**
>
> Es sollen für das bereits betrachtete Beispiel die Anschaffungs- und Herstellungskosten nach dem periodischen FiFo-Verfahren ermittelt werden. Der Endbestand von 60 Stück setzt sich zusammen aus dem letzten Zugang von 40 Stück zu 36 € und 20 Stück aus dem vorletzten Zugang zu 31 € je Stück.
>
> Die AHK lassen sich damit wie folgt ermitteln:
>
> $$AHK = \frac{40*36\,€ + 20*31\,€}{20+40} = \frac{2060\,€}{60} = 34{,}33\,€ \blacktriangleleft$$

Bei Anwendung des **permanenten FiFo-Verfahrens** werden die AHK für jeden Abgang so ermittelt, als wären zuerst eingegangene Vorräte auch zuerst verbraucht worden.

> **Beispiel**
>
> Unserem Beispiel folgend sollen nun die Anschaffungs- und Herstellungskosten der einzelnen Verbräuche und Restbestände nach dem permanenten FiFo-Verfahren ermittelt werden:
>
> Für den ersten Abgang von 70 Stück werden 40 Stück des Anfangsbestandes zu 35 € und 30 Stück des 1. Zugangs zu 32 € eingesetzt. Die Anschaffungs- und Herstellungskosten des 1. Abgangs lassen sich damit wie folgt ermitteln:
>
> $$AHK = \frac{40*35\,€ + 30*32\,€}{40+30} = \frac{2360\,€}{70} = 33{,}71\,€$$
>
> Nach dem Abgang von 70 Stück liegen 30 Stück zu einem Wert von 32 € (aus dem 1. Zugang) auf Lager.
>
> Für den zweiten Abgang von 90 Stück werden 30 Stück aus dem 1. Zugang zu 32 € und 60 Stück aus dem 2. Zugang zu 31 € eingesetzt. Damit werden die Anschaffungs- und Herstellungskosten des 2. Abgangs wie folgt ermittelt:
>
> $$AHK = \frac{30*32\,€ + 60*31\,€}{30+60} = \frac{2820\,€}{90} = 31{,}33\,€$$
>
> Nach dem Abgang von 90 Stück verbleiben 20 Stück aus dem dritten Zugang zu 31 € im Lager.
>
> Die Anschaffungs- und Herstellungskosten des Endbestandes werden dann wie folgt ermittelt:
>
> $$AHK = \frac{20*31\,€ + 40*36\,€}{20+40} = \frac{2060\,€}{60} = 34{,}33\,€ \blacktriangleleft$$

13.1 Vorbereitende Jahresabschlussarbeiten

13.1.1.2 Anwendung des Niederstwertprinzips

Im Rahmen der vorbereitenden Jahresabschlussarbeiten werden die **historischen Anschaffungs- und Herstellungskosten** dem Vergleichswert zum Abschlussstichtag gegenübergestellt. Als **Vergleichswerte** können dabei folgende Werte herangezogen werden:

- der **Wiederbeschaffungswert** auf dem Beschaffungsmarkt (für Roh-, Hilfs- und Betriebsstoffe oder fertige und unfertige Erzeugnisse, die in gleicher Art wiederbeschafft werden könnten) oder
- der **mögliche Verkaufspreis auf dem Absatzmarkt** (für fertige und unfertige Erzeugnisse).
  Der Verkaufspreis ist um erwartete Vertriebskosten und Preisnachlässe zu korrigieren. Steuerrechtlich kommt eine Korrektur um den Gewinnaufschlag hinzu (EkSt-Richtlinien R. 6.8).

Dabei ist für fertige und unfertige Erzeugnisse jeweils der niedrigere der beiden Werte als Vergleichswert anzusetzen (= **Niederstwert**).

Ist der Vergleichswert geringer als der Buchwert und ist von einer dauerhaften Wertminderung auszugehen, ist eine außerplanmäßige Abschreibung vorzunehmen. Ist lediglich von einer vorübergehenden Wertminderung auszugehen, muss in der Handelsbilanz eine Abschreibung vorgenommen werden, in der Steuerbilanz besteht hierfür jedoch ein Verbot (Einkommensteuergesetz § 6.1).

Sind in den vergangenen Perioden außerplanmäßige Abschreibungen durchgeführt worden und wird im Rahmen der Bewertungsüberprüfung festgestellt, dass die Gründe für eine Wertminderung weggefallen sind, so ist handelsrechtlich und steuerrechtlich eine Zuschreibung bis maximal zur Höhe der historischen Anschaffungs- und Herstellungskosten vorzunehmen (= Wertaufholungsgebot; § 253 HGB).

13.1.1.3 Verbuchung von außerplanmäßigen Abschreibungen auf Vorräte

Die Verbuchung von außerplanmäßigen Abschreibungen auf Vorräte in üblicher Höhe erfolgt ähnlich wie ein normaler Verbrauch im Soll auf den Aufwandskonten „Aufwendungen für Roh-, Hilfs- und Betriebsstoffe" oder „Bestandsveränderungen" und im Haben auf den entsprechenden Konten der Vorräte.

> **Beispiel**
>
> Für den Vorratsbestand an Rohlingen wurden Anschaffungskosten nach dem LiFo-Prinzip in Höhe von 32,43 € pro Stück ermittelt. Die Inventur ergab einen Endbestand von 60 Stück im Lager. Der Wiederbeschaffungswert auf dem Markt liegt zum Abschlussstichtag bei 30,43 € pro Stück. Es ist von einer dauernden Wertminderung auszugehen.

Auf den Vorratsbestand ist eine Abschreibung in Höhe von 120 € zu verbuchen:

| Aufwendungen für Rohstoffe (5010) | an | Rohstoffe (Bestand) (1010) | 120 € |

◀

Eine für das Unternehmen außergewöhnlich hohe Abschreibung muss in der Gewinn- und Verlustrechnung des Unternehmens gesondert ausgewiesen werden. Daher würde in diesem Falle die Soll-Buchung auf dem Aufwandskonto „Abschreibungen auf Vorräte (soweit unüblich hoch)" bzw. „Abschreibungen auf fertige und unfertige Erzeugnisse (soweit unüblich hoch)" erfolgen.

Zuschreibungen bis maximal zur Höhe der historischen Anschaffungs- und Herstellungskosten sind im Soll auf den jeweiligen Bestandskonten und im Haben auf dem Ertragskonto „Erträge aus Zuschreibungen des Umlaufvermögens" oder als Korrektur auf den Aufwandskonten „Aufwendungen für Roh-, Hilfs- und Betriebsstoffe" bzw. „Bestandsveränderungen" zu verbuchen.

13.1.2 Abschreibungen auf Forderungen

Die **Rückzahlungswahrscheinlichkeit** und damit der Wert einer ausstehenden Forderung des Unternehmens hängen unmittelbar von der Bonität des Schuldners ab. Verändert sich die Bonität eines Schuldners im Laufe des Geschäftsjahres derart, dass die Forderung als zweifelhaft gilt oder ein Forderungsausfall feststeht, sind **Einzelwertberichtigungen** auf diese vorzunehmen. Da nicht absehbar ist, welche der einwandfreien Forderungen in absehbarer Zeit zu zweifelhaften Forderungen werden oder gar ausfallen, werden im Rahmen der vorbereitenden Abschlussarbeiten zudem pauschale Wertberichtigungen auf den einwandfreien Forderungsbestand vorgenommen (= **Pauschalwertberichtigungen**).

13.1.2.1 Einzelwertberichtigungen

Einzelwertberichtigungen sind vorzunehmen, wenn bekannt wird, dass die Einbringung einer Forderung zweifelhaft wird. Dies ist regelmäßig der Fall, wenn ein Insolvenzverfahren über das Vermögen des Schuldners bekannt gemacht wird. Zum Zeitpunkt des Bekanntwerdens ist ein Vergleich zwischen dem aktuellen Buchwert der Forderung (inklusive gegebenenfalls bereits wertberichtigter Teile) und dem erwarteten Zahlungseingang vorzunehmen. Ist der erwartete Zahlungseingang kleiner als der Buchwert, sind entsprechende Korrekturen zu verbuchen. Dabei wird im Soll der Aktivposten „Zweifelhafte Forderungen" erhöht und durch eine Buchung im Haben das entsprechende Aktivkonto der Forderungen (zum Beispiel „Forderungen aus Lieferungen und Leistungen") reduziert.

13.1 Vorbereitende Jahresabschlussarbeiten

Durch ein fortschreitendes Insolvenzverfahren kann der Fall eintreten, dass eine ursprünglich korrigierte Forderung nun doch zu einer höheren Quote erfüllt wird. In diesem Fall sind erfolgte Wertberichtigungen zu korrigieren.

Sofern sich im gleichen Geschäftsjahr, in dem die Zweifelhaftigkeit der Forderung bekannt wurde, auch die Uneinbringlichkeit der Forderung herausstellt, erfolgt bereits während des Geschäftsjahres eine außerplanmäßige Abschreibung auf diese Forderung. Dabei ist ein bereits gebildeter Korrekturposten zur Wertberichtigung aufzulösen und eventuelle Umsatzsteuerbeträge sind zu korrigieren. Die Buchung erfolgt im Soll auf dem Aufwandskonto „Forderungsverluste", wo auch das Passivkonto „Umsatzsteuer" zu korrigieren ist, und im Haben gegen den gebildeten Aktivposten „Zweifelhafte Forderungen". Für uneinbringliche Forderungen in unüblicher Höhe ist ein gesondertes Konto anzusprechen.

Beispiel

Über das Vermögen eines Kunden wird ein Insolvenzverfahren eröffnet. Das Unternehmen weist gegenüber diesem Kunden offene Forderungen aus Lieferungen und Leistungen in Höhe von 476,00 € (inkl. Umsatzsteuer) aus. Die Forderung aus der Insolvenzmasse kann voraussichtlich lediglich zu 40 % erfüllt werden.

Für den als uneinbringlich geltenden Teil ist eine direkte außerplanmäßige Abschreibung vorzunehmen. Dabei ist die einbehaltene Umsatzsteuer entsprechend zu korrigieren.

Forderungsverluste (übliche Höhe) (6930)	240,00 €	an	Forderungen aus Lieferungen und Leistungen (1200) 285,60 €
Umsatzsteuer (19 %) (3806)	45,60 €		

Die verbleibende Forderung ist als zweifelhaft umzubuchen:

Zweifelhafte Forderungen (1240)	an	Forderungen aus Lieferungen und Leistungen (1200) 190,40 €

◂

Zu dem Zeitpunkt, an dem feststeht, in welcher Höhe die Forderung tatsächlich ausfällt, sind drei Situationen möglich:

1. Der Forderungsverlust wurde korrekt geschätzt.
2. Der Forderungsverlust wurde zu niedrig geschätzt.
3. Der Forderungsverlust wurde zu hoch geschätzt.

Im ersten Fall ist lediglich die zweifelhafte Forderung auszubuchen. Im zweiten Fall ist eine weitere aufwandswirksame Sofort-Abschreibung zu buchen und die Umsatzsteuer entsprechend zu korrigieren. Im dritten Fall ist eine Zuschreibung vorzunehmen.

Beispiel

(1) Nach Abschluss des Insolvenzverfahrens erhält das Unternehmen eine Überweisung in Höhe von 190,40 €.

Bank (1800)		an	Zweifelhafte Forderungen (1240)	190,40 €

(2) Nach Abschluss des Insolvenzverfahrens erhält das Unternehmen eine Überweisung in Höhe von 119,00 €.

Bank (1800)	119,00 €	an	Zweifelhafte Forderungen (1240)	190,40 €
Forderungsverluste (übliche Höhe) (6930)	60,00 €			
Umsatzsteuer (19 %) (3806)	11,40 €			

(3) Nach Abschluss des Insolvenzverfahrens erhält das Unternehmen eine Überweisung in Höhe von 238,00 €.

Bank (1800)	238,00 €	an	Zweifelhafte Forderungen (1240)	190,40 €
			Umsatzsteuer (19 %) (3806)	7,60 €
			Erträge aus abgeschriebenen Forderungen (4925)	40,00 €

◀

Bestehen zum Abschlusszeitpunkt zweifelhafte Forderungen, sind für diese Einzelwertberichtigungen zu verbuchen. Dies erfolgt im Soll auf dem Aufwandskonto „Einstellungen in die Einzelwertberichtigungen auf Forderungen" und im Haben auf dem Konto „Einzelwertberichtigungen auf Forderungen". Daraus ergibt sich eine Minderung des Jahresergebnisses in Höhe der eingestellten Einzelwertberichtigung. Gleichzeitig wird in der Bilanz die Höhe der Einzelwertberichtigung als Minderung der Position „Forderungen aus Lieferungen und Leistungen" ausgewiesen.

13.1 Vorbereitende Jahresabschlussarbeiten

> **Beispiel**
>
> Zum Abschlussstichtag besteht die zweifelhafte Forderung in Höhe von 190,40 € fort, da das Insolvenzverfahren noch nicht abgeschlossen ist.
>
> | Einstellungen in die Einzelwertberichtigungen auf Forderungen – Restlaufzeit bis zu einem Jahr (6923) | 190,40 € | an | Einzelwertberichtigungen auf Forderungen – Restlaufzeit bis zu einem Jahr (1246) | 190,40 € |
>
>

13.1.2.2 Pauschalwertberichtigungen

Aus Erfahrungswerten ist den Entscheidungsträgern im Unternehmen bekannt, dass ein gewisser Prozentsatz der Forderungen uneinbringlich wird, auch wenn derzeit noch keine konkreten Hinweise darauf vorliegen. Aus Gründen der kaufmännischen Vorsicht wird daher zum Abschlussstichtag eine pauschale Wertberichtigung auf den gesamten Forderungsbestand zur Abdeckung des allgemeinen Kreditrisikos vorgenommen. Der Prozentsatz, der dabei berücksichtigt wird, orientiert sich an Vergangenheitswerten und kann in den Folgejahren nur in begründeten Ausnahmefällen geändert werden. Die Buchung der Pauschalwertberichtigung erfolgt im Soll auf dem Aufwandskonto „Einstellungen in die Pauschalwertberichtigung auf Forderungen" und im Haben auf dem Aktivkonto „Pauschalwertberichtigungen auf Forderungen".

> **Beispiel**
>
> Zum Abschlussstichtag weist ein Unternehmen einen Bestand an einwandfreien Forderungen von 500.000 € auf. Auf Basis der letzten 5 Geschäftsjahre ist bekannt, dass durchschnittlich 2 % der Forderungen pro Jahr uneinbringlich werden. In dieser Höhe wird eine Pauschalwertberichtigung gebildet:
>
> | Einstellungen in die Pauschalwertberichtigung zu Forderungen (6920) | | an | Pauschalwertberichtigungen auf Forderungen – Restlaufzeit bis zu einem Jahr (1248) | 10.000 € |
>
>

Zu jedem Abschlusszeitpunkt ist die eingestellte Pauschalwertberichtigung zu überprüfen. Dabei sind zum einen die Höhe der zum Abschlusszeitpunkt ausstehenden, einwandfreien Forderungen heranzuziehen und zum anderen der Pauschalwertberichtigungssatz zu überprüfen. Ergibt sich aus dieser Überprüfung die Notwendigkeit einer Erhöhung der Pauschalwertberichtigung, so ist der Differenzbetrag wie die Neueinstellung der Pauschalwertberichtigung einzubuchen. Stellt sich jedoch heraus, dass der Pauschalwert reduziert werden kann, wird eine Teilauflösung gegen das Konto „Pauschalwertberichtigungen auf Forderungen" gebucht, welche über das Ertragskonto „Erträge aus der Herabsetzung der Pauschalwertberichtigung" in die Erfolgsrechnung eingeht.

> **Beispiel**
>
> (1) Im Folgejahr weist das Unternehmen zum Abschlussstichtag einen Forderungsbestand von 550.000 € aus. Die Ausfallquote der letzten 5 Jahre hat sich auf 2,2 % erhöht. Eine Pauschalwertberichtigung wäre nun in Höhe von 12.100 € angebracht. Die bestehende Pauschalwertberichtigung von 10.000 € wird um 2100 € erhöht:
>
> | Einstellungen in die Pauschalwertberichtigung zu Forderungen (6920) | an | Pauschalwertberichtigungen auf Forderungen – Restlaufzeit bis zu einem Jahr (1248) | 2100 € |
>
> (2) Im Folgejahr weist das Unternehmen einen Forderungsbestand von 400.000 € auf. Die Pauschalwertberichtigungsquote von 2 % wird bestätigt. Eine Pauschalwertberichtigung wäre nun in Höhe von 8000 € angemessen. Es ist also eine Teilauflösung der bestehenden Pauschalwertberichtigung zu verbuchen:
>
> | Pauschalwertberichtigungen auf Forderungen – Restlaufzeit bis zu einem Jahr (1248) | an | Erträge aus der Herabsetzung von Pauschalwertberichtigungen auf Forderungen (4920) | 2000 € |
>
>

13.1.3 Rechnungsabgrenzungsposten

Neben den bewertenden Abschlussarbeiten sind zudem zeitliche Korrekturen vorzunehmen, um eine periodengerechte Erfolgsermittlung zu gewährleisten. Vor allem sind

- Aufwendungen und Erträge, die im abgelaufenen Geschäftsjahr wirtschaftlich erfolgt sind, deren Ausgaben bzw. Einnahmen jedoch erst in späteren Perioden erfolgen und
- Ausgaben und Einnahmen, die im abgelaufenen Geschäftsjahr erfolgt sind, aber Aufwendungen oder Erträge späterer Jahre betreffen

der korrekten Abrechnungsperiode zuzurechnen. Stehen die Beträge fest, sind im ersten Fall **antizipative** und im zweiten Fall **transitorische Rechnungsabgrenzungen** vorzunehmen, um die Geschäftsvorfälle dem wirtschaftlich korrekten Geschäftsjahr zuzurechnen. Handelsrechtlich und steuerrechtlich sind jedoch nur transitorische Rechnungsabgrenzungsposten

13.1 Vorbereitende Jahresabschlussarbeiten

zugelassen (§ 250 HGB; § 5 Abs. 5 Einkommensteuergesetz). Der Ausweis antizipativer Rechnungsabgrenzung erfolgt unter den Positionen „sonstige Forderungen" bzw. „sonstige Verbindlichkeiten".

Transitorische Rechnungsabgrenzungsposten werden zum einen für Einnahmen eingebucht, deren zugrunde liegende Erträge erst in der Folgeperiode entstehen, beispielsweise Mieten, die bereits im Voraus eingegangen sind. In diesem Fall ist ein passiver Rechnungsabgrenzungsposten (PRAP) zu bilden, der gegen das entsprechende Ertragskonto zu buchen ist.

> **Beispiel**
>
> Ein Unternehmen vermietet eine Lagerhalle an einen Kunden, der dort Gegenstände einlagert. Der Mietvertrag läuft über zwei Jahre und wurde am 02.01. des abgelaufenen Geschäftsjahres geschlossen. Vereinbart wird eine Jahresmiete von 5000 €. Der Kunde zahlt die Miete bar im Voraus für zwei Jahre. Es erfolgt also eine Einnahme von 10.000 € im abgelaufenen Geschäftsjahr, wovon 5000 € wirtschaftlich das Folgejahr betreffen. Die Verbuchung des Zahlungseingangs erfolgt zunächst anhand des Buchungssatzes:
>
> | Kasse (1600) | an | Mieteinnahmen (4105) | 10.000 € |
> |---|---|---|---|
>
> Die passive Rechnungsabgrenzung erfolgt dann mittels:
>
> | Mieteinnahmen (4105) | an | Passive Rechnungsabgrenzung (3900) | 5000 € |
> |---|---|---|---|
>
>

Transitorische Rechnungsabgrenzungen werden ebenfalls für Ausgaben verbucht, deren zugrunde liegender Aufwand wirtschaftlich erst in Folgejahren anfällt, zum Beispiel wenn Mieten bereits im Voraus bezahlt wurden. Diese Vorauszahlungen werden mittels aktiver Rechnungsabgrenzungsposten korrigiert. Die Einbuchung des aktiven Rechnungsabgrenzungspostens (ARAP) erfolgt im Soll, während die Gegenbuchung auf dem entsprechenden Aufwandskonto im Haben erfolgt.

> **Beispiel**
>
> Dem vorgenannten Beispiel folgend wird nun die Verbuchung beim Mieter der Lagerhalle betrachtet. Er weist einen Zahlungsausgang in Höhe von 10.000 € im abgelaufenen Geschäftsjahr aus, dessen zugrunde liegender Aufwand zur Hälfte erst im nachfolgenden Geschäftsjahr entsteht. Zunächst erfolgt die Verbuchung des Zahlungsausgangs:

| Mietkosten (6310) | an | Kasse (1600) | 10.000 € |

Die aktive Rechnungsabgrenzung erfolgt dann mittels:

| Aktive Rechnungsabgrenzung (1900) | an | Mietkosten (6310) | 5000 € |

◄

13.1.4 Rückstellungen

Neben den Rechnungsabgrenzungen werden im Rahmen der vorbereitenden Abschlussarbeiten auch Rückstellungen verbucht, um zeitliche Verschiebungen zwischen den Geschäftsjahren zu korrigieren. Rückstellungen haben die Aufgabe, zukünftige, ursächlich jedoch bereits entstandene Risiken zu berücksichtigen und die Aufwendungen später zu leistender Auszahlungen der Periode ihrer Entstehung zuzuordnen. Im Gegensatz zu Rechnungsabgrenzungsposten steht die Höhe der Aufwendungen zum Zeitpunkt des Jahresabschlusses noch nicht fest. Es muss lediglich eine begründete Wahrscheinlichkeit für die Inanspruchnahme und der damit verbundenen späteren Auszahlung bestehen.

§ 249 Abs. 1 HGB schreibt die Bildung von Rückstellungen für „ungewisse Verbindlichkeiten und für drohende Verluste aus schwebenden Geschäften" vor. Außerdem sind für Gewährleistungen, die über die gesetzlichen Vorschriften hinausgehen, sogenannte Kulanzrückstellungen zu bilden. Rückstellungen sind weiterhin für unterlassene Instandhaltungsaufwendungen zu bilden, die innerhalb von drei Monaten im folgenden Geschäftsjahr nachgeholt werden. Für allgemeine unternehmerische Wagnisse sind Rückstellungen nicht zulässig.

Steuerrechtlich sind Rückstellungen grundsätzlich zwar zulässig, werden aber deutlich restriktiver gehandhabt. So sind beispielsweise Rückstellungen für drohende Verluste aus schwebenden Geschäften steuerrechtlich nicht zulässig (§ 5 Abs. 4 EStG).

Die Verbuchung von Rückstellungen erfolgt grundsätzlich ähnlich wie die der aktiven Rechnungsabgrenzungsposten. Im Soll wird das jeweilige Aufwandskonto bebucht, während die Gegenbuchung im Haben auf dem entsprechenden Rückstellungskonto (zum Beispiel „Rückstellungen für unterlassene Aufwendungen für Instandhaltung") erfolgt.

Beispiel

Ein Werkzeughersteller bildet im Rahmen der vorbereitenden Jahresabschlussarbeiten aufgrund der Erfahrungen aus den letzten Jahren Rückstellungen für gewährte Garantien in Höhe von 18.000 €.

13.1 Vorbereitende Jahresabschlussarbeiten

| Aufwand für Gewährleistung (6790) | an | Rückstellungen für Gewährleistungen (3090) | 18.000 € |

◄

Entsteht ein tatsächlicher Aufwand zu einem zurückgestellten Sachverhalt, so wird die entsprechende Rückstellung aufgelöst. Dabei können drei Fälle auftreten:

1. Der tatsächliche Aufwand und Auszahlungsbetrag entspricht dem Rückstellungsbetrag.
2. Der tatsächliche Aufwand und Auszahlungsbetrag ist größer als der Rückstellungsbetrag.
3. Der tatsächliche Aufwand und Auszahlungsbetrag ist kleiner als der Rückstellungsbetrag.

Im ersten Fall erfolgt die Ausbuchung der Rückstellung gegen die Verbuchung des Zahlungseingangs. Im zweiten Fall ist zusätzlich ein sonstiger betrieblicher Aufwand zu verbuchen und im dritten Fall ein sonstiger betrieblicher Ertrag.

Beispiel

Ein Unternehmen hat im Rahmen der Abschlussarbeiten des Vorjahres eine Rückstellung für die unterlassene Instandhaltung einer Maschine in Höhe von 2500 € eingebucht. Die Rechnung über die erfolgte Wartungsarbeit wird im Januar des Folgejahres gestellt und beläuft sich auf 1) 2500 €; 2) 2800 €; 3) 2300 €.

Die Verbuchung der Rechnung erfolgt in den jeweiligen Fällen mittels der Buchungen:

| Rückstellungen für unterlassene Instandhaltungen (3075) | 2500 € | an | Verbindlichkeiten aus Lieferungen und Leistungen (3300) | 2500 € |

| Rückstellungen für unterlassene Instandhaltungen (3075) | 2500 € | an | Verbindlichkeiten aus Lieferungen und Leistungen (3300) | 2800 € |
| Periodenfremde Aufwendungen (6960) | 300 € | | | |

| Rückstellungen für unterlassene Instandhaltungen (3075) | 2500 € | an | Verbindlichkeiten aus Lieferungen und Leistungen (3300) | 2300 € |
| | | | Erträge aus der Auflösung von Rückstellungen (4930) | 200 € |

◄

13.1.5 Ermittlung und Einbuchung latenter Steuern

Latente Steuern entstehen aus der Differenz zwischen den fiktiven, auf Basis der Handelsbilanz ermittelten Steuern und den tatsächlich zu zahlenden, auf Basis der Steuerbilanz ermittelten Steuern. Verschiedene Bilanzierungsregeln in HGB und Steuerrecht führen dazu, dass Gewinne und Verluste in der Steuerbilanz zu anderen Zeitpunkten realisiert werden können als in der Handelsbilanz. Dadurch können die Gewinne in den beiden Unternehmensabschlüssen voneinander abweichen. Die Differenzen zwischen beiden Ansätzen bauen sich jedoch im Zeitablauf ab.

	Tatsächliche Steuern vom Einkommen und Ertrag auf Basis der Steuerbilanz
./.	Fiktive Steuern vom Einkommen und Ertrag auf Basis der Handelsbilanz
=	Latente Steuern (Steuerbelastung oder Steuerentlastung)

Maßgeblich für die Steuerbelastung eines Unternehmens ist der Gewinn aus der Steuerbilanz. Bei einem abweichenden Gewinn in der Handelsbilanz ist der effektive Steueraufwand laut Steuerbilanz höher oder niedriger als der Steueraufwand laut Handelsbilanz. Um diese Differenz auszugleichen, setzt man bei einer **Steuerbelastung passive** und bei einer **Steuerentlastung aktive latente Steuern** in der Handelsbilanz an.

Während aktive latente Steuern als Forderungen gegenüber dem Finanzamt zu verstehen sind, sind passive latente Steuern als Verbindlichkeiten zu sehen. Beide kommen erst als tatsächliche Steuerbelastungen und -entlastungen zum Tragen, wenn sich die temporären Bewertungsunterschiede im Zeitablauf ausgleichen. Dann sind entsprechend gebildete latente Steuern aufzulösen.

§ 274 HGB schreibt den Ansatz sich ergebender Steuerbelastungen als passive latente Steuern vor (Ansatzpflicht), während ein Steuervorteil, der sich aus Unterschieden der beiden Bilanzen ergibt, aktiviert werden kann (Wahlrecht).

Der Ansatz latenter Steuern erfolgt für alle Unternehmen nach dem sogenannten *Temporary Ansatz*. Dabei werden latente Steuern zunächst einzeln für alle Bilanzpositionen auf Basis der zeitlichen Bilanzierungs- und Bewertungsunterschiede ermittelt. Anschließend rechnet man alle passiven und alle aktiven latenten Steuern zu jeweils einer Gesamtposition zusammen. Dies hat den Hintergrund, dass eine Auflösung latenter Steuern bei Wegfall eines Ansatzunterschiedes auch teilweise möglich ist und die gesamte Entwicklung der Position so besser nachvollzogen werden kann.

Die Verbuchung von latenten Steuern erfolgt auf den Bestandskonten „aktive bzw. passive latente Steuern", die Gegenbuchung erfolgt auf den Erfolgskonten „Erträge bzw. Aufwendungen aus der Zuführung und Auflösung von latenten Steuern".

> **Beispiel**
>
> (1) Aus der Saldierung der Wertdifferenzen sind am Jahresende passive latente Steuern in Höhe von 3000 € zu bilden. Der Buchungssatz für die Bildung passiver latenter Steuern lautet:

| Aufwendungen aus der Zuführung und Auflösung latenter Steuern (7645) | an | Passive latente Steuern (3065) | 3000 € |

(2) Nach der Saldierung der Wertdifferenzen zwischen Handels- und Steuerbilanz sollen am Jahresende aktive latente Steuern in Höhe von 1500 € gebildet werden. Der Buchungssatz für die Bildung aktiver latenter Steuern lautet:

| Aktive latente Steuern (1950) | an | Erträge aus der Zuführung und Auflösung von latenten Steuern (7649) | 1500 € |

◀

Da sich die Ansatz- und Bewertungsdifferenzen zwischen Steuer- und Handelsbilanzen im Zeitablauf ausgleichen, sind auch gebildete aktive und passive latente Steuern im Zeitablauf aufzulösen. Sie werden über die jeweiligen Erfolgskonten aufgelöst.

Beispiel

Ein Unternehmen weist aufgrund der Nutzung eines Wahlrechtes im HGB bei der Ermittlung der Herstellungskosten einer selbst erstellten Anlage eine Differenz zwischen Steuer- und Handelsbilanz von 500 € aus. Es wurde ein Unternehmenssteuersatz von 30,525 % angenommen und passive latente Steuern in Höhe von 152,63 € in der Handelsbilanz angesetzt. In beiden Bilanzen wird die Anlage über 5 Jahre abgeschrieben.

Die Differenz in der Bewertung von 500 € baut sich über die kommenden 5 Jahre ab. Damit sind die entsprechend gebildeten passiven latenten Steuern jährlich anteilig (152,63 €: 5 Jahre = 30,53 € pro Jahr) aufzulösen.

| Passive latente Steuern (3065) | an | Erträge aus der Zuführung und Auflösung von latenten Steuern (7649) | 30,53 € |

◀

13.2 Buchungen des Jahresabschlusses

Die eigentlichen Buchungen zum Jahresabschluss erfolgen in drei aufeinander aufbauenden Schritten:

1. Abschluss aller Erfolgskonten über das Gewinn- und Verlustkonto
2. Abschluss des Gewinn- und Verlustkontos auf das Eigenkapitalkonto
3. Abschluss aller Bestandskonten auf das Schlussbilanzkonto.

Konto-Nr.	Konto-bezeich-nung	Summen- und Saldenliste zum Bilanzstichtag									
		Summenbilanz (Probebilanz)		Saldenbilanz I (vorläufige Saldenbilanz)		Umbuchungen (Umbuchungs-bilanz)		Saldenbilanz II (endgültige Saldenbilanz)		Schlussbilanz (Beständebilanz)		Erfolgsbilanz (GuV-Rechnung)	
		Soll	Haben	Soll	Haben	Soll	Haben	Soll	Haben	Aktiva	Passiva	Auf-wen-dungen	Erträge

Abb. 13.2 Summen- und Saldenliste

Zur Technik dieser Buchungen wird auf Abschn. 4.2.2 verwiesen.

In der Praxis wird begleitend zu den Abschlussbuchungen eine Abschlussübersicht (Summen- und Saldenliste) erstellt, die zur Aufdeckung von Fehlern vor der endgültigen Abschlusserstellung dient. Abb. 13.2 zeigt eine beispielhafte Abschlussübersicht.

In den Spalten „Saldenbilanz I" werden die Soll- und Haben-Bestände der einzelnen Konten gegeneinander aufgerechnet. Der Saldo der Konten wird auf der jeweils größeren Seite vermerkt. In der Spalte „Umbuchungsbilanz" werden die Abschlussbuchungen (wie Rückstellungen, Abschreibungen, Rechnungsabgrenzungen etc.) erfasst. In der Spalte „Saldenbilanz II" werden die Spalten „Saldenbilanz I" und „Umbuchungen" zusammengefasst.

Erst wenn die Summen- und Saldenliste final geprüft wurde und alle Korrekturbuchungen abgeschlossen wurden, gilt das Geschäftsjahr als abgeschlossen. Als Ergebnis der Buchungen liegen nun eine Bilanz sowie eine Gewinn- und Verlustrechnung des abgelaufenen Geschäftsjahres vor.

13.3 Aufstellung und Veröffentlichung von Jahresabschlüssen

Die Aufstellung und Veröffentlichung des Jahresabschlusses und ggf. eines **Lageberichtes** wird als **Reporting** bezeichnet.

Neben der Aufstellung einer **Bilanz** (Abschn. 3.1) sowie einer **Gewinn- und Verlustrechnung** (Abschn. 11.2) ist im Rahmen der Veröffentlichung von Jahresabschlüssen von allen Unternehmen eine **Kapitalflussrechnung** sowie ein **Anhang** beizufügen. Unter Umständen kann auch die Aufstellung eines **Eigenkapitalspiegels** für Mutterunternehmen von Konzernen verpflichtend sein (§ 264 Abs. 1 HGB).[1] Darüber hinaus kann ein **Segmentbericht** erforderlich sein.

---

[1] Kapitalmarktorientierte Gesellschaften und Unternehmen, die zur Aufstellung eines Konzernabschlusses verpflichtet sind, müssen im Rahmen des Jahresabschlusses einen Eigenkapitalspiegel aufstellen. (§ 264 Abs. 1 Satz 1 HGB).

13.3.1 Aufstellung einer Kapitalflussrechnung

Die Kapitalflussrechnung gibt Aufschluss über die Finanzlage eines Unternehmens und dient unternehmensintern der Steuerung der Liquidität. Es handelt sich um eine Finanzierungsrechnung, die ausschließlich Vorgänge betrachtet, die den Zahlungsmittelbestand verändern (Ein- und Auszahlungen Abschn. 11.1).

Der Kapitalfluss einer Periode ergibt sich als

> Summe aller Einzahlungen einer Periode
> ./. Summe aller Auszahlungen einer Periode
> = **Kapitalfluss (Cashflow)**

Eine Kapitalflussrechnung stellt Einzahlungen (Mittelzufluss) und Auszahlungen (Mittelabfluss) gegliedert in die drei Bereiche

- laufende Geschäftstätigkeit,
- Investitionstätigkeit und
- Finanzierungstätigkeit dar.

Sie zeigt damit die Ursachen der Veränderungen der liquiden Mittel auf:

> +/− Operativer Cashflow
> +/− Cashflow aus Investitionstätigkeit
> ± Cashflow aus Finanzierungstätigkeit
> = **Zahlungswirksame Veränderung des Finanzmittelfonds**

Der Cashflow aus der laufenden Geschäftstätigkeit wird als **operativer Cashflow** bezeichnet und bildet die betrieblichen Prozesse (Beschaffung/ Herstellung und Vertrieb) des Unternehmens ab. Darüber hinaus gehen in den operativen Cashflow auch Kosten der Nutzung des Anlagevermögens (wie beispielsweise Wartungsauszahlungen) sowie die Zahlungen für Ertragssteuern ein.

Der **Cashflow aus Investitionstätigkeit** bildet die im Zusammenhang mit Investitionsprozessen stehenden Zahlungen einer Periode ab. Dabei werden Auszahlungen für Investitionen ebenso einbezogen wie Einzahlungen im Falle von Desinvestitionen. Darüber hinaus gehen Einzahlungen aus der Nutzung des Finanzanlagevermögens, wie zum Beispiel erhaltene Zinsen und Dividenden, ein.

Der **Cashflow aus Finanzierungstätigkeit** bildet Zahlungen aus Finanzierungsprozessen ab. Einzahlungen, wie aus der Neuaufnahme von Finanzierungen, werden ebenso vermerkt wie Auszahlungen bei der Rückführung von Finanzierungen (Herabsetzung von Eigen- oder Fremdkapital). Für die laufende Nutzung von Eigen- und Fremdkapital werden Zahlungen in Form von Zinsen oder Dividenden fällig. Diese werden ebenfalls im Finanzierungscashflow festgehalten.

Die Summe der drei beschriebenen Cashflows ergibt die gesamte zahlungswirksame Veränderung des Finanzmittelfonds in der abgelaufenen Geschäftsperiode.

Abb. 13.3 zeigt beispielhaft die Kapitalflussrechnung der Hapag Lloyd AG.

13.3.2 Anhang

Nach § 264 Abs. 1 HGB ist der Jahresabschluss einer Kapitalgesellschaft um einen Anhang zu ergänzen, der „mit der Bilanz und der Gewinn- und Verlustrechnung eine Einheit" bildet. Der Anhang hat die Aufgabe, den Adressaten zu informieren. Er soll die Bilanz durch das Wahlrecht, bestimmte Positionen im Anhang zu erklären, entlasten und ein falsches Bild, das durch die Zahlen entstehen könnte, durch weitere Erläuterungen korrigieren.

Die §§ 284–288 HGB fordern Erläuterungen zu einzelnen Bilanz- und GuV-Positionen, Angaben zu den gewählten Bewertungs- und Bilanzierungsmethoden sowie Begründungen bei Änderung dieser Methoden. § 285 HGB enthält weitere Pflichtangaben des Anhangs, wie beispielsweise nicht in Bilanz und Gewinn- und Verlustrechnung abgebildete, für das Unternehmen jedoch bedeutsame Sachverhalte, wie Anzahl und Gruppen von Arbeitnehmern und die Aufteilung der Umsätze nach Segmenten.

13.3.3 Segmentbericht

Die Bilanz und die Gewinn- und Verlustrechnung informieren über das Unternehmen als Ganzes. Um sich ein Bild von der wirtschaftlichen Lage eines Unternehmens zu machen, ist es jedoch notwendig, die wesentlichen Geschäftsfelder (Segmente) eines Unternehmens im Einzelnen zu betrachten. Dazu dient eine Segmentberichterstattung. Dabei können entweder operative Geschäftsfelder, Produktsparten oder auch geografische Kriterien zur Segmentierung herangezogen werden.

Die Erweiterung der Abschlussunterlagen kapitalmarktorientierter Unternehmen um eine Segmentberichterstattung ist nach § 264 Abs. 1 HGB für Kapitalgesellschaften optional.

13.3.4 Eigenkapitalspiegel

Der Eigenkapitalspiegel soll – ähnlich wie die Kapitalflussrechnung über die liquiden Mittel – Auskunft über die Ursachen der Veränderung des Eigenkapitals zwischen zwei Abschlussstichtagen geben. Für die Aufstellung eines Eigenkapitalspiegels gibt es im HGB keine formalen Gliederungsvorschriften. Es empfiehlt sich, auf die Gestaltungsvorschläge

13.3 Aufstellung Query ID="Q1" Text="" und Veröffentlichung von ... 229

Konzernergebnis	17.042,6	9.085,0
Ertragsteueraufwendungen (+) / -erträge (-)	200,6	61,3
Übrige Finanzposten	303,9	-1,7
Zinsergebnis	-22,6	245,2
Abschreibungen (+)/Zuschreibungen (–)	1.904,2	1.462,8
Gewinn (–)/Verlust (+) aus Abgängen von langfristigen Vermögenswerten	-64,8	-12,5
Erträge (–)/Aufwendungen (+) aus nach der Equity-Methode einbezogenen Unternehmen und aus Dividenden von Beteiligungsunternehmen	-90,8	-28,9
Sonstige zahlungsunwirksame Aufwendungen (+)/Erträge (–)	-37,3	-34,8
Zunahme (–)/Abnahme (+) der Vorräte	-81,8	-139,5
Zunahme (–)/Abnahme (+) der Forderungen und sonstigen Vermögenswerte	302,3	-1.383,4
Zunahme (+)/Abnahme (–) der Rückstellungen	421,2	180,0
Zunahme (+)/Abnahme (–) der Verbindlichkeiten (ohne Finanzschulden)	-313,3	998,4
Ertragsteuereinzahlungen (+)/-auszahlungen (–)	-60,9	-26,4
Mittelzufluss (+)/ -abfluss (–) aus der laufenden Geschäftstätigkeit	**19.503,3**	**10.405,7**
Einzahlungen aus Abgängen von Sachanlagen und immateriellen Vermögenswerten	112,6	20,2
Einzahlungen aus Abgängen von Beteiligungen	–	1,3
Einzahlungen aus Dividenden von nach der Equity-Methode einbezogenen Unternehmen	35,1	25,9
Einzahlungen aus Abgängen von zur Veräußerung gehaltenen Vermögenswerten	–	33,6
Auszahlungen für Investitionen in Sachanlagen und immaterielle Vermögenswerte	-1.440,6	-1.252,7
Auszahlungen für Investitionen in Beteiligungen	-8,0	-0,9
Nettozahlungsmittelzufluss (+)/ -abfluss (–) aus Unternehmenserwerben	-169,8	-69,7
Einzahlungen aus der Rückführung gewährter Darlehen	–	10,5
Einzahlungen für den Erwerb von Anteilen an nach der Equity-Methode einbezogenen Unternehmen	50,6	–
Auszahlungen für den Erwerb von Anteilen an nach der Equity-Methode einbezogenen Unternehmen	-15,9	–
Veränderung der Finanzanlagen und von zu Investitionszwecken gehaltenen finanziellen Vermögenswerten	-2.824,1	–
Zinseinzahlungen[1]	194,6	4,3
Mittelzufluss (+)/ -abfluss (–) aus der Investitionstätigkeit	**-4.065.4**	**-1.227,4**
Auszahlungen aus der Änderung der Beteiligungsanteile an Tochterunternehmen	-36,5	-0,5
Auszahlungen für Dividenden	-6.165,0	-633,5
Einzahlungen aus der Aufnahme von Finanzschulden	46,8	497,7
Auszahlungen aus der Rückführung von Finanzschulden	-530,4	-1.411,6
Auszahlungen aus der Rückführung von Leasingverbindlichkeiten	-1.055,3	-678,5
Auszahlungen für Mietereinbauten	-	-0,3
Auszahlungen für Zinsen und Gebühren	-209,3	-224,8
Einzahlungen (+) und Auszahlungen (–) aus Sicherungsgeschäften für Finanzschulden	-280,0	-29,4
Mittelzufluss (+)/ -abfluss (–) aus der Finanzierungstätigkeit	**-8.229,7**	**-2.481,0**
Zahlungswirksame Veränderungen der Zahlungsmittel und Zahlungsmitteläquivalente	**7.208,2**	**6.697,3**
Zahlungsmittel und Zahlungsmitteläquivalente am Anfang der Periode	**7.723,4**	**681,3**
Wechselkursbedingte Veränderungen der Zahlungsmittel und Zahlungsmitteläquivalente	304,5	344,8
Zahlungswirksame Veränderungen der Zahlungsmittel und Zahlungsmitteläquivalente	7.208,2	6.697,3
Zahlungsmittel und Zahlungsmitteläquivalente am Ende der Periode	**15.236,1**	**7.723,4**

Abb. 13.3 Kapitalflussrechnung der Hapag Lloyd AG

nach DRS 22 zurückzugreifen.[2] Wesentliche Komponenten des Eigenkapitals, deren Veränderungen aufzuzeigen sind, sind demnach:

- Gezeichnetes Kapital,
- Kapitalrücklage,
- Gewinnrücklagen:
  - Gesetzliche Rücklage,
  - Satzungsmäßige Rücklagen,
  - Andere Gewinnrücklagen,
- Gewinnvortrag/ Verlustvortrag,
- Konzernjahresüberschuss/ -fehlbetrag, der dem Mutterunternehmen zuzurechnen ist
  = Summe Eigenkapital des Mutterunternehmens,
- nicht beherrschende Anteile,
- auf nicht beherrschende Anteile entfallende Gewinne/Verluste
  = Konzerneigenkapital.

Der Konzerneigenkapitalspiegel ist gemäß § 297 Abs. 1 HGB ein Pflichtbestandteil des Konzernabschlusses. § 264 Abs. 1 HGB verpflichtet kapitalmarktorientierte Kapitalgesellschaften, die keinen Konzernabschluss aufstellen müssen, zur Veröffentlichung eines Eigenkapitalspiegels.

13.3.5 Lageberichterstattung

Die Pflicht zur Aufstellung eines Lageberichts besteht für mittelgroße und große Kapitalgesellschaften (§ 264 Abs. 1 Satz 1 HGB) sowie mittelgroße und große Personenhandelsgesellschaften, bei denen nicht mindestens ein persönlich haftender Gesellschafter eine natürliche Person ist (§ 264 (a) HGB).

Der Lagebericht ist ein über den Jahresabschluss hinaus gehendes Reportinginstrument. Es ergänzt den standardisierten, zahlenorientierten Jahresabschluss um Kommentare und Analysen, um ein noch besseres Verständnis für die tatsächliche Lage des Unternehmens zu erhalten.

Die Inhalte des Lageberichtes werden in § 289 HGB konkretisiert. Wesentliche Bestandteile sind:

- Analyse des Geschäftsverlaufes und Prognosen,
- Entwicklung der wesentlichen Chancen und Risiken,

---

[2] DRS steht für Deutsche Rechnungslegungs Standards. Diese Empfehlungen zur Rechnungslegung werden vom Deutschen Rechnungslegungs Standards Committee e. V. (DRSC) herausgegeben. Das DRSC ist der nationale Standardsetzer auf dem Gebiet der Konzernrechnungslegung in Deutschland.

- Vergütungsbericht,
- Risikomanagementziele,
- Forschungs- und Entwicklungsbericht,
- Zweigniederlassungsbericht und
- Bericht über nichtfinanzielle Leistungsindikatoren (wie Umwelt- und Arbeitnehmerbelange).

13.3.6 Prüfung und Offenlegung der Jahresabschluss-Unterlagen

Nach Erstellung der Abschlussunterlagen werden diese durch **Abschlussprüfer** geprüft. Diese Verpflichtung gilt für alle Kapitalgesellschaften, die keine kleine GmbH sind.

Anschließend ist der Jahresabschluss in Teilen oder vollständig ggf. ergänzt um einen Lagebericht zu veröffentlichen. Als veröffentlicht gelten Abschlussunterlagen, wenn sie dem Betreiber des elektronischen Bundesanzeigers zur Veröffentlichung eingereicht wurden.[3]

Veröffentlichungspflichtig sind dabei alle Kapitalgesellschaften, wobei § 326 HGB Vereinfachungsregelungen für kleinste, kleine und mittlere Kapitalgesellschaften vorsieht.

Die Offenlegung des Jahresabschlusses, der Bilanz und weiterer Dokumente muss bis zu zwölf Monate nach dem Bilanzstichtag erfolgen. Diese Frist gilt für alle Kapitalgesellschaften.

Personengesellschaften sind nur dann offenlegungspflichtig, wenn sie zum Abschlussstichtag und zu den beiden nachfolgenden Abschlussstichtagen mindestens zwei der drei folgenden Kriterien erfüllen (§ 1 Publizitätsgesetz):

- die Bilanzsumme übersteigt 65 Mio. €,
- die Umsatzerlöse übersteigen 130 Mio. € und
- das Unternehmen hat in den 12 Monaten vor dem Abschlussstichtag durchschnittlich mehr als 5.000 Arbeitnehmer beschäftigt.

13.4 Zusammenfassung und Aufgaben

Basierend auf den Daten der unterjährigen Buchführung wird zum Abschluss eines Geschäftsjahres ein Jahresabschluss aufgestellt. Zunächst sind vorbereitende Abschlussarbeiten durchzuführen, beispielsweise ist der Abschreibungsbedarf zu ermitteln und zu verbuchen, Rückstellungen und Rechnungsabgrenzungen sind einzubuchen oder latente Steuern zu verwalten. Hieran schließen sich die eigentlichen Buchungen zum Jahresabschluss an, die mit einer finalen Bilanz sowie Gewinn- und Verlustrechnung

---

[3] Link elektronischer Bundesanzeiger: https://www.bundesanzeiger.de/pub/de/start?0.

enden. Diese Jahresabschlussunterlagen sind gegebenenfalls um weitere Unterlagen, wie beispielsweise Kapitalflussrechnung oder Anhang, zu ergänzen und gemäß den Verpflichtungen des HGB zu veröffentlichen.

13.4.1 Lernkontrollfragen zu Kapitel 13

- Welche Arbeiten sind in Vorbereitung auf die Erstellung des Jahresabschlusses durchzuführen? Abschn. 13.1
- Nach welchen Prinzipien kann die Bewertung der Anschaffungs- und Herstellungskosten von Vorräten grundsätzlich erfolgen? Abschn. 13.1.1.1
- Welche Prüfung ist im Rahmen der vorbereitenden Jahresabschlussarbeiten in Bezug auf die Vorratsbewertung durchzuführen? Abschn. 13.1.1.2
- Welche Möglichkeiten der Bewertungskorrektur von Forderungen bestehen grundsätzlich? Abschn. 13.1.2
- Auf welcher Basis wird eine Pauschalwertberichtigung von Forderungen erhoben? Abschn. 13.1.2.2
- Wie lassen sich Rechnungsabgrenzungsposten und Rückstellungen voneinander unterscheiden? Abschn. 13.1.3 und Abschn. 13.1.4
- Was sind latente Steuern und wie werden sie ermittelt? Abschn. 13.1.5
- Was ist eine Kapitalflussrechnung und welche Mindestinformationen muss sie enthalten? Abschn. 13.3.1
- Wer ist zur Veröffentlichung eines Lageberichtes verpflichtet? Abschn. 13.3.5

13.4.2 Aufgaben

Aufgabe 1: Bewertungsfolgeverfahren
Ein Maschinenbauunternehmen hat zu Jahresbeginn 140 Metallplatten im Bestand. Der Wert belief sich auf 120 € je Stück. Im Jahresverlauf wurden 460 Stück zu 100 €, 90 Stück zu 130 € und 200 Stück zu 125 € eingekauft.

Folgende Tabelle zeigt die unterjährigen Bestandsveränderungen.

Menge	AHK
AB 140	120 €
Kauf 460	100 €
Verbrauch -300	
Kauf 90	130 €
Verbrauch -220	
Kauf 200	125 €

13.4 Zusammenfassung und Aufgaben

Bitte ermitteln Sie die Anschaffungs- und Herstellungskosten nach dem permanenten sowie periodischem Durchschnittsverfahren sowie nach dem permanenten sowie periodischen LiFo-Verfahren. Stellen Sie die Ergebnisse bitte tabellarisch gegenüber.

Zum Abschlussstichtag belief sich der Preis, zu dem der Rohstoff am Markt eingekauft werden könnte, auf 115 €. Welcher der ermittelten Werte der Anschaffungs- und Herstellungskosten wäre unter Berücksichtigung des Niederstwertprinzips zur Bewertung der Rohstoffe heranzuziehen, wenn das Unternehmen die Absicht verfolgt, einen möglichst geringen Jahresüberschuss auszuweisen? Wäre in diesem Fall eine Abschreibung vorzunehmen?

Aufgabe 2: Einstellung von Rückstellungen

Ein Unternehmen erwartet, Körperschaftssteuern in Höhe von 5600 € zzgl. 5,5 % Solidaritätszuschlag (SoLiZ) nachzahlen zu müssen. Bitte nehmen Sie die Einbuchung einer entsprechenden Rückstellung vor.

Später im neuen Geschäftsjahr geht der finale Steuerbescheid zu, nach dem nun lediglich 5000 € Körperschaftssteuern zzgl. SoLiZ zu zahlen sind. Bitte nehmen Sie die Begleichung des Steuerbescheides über das Bankkonto bei gleichzeitiger Auflösung der Rückstellung buchhalterisch vor.

Aufgabe 3: Erstellung einer Kapitalflussrechnung

Im abgelaufenen Geschäftsjahr fielen folgende Geschäftsvorfälle in einem Unternehmen an (umsatzsteuerliche Betrachtungen bleiben hier außen vor):

1. Umsätze der laufenden Periode 16.000 €, bar und mittels Kartenzahlung eingegangen.
2. Einzahlung der Stammkapitaleinlage bei Gründung einer GmbH in Höhe von 25.000 € auf das Bankkonto.
3. Kauf einer Maschine im Wert von 8000 € auf Rechnung.
4. Begleichung der Rechnung durch Überweisung: 8000 €.
5. Planmäßige Abschreibung der Maschinen in Höhe von 800 €.
6. Einkauf von Werkstoffen im Wert von 6000 €, Bezahlung mittels Bankkarte.
7. Verbrauch von Werkstoffen im Rahmen der Fertigung im Wert von 4000 €.
8. Barabhebung vom Bankkonto 300 € zur Erhöhung des Kassenbestandes.
9. Auszahlung eines kurzfristigen Bankkredites auf das Bankkonto: 27.000 €.
10. Zinszahlung für den Bankkredit: 290 €.
11. Zahlung von Löhnen für Hilfsarbeiter in bar 1300 €.

Bitte erstellen Sie aus diesen Geschäftsvorfällen eine Kapitalflussrechnung, indem Sie die jeweiligen Aus- und Einzahlungen den entsprechenden Cashflows zuordnen. Wie hoch war die zahlungswirksame Veränderung des Finanzmittelfonds insgesamt?

13.4.3 Lösungen

Aufgabe 1: Bewertungsfolgeverfahren

Ein Maschinenbauunternehmen hat zu Jahresbeginn 140 Metallplatten im Bestand. Der Wert belief sich auf 120 € je Stück. Im Jahresverlauf wurden 460 Stück zu 100 €, 90 Stück zu 130 € und 200 Stück zu 125 € eingekauft.

Folgende Tabelle zeigt die unterjährigen Bestandsveränderungen.

Menge	AHK
AB 140	120 €
Kauf 460	100 €
Verbrauch -300	
Kauf 90	130 €
Verbrauch -220	
Kauf 200	125 €

AHK nach dem periodischen Durchschnittsverfahren:

$$AHK = \frac{140*120\,€+460*100\,€+90*130\,€+200*125\,€}{140+460+90+200} = \frac{99.500\,€}{890} = 111{,}80\,€$$

AHK nach dem permanenten Durchschnittsverfahren:

Für den ersten Abgang werden die Anschaffungs- und Herstellungskosten ermittelt:

$$AHK = \frac{140*120\,€+460*100\,€}{140+460} = \frac{62.800\,€}{600} = 104{,}67\,€$$

Nach dem Abgang von 300 Stück liegen 300 Stück zu einem Wert von 104,67 € auf Lager.

Für den zweiten Abgang werden die Anschaffungs- und Herstellungskosten ermittelt:

$$AHK = \frac{300*104{,}67\,€+90*130\,€}{300+90} = \frac{43.101\,€}{390} = 110{,}52\,€$$

Nach dem Abgang von 220 Stück liegen 170 Stück zu einem Wert von 110,52 € auf Lager.

Die Anschaffungs- und Herstellungskosten des Endbestandes werden wie folgt ermittelt:

$$AHK = \frac{170*110{,}52\,€+200*125\,€}{170+200} = \frac{43.788{,}40\,€}{370} = 118{,}35\,€$$

AHK nach dem periodischen LiFo-Verfahren:

Der Endbestand von 370 Stück liegt um 230 Stück höher als der Anfangsbestand von 140 Stück. Also gehen in die Ermittlung der AHK des Endbestandes die AHK des Anfangsbestandes mit 120 € je Stück und einer Menge von 140 Stück sowiedie AHK der 1. Anschaffung in Höhe von 100 € und einem Mengenwicht von 230 Stück ein.

$$AHK = \frac{140*120\,€+230*100\,€}{140+230} = \frac{39.800\,€}{370} = 107{,}57\,€$$

AHK nach dem permanenten LiFo-Verfahren:

13.4 Zusammenfassung und Aufgaben

Für den ersten Abgang von 300 Stück werden 300 Stück des 1. Zugangs zu 100 € eingesetzt. Die AHK des 1. Abgangs betragen damit **100 €**.

Nach dem Abgang von 300 Stück liegen noch 160 Stück zu einem Wert von 100 € sowie 140 Stück zu einem Wert von 120 € (aus dem Anfangsbestand) auf Lager.

Für den zweiten Abgang von 220 Stück werden 90 Stück aus dem vorangegangenen Zugang zu 130 € eingesetzt sowie 130 Stück aus dem Zugang zu 100 €. Damit betragen die AHK des 2. Abgangs:

$$AHK = \frac{90*130\,€+130*100\,€}{90+130} = \frac{24.700\,€}{220} = 112{,}27\,€$$

Nach dem Abgang von 220 Stück liegen noch 30 Stück zu einem Wert von 100 € sowie 140 Stück zu einem Wert von 120 € (aus dem Anfangsbestand) auf Lager.

Die AHK des Endbestandes werden dann wie folgt ermittelt:

$$AHK = \frac{200*125\,€+30*100\,€+140*120\,€}{200+30+140} = \frac{44.800\,€}{370} = 121{,}08\,€$$

	periodisch	Permanent
Durchschnitts-verfahren	111,80 €	118,34 €
LiFo-Verfahren	107,57 €	121,08 €

Der Vergleichswert beträgt zum Abschlusszeitpunkt 115 €. Das Ziel ist, den Jahresüberschuss so gering wie möglich auszuweisen. Um dies zu erreichen, ist der höchste der ermittelten Werte anzusetzen, um nach einem Vergleich mit dem Marktwert eine möglichst hohe Abschreibung vornehmen zu können. Der höchste ermittelte AHK-Wert liegt bei 121,08 €. Der Marktpreis liegt dagegen bei 115 €. Damit kann eine Abschreibung in Höhe von 2.249,60 € (370 * (121,08 € – 115,00 €) vorgenommen werden

Aufgabe 2: Rückstellungen

Einbuchung einer entsprechenden Steuerrückstellung:

Körperschaftssteuer (7600)	5600 €	an	Körperschaftssteuerrückstellung (3040)	5600 €
Solidaritätszuschlag (7608)	308 €		Steuerrückstellungen (3020)	308 €

Begleichung des Steuerbescheides über das Bankkonto bei gleichzeitiger Auflösung der Rückstellung:

Körperschaftssteuerrückstellung (3040)	5600 €	an	Bank (1800)	5275 €
Steuerrückstellungen (3020)	308 €		Körperschaftssteuererstattung Vorjahre (7604)	600 €
			Solidaritätszuschlagerstattung Vorjahre (7607)	33 €

Tab. 13.1 Kapitalflussrechnung Aufgabe 3

	+16.000 €	Umsätze bar und Karte
	./. 6000 €	Einkauf von Werkstoffen, Kartenzahlung
	./. 1300 €	Zahlung Löhne bar
Operativer Cashflow	**+8700 €**	
	./. 8000 €	Begleichung Rechnung Maschine
Cashflow aus Investitionstätigkeit	**./. 8000 €**	
	+25.000 €	Einlage Stammkapital
	+27.000 €	Auszahlung Darlehen
	./. 290 €	Zinszahlung
Cashflow aus Finanzierungstätigkeit	**+51.710 €**	
=Zahlungswirksame Veränderung des Finanzmittelfonds	**=52.410 €**	

Aufgabe 3: Erstellung einer Kapitalflussrechnung

Die Kapitalflussrechnung wird in Tab. 13.1 dargestellt

Die zahlungswirksame Veränderung des Finanzmittelfonds belief sich auf insgesamt 52.410 €.

Literatur

Coenenberg, A., Haller, A., & Schultze, W. (2021). *Jahresabschluss und Jahresabschlussanalyse* (26. Aufl.). Schäffer-Poeschel.

Deitermann, M., Schmolke, S., Rückwart, W.-D., Stobbe, S., & Flader, B. (2022). *Industrielles Rechnungswesen IKR* (51. Aufl.). Westermann.

DRSC. (2014). Homepage des Vereins. https://www.drsc.de/. Zugegriffen: 27. Febr. 2024.

Hapag Lloyd AG. (2022). Geschäftsbericht 2022. https://hlag-2022.corporate-report.net/. Zugegriffen: 27. Febr. 2024.

Meyer, M. (2010). *Latente Steuern: Bewertung, Bilanzierung* (2. Aufl.). Gabler.

Publizitätsgesetz. (2024). PublG – nichtamtliches Inhaltsverzeichnis (gesetze-im-internet.de). Zugegriffen: 27. Febr. 2024.

Quick, R., & Wolz, M. (2022). *Bilanzierung in Fällen: Grundlagen, Aufgaben und Lösungen nach HGB und IFRS* (7. Aufl.). Schäffer-Poeschel.

Rinker, C. (2016). *Bilanzen* (15. Aufl.). Kiehl.

Anhang

Anhang 1: Bilanz der Hapag Lloyd AG per 31.12.2022

AKTIVA		
Mio. EUR	Anhang	31.12.2022
Geschäfts- oder Firmenwerte	(10)	1.712,1
Sonstige immaterielle Vermögenswerte	(10)	1.540,4
Sachanlagen	(11)	13.140,2
Nach der Equity-Methode einbezogene Unternehmen	(12)	353,4
Sonstige finanzielle Vermögenswerte[1]	(13)	49,9
Sonstige nicht-finanzielle Vermögenswerte[1]	(14)	22,7
Derivative Finanzinstrumente	(15)	37,3
Ertragsteuerforderungen	(8)	5,7
Aktive latente Ertragsteuern	(8)	33,0
Langfristige Vermögenswerte		**16.894,7**
Vorräte	(16)	440,0
Forderungen aus Lieferungen und Leistungen	(13)	2.895,0
Sonstige finanzielle Vermögenswerte[1]	(13)	3.067,1
Sonstige nicht-finanzielle Vermögenswerte[1]	(14)	132,5
Derivative Finanzinstrumente	(15)	5,5
Ertragsteuerforderungen	(8)	16,4
Zahlungsmittel und Zahlungsmitteläquivalente	(17)	15.236,1
Kurzfristige Vermögenswerte		**21.792,7**
Summe Aktiva		**38.687,3**

© Der/die Herausgeber bzw. der/die Autor(en), exklusiv lizenziert an Springer Fachmedien Wiesbaden GmbH, ein Teil von Springer Nature 2025
A. Tramm, *Buchhaltung klipp & klar,* WiWi klipp & klar,
https://doi.org/10.1007/978-3-658-45126-4

PASSIVA

Mio. EUR	Anhang	31.12.2022
Gezeichnetes Kapital	(18)	175,8
Kapitalrücklagen	(18)	2.637,4
Erwirtschaftetes Konzerneigenkapital	(19)	23.447,3
Kumuliertes übriges Eigenkapital	(20)	1.632,9
Eigenkapital der Aktionäre der Hapag-Lloyd AG		**27.893,4**
Anteile nicht beherrschender Gesellschafter	(21)	17,7
Eigenkapital		**27.911,1**
Rückstellungen für Pensionen und ähnliche Verpflichtungen	(22)	212,5
Sonstige Rückstellungen	(23)	80,9
Finanzschulden	(24)	2.319,4
Leasingverbindlichkeiten	(24)	1.725,4
Sonstige finanzielle Verbindlichkeiten[1]	(25)	–
Sonstige nicht-finanzielle Verbindlichkeiten[1]	(26)	0,2
Derivative Finanzinstrumente	(27)	–
Passive latente Ertragsteuern	(8)	40,8
Langfristige Schulden		**4.379,3**
Rückstellungen für Pensionen und ähnliche Verpflichtungen	(22)	10,5
Sonstige Rückstellungen	(23)	964,6
Ertragsteuerschulden	(8)	165,9
Finanzschulden	(24)	457,3
Leasingverbindlichkeiten	(24)	934,7
Verbindlichkeiten aus Lieferungen und Leistungen	(25)	2.615,7
Vertragsverbindlichkeiten	(25)	952,9
Sonstige finanzielle Verbindlichkeiten[1]	(25)	177,2
Sonstige nicht-finanzielle Verbindlichkeiten[1]	(26)	81,2
Derivative Finanzinstrumente	(27)	37,0
Kurzfristige Schulden		**6.397,0**
Summe Passiva		**38.687,3**

Anhang 2: SKR04 (Auszug)

Kontenplan als Auszug aus dem DATEV-Kontenrahmen SKR04

0 Anlagevermögen

Immaterielle Vermögensgegenstände

0100 Entgeltlich erworbene Konzessionen, gewerbliche Schutzrechte und ähnliche Rechte und Werte sowie Lizenzen an solchen Rechten und Werten
0150 Geschäfts- oder Firmenwert
0143 Selbst geschaffene immaterielle Vermögensgegenstände

Sachanlagen

0200 Grundstücke, grundstücksgleiche Rechte und Bauten einschließlich der Bauten auf fremden Grundstücken
0215 Unbebaute Grundstücke
0220 Grundstücksgleiche Rechte (Erbbaurecht, Dauerwohnrecht, unbebaute Grundstücke)
0240 Geschäftsbauten
0250 Fabrikbauten
0260 Andere Bauten
0270 Garagen
0280 Außenanlagen für Geschäfts-, Fabrik- und andere Bauten
0290 Einrichtungen für Geschäfts-, Fabrik- und andere Bauten
0400 Technische Anlagen und Maschinen
0500 Andere Anlagen, Betriebs- und Geschäftsausstattung
0510 Andere Anlagen
0520 Pkw
0540 Lkw
0630 Betriebsausstattung
0635 Geschäftsausstattung
0640 Ladeneinrichtung
0650 Büroeinrichtung
0660 Gerüst- und Schalungsmaterial
0670 Geringwertige Wirtschaftsgüter
0675 Wirtschaftsgüter (Sammelposten)
0690 Sonstige Betriebs- und Geschäftsausstattung
0700 Geleistete Anzahlungen und Anlagen im Bau

Finanzanlagen

0800 Anteile an verbundenen Unternehmen (Anlagevermögen)
0810 Ausleihungen an verbundene Unternehmen
0820 Beteiligungen
0900 Wertpapiere des Anlagevermögens
0930 Übrige sonstige Ausleihungen

1100 Fertige Erzeugnisse und Waren (Bestand)
1110 Fertige Erzeugnisse (Bestand)
1140 Waren (Bestand)
1180 Geleistete Anzahlungen auf Vorräte

Forderungen und sonstige Vermögensgegenstände

1200 Forderungen aus Lieferungen und Leistungen
1240 Zweifelhafte Forderungen
1241 – Restlaufzeit bis 1 Jahr
1245 – Restlaufzeit größer 1 Jahr
1246 Einzelwertberichtigungen auf Forderungen mit einer – Restlaufzeit bis 1 Jahr
1247 – Restlaufzeit größer 1 Jahr
1248 Pauschalwertberichtigung auf Forderungen mit einer – Restlaufzeit bis 1 Jahr
1249 – Restlaufzeit größer 1 Jahr
1298 Ausstehende Einlagen auf das gezeichnete Kapital, eingefordert
1300 Sonstige Vermögensgegenstände
1400 Abziehbare Vorsteuer
1401 Abziehbare Vorsteuer 7 %
1402 Abziehbare Vorsteuer aus innergemeinschaftlichem Erwerb
1404 Abziehbare Vorsteuer aus innergemeinschaftlichem Erwerb 19 %
1406 Abziehbare Vorsteuer 19 %
1420 Forderungen aus Umsatzsteuer Vorauszahlungen
1433 Entstandene Einfuhrumsatzsteuer
1434 Vorsteuer in Folgeperiode/im Folgejahr abziehbar
1435 Forderungen aus Gewerbesteuerüberzahlungen
1450 Körperschaftsteuerrückforderung
1460 Geldtransit

Wertpapiere

1500 Anteile an verbundenen Unternehmen (Umlaufvermögen)
1504 Anteile an herrschender oder mehrheitlich beteiligter Gesellschaft
1510 Sonstige Wertpapiere
1530 Wertpapieranlagen im Rahmen der kurzfristigen Finanzdisposition

Kassenbestand, Bundesbankguthaben, Guthaben bei Kreditinstituten und Schecks

1600 Kasse
1800 Bank

Abgrenzungsposten

1900 Aktive Rechnungsabgrenzung
1940 Damnum/Disagio
1950 Aktive latente Steuern

2100 Privatentnahmen allgemein
2150 Privatsteuern
2180 Privateinlagen

Gezeichnetes Kapital

2900 Gezeichnetes Kapital
2910 Ausstehende Einlagen auf das gezeichnete Kapital, nicht eingefordert (Passivausweis)

Kapitalrücklage

2920 Kapitalrücklage
2925 Kapitalrücklage durch Ausgabe von Anteilen über Nennbetrag

Gewinnrücklagen

2930 Gesetzliche Rücklage
2950 Satzungsmäßige Rücklagen
2960 Andere Gewinnrücklagen

Gewinnvortrag/Verlustvortrag vor Verwendung

2970 Gewinnvortrag vor Verwendung
2978 Verlustvortrag vor Verwendung
2979 Jahresüberschuss/ Jahresfehlbetrag*

3 Fremdkapital

Rückstellungen

3000 Rückstellungen für Pensionen und ähnliche Verpflichtungen
3020 Steuerrückstellungen
3035 Gewerbesteuerrückstellung nach § 4 Abs. 5b EStG 3040 Körperschaftsteuerrückstellung
3040 Körperschaftsteuerrückstellung
3065 Passive latente Steuern
3070 Sonstige Rückstellungen
3075 Rückstellungen für unterlassene Aufwendungen für Instandhaltung, Nachholung in den ersten drei Monaten
3090 Rückstellungen für Gewährleistungen (Gegenkonto 6790)
3092 Rückstellungen für drohende Verluste aus schwebenden Geschäften
3095 Rückstellungen für Abschluss und Prüfungskosten

Verbindlichkeiten

3100 Anleihen, nicht konvertibel
3120 Anleihen, konvertibel
3150 Verbindlichkeiten gegenüber Kreditinstituten
3151 – Restlaufzeit bis 1 Jahr
3160 – Restlaufzeit 1 bis 5 Jahre
3170 – Restlaufzeit größer 5 Jahre
3250 Erhaltene Anzahlungen auf Bestellungen (Verbindlichkeiten)
3260 Erhaltene, versteuerte Anzahlungen 7 % USt (Verbindlichkeiten)
3272 Erhaltene, versteuerte Anzahlungen 19 % USt (Verbindlichkeiten)

1 Umlaufvermögen

Vorräte

1000 Roh-, Hilfs- und Betriebsstoffe (Bestand)

1010 Rohstoffe (Bestand)

1020 Hilfsstoffe (Bestand)

1030 Betriebsstoffe (Bestand)

1040 Unfertige Erzeugnisse, unfertige Leistungen (Bestand)

1050 Unfertige Erzeugnisse (Bestand)

1080 Unfertige Leistungen (Bestand)

3740 Verbindlichkeiten im Rahmen der sozialen Sicherheit

3759 Voraussichtliche Beitragsschuld gegenüber den Sozialversicherungsträgern

3760 Verbindlichkeiten aus Einbehaltungen (KapESt und SolZ, KiSt auf KapESt) für offene Ausschüttungen

3770 Verbindlichkeiten aus Vermögensbildung

3800 Umsatzsteuer

3801 Umsatzsteuer 7 %

3802 Umsatzsteuer aus innergemeinschaftlichem Erwerb

3804 Umsatzsteuer aus innergemeinschaftlichem Erwerb 19 %

3806 Umsatzsteuer 19 %

3820 Umsatzsteuer-Vorauszahlungen

3860 Verbindlichkeiten aus Umsatzsteuer-Vorauszahlungen

Rechnungsabgrenzungsposten

3900 Passive Rechnungsabgrenzung

4 Betriebliche Erträge

4000 Umsatzerlöse

4100 Steuerfreie Umsätze § 4 Nr. 8 ff. UStG

4105 Steuerfreie Umsätze nach § 4 Nr. 12 UStG (Vermietung und Verpachtung)

4120 Steuerfreie Umsätze nach § 4 Nr. 1a UStG

4125 Steuerfreie innergemeinschaftliche Lieferungen nach § 4 Nr. 1b UStG

4300 Erlöse 7 % USt

4400 Erlöse 19 % USt

4600 Unentgeltliche Wertabgaben

4620 Entnahme durch den Unternehmer für Zwecke außerhalb des Unternehmens (Waren) 19 % USt

4700 Erlösschmälerungen

4710 Erlösschmälerungen 7 % USt

4720 Erlösschmälerungen 19 % USt

4730 Gewährte Skonti

4731 Gewährte Skonti 7 % USt

4736 Gewährte Skonti 19 % USt

4750 Gewährte Boni 7 %

4760 Gewährte Boni 19 % USt

4769 Gewährte Boni

4770 Gewährte Rabatte

4780 Gewährte Rabatte 7 % USt

4790 Gewährte Rabatte 19 % USt

2 Eigenkapital

Eigenkapital Vollhafter/Einzelunternehmer

2000 Festkapital

2010 Variables Kapital

Eigenkapital Teilhafter

2050 Kommandit-Kapital

Privat (Eigenkapital) Vollhafter/Einzelunternehmer

4850 Erlöse aus Verkäufen immaterieller Vermögensgegenstände (bei Buchgewinn)

4851 Erlöse aus Verkäufen Finanzanlagen (bei Buchgewinn)

4855 Anlagenabgänge Sachanlagen (Restbuchwert bei Buchgewinn)

4856 Anlagenabgänge immaterielle Vermögensgegenstände (Restbuchwert bei Buchgewinn)

4857 Anlagenabgänge Finanzanlagen (Restbuchwert bei Buchgewinn)

4910 Erträge aus Zuschreibungen des Sachanlagevermögens

4911 Erträge aus Zuschreibungen des immateriellen Anlagevermögens

4912 Erträge aus Zuschreibungen des Finanzanlagevermögens

4915 Erträge aus Zuschreibungen des Umlaufvermögens (außer Vorräte)

4916 Erträge aus Zuschreibungen des Umlaufvermögens § 3 Nr. 40 EStG bzw. § 8b Abs. 1 Satz 8 KStG9)

4920 Erträge aus der Herabsetzung der Pauschalwertberichtigung auf Forderungen

4923 Erträge aus der Herabsetzung der Einzelwertberichtigung auf Forderungen

4925 Erträge aus abgeschriebenen Forderungen

4930 Erträge aus der Auflösung von Rückstellungen

4945 Sachbezüge 19 % USt (Waren)

4947 Verrechnete sonstige Sachbezüge aus Fahrzeug-Gestellung 19 % USt

4960 Periodenfremde Erträge

5 Betriebliche Aufwendungen

5000 Aufwendungen für Roh-, Hilfs- und Betriebsstoffe und für bezogene Waren

5010 Aufwendungen für Rohstoffe*

5020 Aufwendungen für Hilfsstoffe*

5030 Aufwendungen für Betriebsstoffe*

5080 Aufwendungen für bezogene Waren

Materialaufwand

5100 Einkauf Roh-, Hilfs- und Betriebsstoffe

5200 Wareneingang

5700 Nachlässe

5710 Nachlässe 7 % Vorsteuer

5720 Nachlässe 19 % Vorsteuer

5730 Erhaltene Skonti

3300 Verbindlichkeiten aus Lieferungen und Leistungen

3500 Sonstige Verbindlichkeiten

3510 Verbindlichkeiten gegenüber Gesellschaftern

3720 Verbindlichkeiten aus Lohn und Gehalt

3725 Verbindlichkeiten für Einbehaltungen von Arbeitnehmer

3730 Verbindlichkeiten aus Lohn- und Kirchensteuer

6 Betriebliche Aufwendungen

6000 Löhne und Gehälter

6010 Löhne

6020 Gehälter

6069 Pauschale Steuer auf sonstige Bezüge (z. B. Fahrtkostenzuschüsse)

6080 Vermögenswirksame Leistungen

6090 Fahrtkostenerstattung Wohnung/Arbeitsstätte

6100 Soziale Abgaben und Aufwendungen für Altersversorgung und für Unterstützung

6110 Gesetzliche soziale Aufwendungen

6120 Beiträge zur Berufsgenossenschaft

6140 Aufwendungen für Altersversorgung

Abschreibungen auf immaterielle Vermögensgegenstände des Anlagevermögens und Sachanlagen

6200 Abschreibungen auf immaterielle Vermögensgegenstände

6210 Außerplanmäßige Abschreibungen auf immaterielle Vermögensgegenstände

6220 Abschreibungen auf Sachanlagen (ohne AfA auf Fahrzeuge und Gebäude)

6221 Abschreibungen auf Gebäude

6222 Abschreibungen auf Fahrzeuge

6230 Außerplanmäßige Abschreibungen auf Sachanlagen

6260 Sofortabschreibungen geringwertiger Wirtschaftsgüter

6262 Abschreibungen auf aktivierte, geringwertige Wirtschaftsgüter

6264 Abschreibungen auf den Sammelposten Wirtschaftsgüter

Abschreibungen auf Vermögensgegenstände des Umlaufvermögens, soweit diese die in der Kapitalgesellschaft üblichen Abschreibungen überschreiten

6278 Abschreibungen auf Roh-, Hilfs- und Betriebsstoffe/Waren (soweit unüblich hoch)

6279 Abschreibungen auf fertige und unfertige Erzeugnisse (soweit unüblich hoch)

6280 Forderungsverluste (soweit unüblich hoch)

Sonstige betriebliche Aufwendungen

6300 Sonstige betriebliche Aufwendungen

6303 Fremdleistungen/Fremdarbeiten

6305 Raumkosten

6310 Miete (unbewegliche Wirtschaftsgüter)

6315 Pacht (unbewegliche Wirtschaftsgüter)

Anhang

Erhöhung oder Verminderung des Bestandes an fertigen und unfertigen Erzeugnissen
4800 Bestandsveränderungen - fertige Erzeugnisse
4810 Bestandsveränderungen - unfertige Erzeugnisse
4815 Bestandsveränderungen - unfertige Leistungen

Andere aktivierte Eigenleistungen
4820 Andere aktivierte Eigenleistungen

Sonstige betriebliche Erträge
4830 Sonstige betriebliche Erträge
4840 Erträge aus der Währungsumrechnung
4849 Erlöse aus Verkäufen Sachanlagevermögen (bei Buchgewinn)
6460 Reparaturen und Instandhaltung von technischen Anlagen und Maschinen
6470 Reparaturen und Instandhaltung von anderen Anlagen und Betriebs- und Geschäftsausstattung
6475 Zuführung zu Aufwandsrückstellungen
6485 Reparaturen und Instandhaltung von anderen Anlagen
6490 Sonstige Reparaturen und Instandhaltung
6495 Wartungskosten für Hard- und Software
6498 Mietleasing bewegliche Wirtschaftsgüter für technische Anlagen und Maschinen
6500 Fahrzeugkosten
6520 Fahrzeug-Versicherungen
6560 Mietleasing Kfz
6600 Werbekosten
6610 Geschenke abzugsfähig ohne § 37b EstG
6620 Geschenke nicht abzugsfähig ohne § 37b EstG
6630 Repräsentationskosten
6640 Bewirtungskosten
6643 Aufmerksamkeiten
6644 Nicht abzugsfähige Bewirtungskosten
6650 Reisekosten Arbeitnehmer
6670 Reisekosten Unternehmer
6672 Reisekosten Unternehmer

5731 Erhaltene Skonti 7 % Vorsteuer
5736 Erhaltene Skonti 19 % Vorsteuer
5750 Erhaltene Boni 7 % Vorsteuer
5760 Erhaltene Boni 19 % Vorsteuer
5769 Erhaltene Boni
5770 Erhaltene Rabatte
5780 Erhaltene Rabatte 7 % Vorsteuer
5790 Erhaltene Rabatte 19 % Vorsteuer
5800 Bezugsnebenkosten
5840 Zölle und Einfuhrabgaben
5880 Bestandsveränderungen Roh-, Hilfs- und Betriebsstoffe sowie bezogene Waren

Aufwendungen für bezogene Leistungen
5900 Fremdleistungen
6897 Anlagenabgänge Finanzanlagen (Restbuchwert bei Buchverlust)
6920 Einstellung in die Pauschalwertberichtigung auf Forderungen
6923 Einstellung in die Einzelwertberichtigung auf Forderungen
6930 Forderungsverluste (übliche Höhe)
6960 Periodenfremde Aufwendungen

Kosten bei Anwendung des Umsatzkostenverfahrens
6990 Herstellungskosten
6992 Verwaltungskosten
6994 Vertriebskosten
6999 Gegenkonto 6990-6998

7 Weitere Erträge und Aufwendungen
7000 Erträge aus Beteiligungen
7010 Erträge aus anderen Wertpapieren und Ausleihungen des Finanzlagevermögens
7100 Sonstige Zinsen und ähnliche Erträge
7142 Zinserträge aus der Abzinsung von Rückstellungen
7200 Abschreibungen auf Finanzanlagen (dauerhaft)
7201 Abschreibungen auf Finanzanlagen (nicht dauerhaft)

6316 Leasing (unbewegliche Wirtschaftsgüter)
6320 Heizung
6325 Gas, Strom, Wasser
6330 Reinigung
6335 Instandhaltung betrieblicher Räume
6340 Abgaben für betrieblich genutzten Grundbesitz
6345 Sonstige Raumkosten
6391 Zuwendungen, Spenden für wissenschaftliche und kulturelle Zwecke
6400 Versicherungen
6450 Reparaturen und Instandhaltung von Bauten
7692 Steuererstattungen Vorjahre für sonstige Steuern
7694 Erträge aus der Auflösung von Rückstellungen für sonstige Steuern
7700 Gewinnvortrag nach Verwendung
7720 Verlustvortrag nach Verwendung
7730 Entnahmen aus der Kapitalrücklage
7735 Entnahmen aus der gesetzlichen Rücklage
7745 Entnahmen aus satzungsmäßigen Rücklage
7750 Entnahmen aus anderen Gewinnrücklagen
7755 Erträge aus Kapitalherabsetzung
7765 Einstellungen in die gesetzliche Rücklage
7775 Einstellungen in satzungsmäßige Rücklagen
7780 Einstellungen in andere Gewinnrücklagen

9 Vortrags-, Kapital-, Korrektur- und statistische Konten
9000 Saldenvorträge, Sachkonten
9010 Schlussbilanzkonto*
9020 Gewinn- und Verlustkonto*

6700 Kosten der Warenabgabe
6710 Verpackungsmaterial
6740 Ausgangsfrachten
6760 Transportversicherungen
6770 Verkaufsprovisionen
6780 Fremdarbeiten (Vertrieb)
6790 Aufwand für Gewährleistung
6800 Porto
6805 Telefon
6810 Internetkosten
6815 Bürobedarf
6820 Zeitschriften, Bücher, digitale Medien (Fachliteratur)
6821 Fortbildungskosten
6825 Rechts- und Beratungskosten
6827 Abschluss- und Prüfungskosten
6830 Buchführungskosten
6837 Aufwendungen für die zeitlich befristete Überlassung von Rechten (Lizenzen, Konzessionen)
6845 Werkzeuge und Kleingeräte
6850 Sonstiger Betriebsbedarf
6855 Nebenkosten des Geldverkehrs
6880 Aufwendungen aus der Währungsumrechnung
6889 Erlöse aus Verkäufen Sachanlagevermögen (bei Buchverlust)
6890 Erlöse aus Verkäufen immaterieller Vermögensgegenstände (bei Buchverlust)
6891 Erlöse aus Verkäufen Finanzanlagen (bei Buchverlust)
6895 Anlagenabgänge Sachanlagen (Restbuchwert bei Buchverlust)
6896 Anlagenabgänge immaterielle Vermögensgegenstände (Restbuchwert bei Buchverlust)

7210 Abschreibungen auf Wertpapiere des Umlaufvermögens
Zinsen und ähnliche Aufwendungen
7300 Zinsen und ähnliche Aufwendungen
7318 Zinsen auf Kontokorrentkonten
7320 Zinsaufwendungen für langfristige Verbindlichkeiten
7323 Abschreibungen auf ein Agio oder Disagio/Damnum zur Finanzierung
7362 Zinsaufwendungen aus der Abzinsung von Rückstellungen
Steuern vom Einkommen und Ertrag
7600 Körperschaftsteuer
7603 Körperschaftsteuer für Vorjahre
7604 Körperschaftsteuererstattungen für Vorjahre
7607 Solidaritätszuschlagerstattungen für Vorjahre
7608 Solidaritätszuschlag
7609 Solidaritätszuschlag für Vorjahre
7610 Gewerbesteuer
7630 Kapitalertragsteuer 25 %
7641 Gewerbesteuernachzahlungen und Gewerbesteuererstattungen für Vorjahre nach § 4 Abs. 5b EStG
7643 Erträge aus der Auflösung von Gewerbesteuerrückstellungen nach § 4 Abs. 5b EStG
7645 Aufwendungen aus der Zuführung und Auflösung von latenten Steuern
7649 Erträge aus der Zuführung und Auflösung von latenten Steuern
Sonstige Steuern
7650 Sonstige Betriebssteuern
7680 Grundsteuer
7685 Kfz-Steuer
7690 Steuernachzahlungen Vorjahre für sonstige Steuern

9030 Eröffnungsbilanzkonto*

Personenkonten

10000 Debitoren

70000 Kreditoren

Quelle: Auswahl von häufig verwendeten Konten aus dem DATEV-Standardkontenrahmen SKR04 (Fassung 2024). Vollständig einsehbar und herunterladbar unter www.datev.de.

* Diese Konten wurden aus didaktischen Gründen ergänzend zum Original-DATEV-Standardkontenrahmen SKR04 aufgenommen.

Stichwortverzeichnis

A
Abschlussgliederungsprinzip, 83
Abschreibung, 100, 183
    auf Forderung, 216
    außerplanmäßige, 105
    außerplanmäßige auf Vorräte, 215
    geometrisch-degressive, 102
    lineare, 101
    nach Leistungseinheiten, 102
Abzug, steuerlicher, 147
Adressat der Buchführung, 17
Agio, 166
Aktiva, 4
Aktiver Rechnungsabgrenzungsposten (ARAP), 221
Aktivkonto, 38, 62
Aktiv-Passiv-Mehrung, 40
Aktiv-Passiv-Minderung, 40
Aktivtausch, 40
Anhang, 228
Anlagegut, selbst erstelltes, 98
Anlagevermögen, 32
Anleihen, 165, 166
Annuität, 169
ARAP (Aktiver Rechnungsabgrenzungsposten), 221
Aufbewahrungsfrist, 24
Aufgabe der Buchführung, 15
Aufwand, 179
Aufwandskonto, 64, 187
Aufwendung, 176
    sonstige betriebliche, 183, 184
Aufzeichnungstechnik, 38
Ausgabe, 176
    neuer Aktien, 159
Ausgabepreis, 159
Ausschüttung, 157, 162
Außenfinanzierung, 155
Auszahlung, 176

B
Beitragsbemessungsgrenze, 145
Beschaffung, 111
Beständedifferenzbilanz, 30
Bestandskonto, 62
Bestandsveränderung, 126
Besteuerungsgrundlage, 16
Beteiligungsfinanzierung, 158
Betriebsergebnis, 180
Betriebsstoff, 112
Bewegungsbilanz s. Beständedifferenzbilanz
Bewegungsrechnung, 6
Beweismittel, 17
Bewertung, 198
Bilanz, 4, 29
Bilanzänderung, 40
Bilanzierung, 29
Bilanzpolitik, 18
Bonds s. Anleihen
Bonus, 117, 118, 129
Buchführung, doppelte, 38
Buchgewinn, 106
Buchhaltungsbelegpflicht, 23
Buchungssatz, 46
    zusammengesetzter, 55
Buchverlust, 106

C

Cashflow, 227
  aus Finanzierungstätigkeit, 227
  aus Investitionstätigkeit, 227
  operativer, 227

D

Damnum s. Disagio
Darlehen, 168
Darstellung von Buchungssätzen, 54
Desinvestition, 105
Dienstfahrzeug, 144
Disagio, 166, 168
Dividende, 162
Doppik s. Buchführung, doppelte
Durchschnittsverfahren, 211
  periodisches, 211
  permanentes, 211

E

EBK (Eröffnungsbilanzkonto), 68
Eigenfinanzierung, 156, 163
Eigenkapital, 35, 156
Eigenkapitalspiegel, 228
Eigenleistung, aktivierte, 182
Eingangsumsatzsteuer s. Vorsteuer
Einlagekonto, 67
Einnahme, 176
Einstellung in die Gewinnrücklagen, 161
Einzahlung, 176
Einzelwertberichtigung, 216
Entnahme aus der Gewinnrücklage bzw. aus
  der Kapitalrücklage, 160
Entnahmekonto, 67
Erfolgsbegriff, 176
Erfolgsermittlung, 186
Erfolgskonto, 64
Ergebnisverwendung, 160, 164
  bei einer Kapitalgesellschaft, 159
Erlösschmälerung, 129
Eröffnungsbilanzkonto (EBK), 68
Erstattungsanspruch, 131
Ertrag, 176, 179
  sonstiger betrieblicher, 182, 184
Ertragskonto, 65, 187
Erwerb von Anlagegütern, 97
Erzeugnis
  fertiges, 182
  unfertiges, 182

F

Festkapital, 157, 163
Festwert, 198
Festwertbildung, 197
Finanzanlage, 33
Finanzergebnis, 184
Finanzierung, 155
Finanzmittelfonds, 228
First-In-First-Out-Verfahren, 213
  periodisches, 214
  permanentes, 214
Folgebewertung von Vorräten, 211
Forderung, 34
Forderungsmanagement, 72
Fremdfinanzierung, 156
Fremdkapital, 36, 165

G

Gehalt, 142
Geldvermögen, 176
Geringwertige Wirtschaftsgüter (GWG), 103
Gesamtkostenverfahren, 181
Geschäftsjahr, 8
Geschichte, 8
Gewinnrücklage, 35, 159, 162
Gewinn- und Verlustkonto, 69, 188
  Abschluss, 188
Gewinn- und Verlustrechnung, 186
  Gliederung, 180
Gewinnvortrag, 35, 157, 160
Gläubigerschutzfunktion, 16
Gliederung, 157
Grundsatz
  formeller, 22
  materieller, 21
  ordnungsgemäßer Buchführung, 21
Gruppenbildung, 198
Guthaben bei Kreditinstituten, 34
GWG (Geringwertige Wirtschaftsgüter), 103

H

Haben, 46
Haben-Saldo, 53

Handelsgewerbe, 19
Herstellkosten, 98
Herstellungskosten, 184
Hilfskonto, 68
Hilfsstoff, 112

I
Industriekontenrahmen, 88
Innenfinanzierung, 155
Instandhaltungsaufwendung, 149
Inventar, 198
    Aufbau, 198
Inventur, 195
    Buch-, 196
    körperliche, 196
    permanente, 197
    Stichproben-, 197
    Stichtags-, 197
    vollständige Erhebung, 197
    zeitlich verschobene, 197
Inventurart, 196
Inventurdifferenz, 201
Investition, 96
Investitionsprozess, 95

J
Jahresabschluss, 226
Jahresabschlussvorbereitung, 210
Jahresfehlbetrag, 35, 157, 159, 164, 185, 188
Jahresüberschuss, 35, 157, 159, 164, 185
Just-in-time-Produktion, 113

K
Kapitalerhöhung, 159
Kapitalflussrechnung, 227
Kapital
    gezeichnetes, 35, 157, 158
    variables, 163, 164
Kapitalrücklage, 35, 157, 160
Kassenbestand, 34
Kaufmann, 19
KG, 163
Kommanditist, 163
Kontenabschluss, 52
Kontenart, 47, 61
Kontenbewegung, 51

Kontenklasse, 83
Kontenplan, 82
Kontenrahmen, 82
Kontierung, 48, 81
Konto
    gemischtes, 66
    mit wechselnden Salden, 63
Kundenkonto, 72

L
Lagebericht, 230
Last-In-First-Out-Verfahren, 212
    periodisches, 212
    permanentes, 213
Leistung, bezogene, 148
Lieferantenkonto, 71
Lohn, 142
Lohnsteuer, 147

M
Materialaufwand, 182
Mehrwertsteuer s. Umsatzsteuer
Mittelherkunft, 31
Mittelverwendung, 30

N
Nennbetrag s. Nominalbetrag
Niederstwertprinzip, 215
Nominalbetrag, 166

O
Obligation s. Anleihen
Offenlegung, 231

P
Passiva, 4
Passiver Rechnungsabgrenzungsposten
    (PRAP), 221
Passivkonto, 38, 63
Passivtausch, 40
Pauschalwertberichtigung, 216, 219
Periode, 7
Personalaufwand, 183
Personalaufwendung, 141

Personenkonto, 61, 70
Poolabschreibung, 104
PRAP (Passiver Rechnungsabgrenzungsposten), 221
Preisnachlass, 117
    gewährter, 129
Privatentnahme, 164
Privatkonto, 67
Produktion, 111
Produktionsprozess, 124
Prozessgliederungsprinzip, 83
Prüfung, 231

R
Rabatt, 117, 129
Rechenschaftslegung, 16
Rechnungsabgrenzungsposten, 220
    transitorische, 221
Reinvermögen, 4, 156, 176
Rohstoff, 112
Rücklage, 157
    gesetzliche, 160, 161
    satzungsmäßige, 160, 161
Rückstellung, 36, 165, 166, 170, 222

S
Sachanlage, 33
Sachbezug, 144
Sachkonto, 61
SBK (Schlussbilanzkonto), 69
Schlussbilanzkonto (SBK), 69
Schuldverschreibung s. Anleihen
Segmentbericht, 228
Selbstinformation, 15
Skonto, 117, 119, 129
SKR03, 85
SKR04, 85
Sofortabschreibung, 103
Soll, 46
Soll-Saldo, 53
Sozialversicherungsbeitrag, 145
Steuer, 150
    latente, 224
    sonstige, 185
    vom Einkommen und Ertrag, 150
Stromgröße, 176
Summen- und Saldenliste, 226

T
Temporary-Ansatz, 224
Tilgung, 168
T-Konto, 8, 38

U
Überschuldung, 64
Umlaufvermögen, 33
Umsatz, 128
Umsatzerlös, 126, 182, 184
Umsatzkostenverfahren, 183
Umsatzsteuer, 121
Umsatzsteuerkonto, 132
Umsatzsteuersatz, 122
Umsatzsteuervoranmeldung, 131
Umsatzsteuervorauszahlung, 131
Umsatz- und Gewinngrenze, 20

V
Verbindlichkeit, 36
    aus Lieferungen und Leistungen, 166
    gegenüber Kreditinstituten, 165
    gegenüberüber Kreditinstituten, 168
    gegenüber verbundenen oder beteiligten Unternehmen, 166
    sonstige, 166
Verbindlichkeite, 165
Verbuchung
    aufwandsorientierte, 113
    bestandsorientierte, 116
Verlustvortrag, 35, 157, 160, 188
Vermögensgegenstand, immaterieller, 96
Vermögensgegenstand, immatrieller, 33
Veröffentlichungspflicht, 231
Verrechnungskonto, 70
Vertriebskosten, 184
Verwaltungskosten, 184
Vorrat, 34
Vorsteuer, 121, 123
Vorsteuerabzug, 123
Vorteil, geldwerter, 144

W
Werkstoff, 112
Wertpapier, 34

Z

Zahllast, 131
Zahlungsmittelbestand, 176
Zins, 167

Zugangsmethode s. Verbuchung, aufwandsorientierte
Zuschuss zur Vermögensbildung, 143

If you have any concerns about our products,
you can contact us on
ProductSafety@springernature.com

In case Publisher is established outside the EU,
the EU authorized representative is:
**Springer Nature Customer Service Center GmbH
Europaplatz 3, 69115 Heidelberg, Germany**

Printed by Libri Plureos GmbH
in Hamburg, Germany